Der du dies liest,
gibt acht;
denn sieh,
du blätterst einen Menschen um.

Gertrud Kolmar

Joachim Berger

MARK BRANDENBURG

freiheitlich & rebellisch

Lese - Wander - Buch

Mit Fotos von Christoph Lang

Goebel Verlag · Berlin

Die Deutsche Bibliothek – CIP – Einheitsaufnahme

Berger, Joachim: Mark Brandenburg freiheitlich & rebellisch
Lese-Wander-Buch / Joachim Berger.
Mit Fotos von Christoph Lang.
Berlin: Goebel, 1992
ISBN 3-924591-06-7

ISBN 3-924591-06-7

Frauen-Kapitel: Grit Ott
Lektorat: Grit Ott

Karten-Genehmigungen → S. 281
Übersichtskarten: Thomas Loebell

Gesamtherstellung: Druckerei Gerike, Berlin
Was wären all die Sätze ohne gekonnten Satz: Klaus Radloff

Inhalt

Der Teltow

1. Friedhöfe Stahnsdorf

2. Kleinmachnow - Teltow - Großbeeren

3. Mittenwalde - Königs Wusterhausen

Der Fläming

4. Niemegk - Treuenbrietzen

5. Jüterbog - Holbeck - Zinna

6. Belzig - Hagelberg - Wiesenburg

7. Wiepersdorf - Dahme

Die Niederlausitz

8. Uckro - Luckau

9. Lübbenau - Calau

10. Straupitz - Burg

11. Branitz - Cottbus - Dissen

Die Zauche

12. Kanin - Beelitz

13. Lehnin - Nahmitz

14. Trebbin - Blankensee

15. Scharfenbrück - Luckenwalde

Das Ländchen Friesack

16. Friesack - Brädikow - Wagenitz

Das Havelland

17. Potsdam - Bornstedt - Fahrland

18. Babelsberg - Caputh - Geltow

19. Werder - Ferch - Petzow

20. Finkenkrug - Falkensee

21. Groß Behnitz - Ribbeck - Nauen

22. Reckahn - Brandenburg

23. Rathenow - Nennhausen

24. Gollenberg - Stölln - Rhinow

25. Wust - Tangermünde - Schönhausen

Preistafel
Fährbetrieb Caputh-Geltow
1. Person M-,10
1. Fahrrad M-,20
1. Motorrad M-,40
1. Fuhrwerk mit 1.Pferd M-,40
1. Fuhrwerk mit 2 Pferden M-,80
1. Auto mit 2 Personen M1,00
1. LKW bis 5 to M1,00
1. LKW über 5 to M1,50
1. LKW mit Hänger bis 6 to M1,50
1. LKW mit Hänger über 6 t M2,00
1. Omnibus M2,00
Wochenkarte für Fahrräder M1,00
Wochenkarte für Motorräder M2,00

„Ich bin die Mark durchzogen ...“

Da haben die Jüterboger die Hälse gereckt! Und sind doch zugleich ein wenig zurückgewichen! Welcher ist es denn?
Fünfzig Berittene mögen es wohl sein, die am Morgen des 6. Dezember 1534 durch die Stadttore traben. Bärtige Gesellen in Loden und Lumpen, aber mit ruhigem, festem Blick.
Die Brüder Georg und Silvester Schuller aus Treuenbrietzen, die Schneidergesellen Caspar Fischer und Jakob Berndt, ein Schmied namens Georg Nagelschmidt, der Friedersdorfer Pastorensohn Paul Stolz, der Beelitzer Tagelöhner Hans Heß, der Bauernjunge Otto Birkeler, die Golßener Knechte Borkwitz und Zinran und wie sie alle heißen mögen.
„Räuber und Mordbrenner“, sagen die Gerichtsräte des Kurfürsten, *„gesetzlose Galgenvögel“*, stehen aber mit ihrer Meinung ziemlich allein! Ehrbare Rächer, denkt so mancher einfache Mann im stillen; recht so, daß sie Hochmut und Herrenwillkür in die Schranken weisen. Auf groben Klotz den groben Keil!
Allen voran reitet Hans Kohlhase, ruinierter Kaufmann aus Berlin. Zwei Pferde waren ihm auf dem Weg zur Leipziger Michaelismesse geraubt worden, von Ritterhand, und kein Adelsgericht verhalf dem Gedemütigten zu seinem Recht. Wohlan: *„Ich habe nichts denn meinen Leib und mein Leben, die will ich daran setzen!“*

„Ich bin die Mark durchzogen und habe sie reicher gefunden, als ich zu hoffen wagte. Jeder Fußbreit Erde belebte sich und gab Gestalten heraus“, schreibt Theodor Fontane im Vorwort seiner *Wanderungen durch die Mark Brandenburg.* Wenn auch Küster und Kutscher, Pastoren und Dorfschulmeisterlein zu Wort kommen, seine Lieb-

lingsfiguren entstammen alteingesessenen Adelsfamilien. Auf Schritt und Tritt begegnen sie ihm, die Knesebecks und die Hakes, die Marwitze und die Quaste, die Zietens, die Pfuels, die Bredows, die Ribbecks, die Schlabrendorffs.
„*Oh, ihr Kitzenglitze, Tüggeritze, Redewitze und Habenitze und all ihr anderen Plitzen, Ritzen, Witzen und Stitzen, ihr Grafen, Freiherrn, Barone, Attachés, Leutnants, Assessoren, Rittergutsbesitzer und unbeschäftigten Kavaliere, wo seid ihr?*“ So läßt Adolf Glaßbrenner seine Kataplasma v. Habergrütz seufzend rufen.
In Gräbern und Grüften, in Bibliotheken und Archiven ... muß die ernüchternde Antwort lauten. Nicht aber, mit Verlaub lieber Leser, auf den Seiten dieses Wanderbuchs!
Mögen Berufenere den Versuch unternehmen, die Landräte und Reservemajore, die Krautjunker und Herrenreiter, die hohen Herrschaften „von und zu“ mit neuem Lebenshauch zu erfüllen.

Drei Sommer bin ich die Mark durchzogen, durchwandert, durchradelt. Teils in den Fußstapfen jenes großen Vorläufers, teils auf ureigenen Wegen und Stegen.
Auch *meine* Hände haben den märkischen Sand durchsiebt, durchpflügt. Auch mir sind Gestalten zwischen den Fingern hängengeblieben. Ob jeder nur findet, wonach er sucht?
Fontane sehnte sich nach den alten preußischen Tugenden von Echtheit, Schlichtheit, Wahrhaftigkeit, Uneigennützigkeit, Treue. Zu Recht oder zu Unrecht, er glaubte sie in den bodenständigen Adelsgeschlechtern beheimatet. Was eigentlich ersehne ich?

Mark Brandenburg. Eine freiheitliche, eine rebellische, eine unterdrückte und verdrängte Tradition durchzieht die karge Kiefernlandschaft. „*Flüchtet hinein in die dunklen Wälder / Weht mit Macht über Wiesen und Felder / Streift die Wasser der Havelseen / Wirbelt den Staub der stolzen Alleen.*“
Da lauert bei Gömnick Hans Kohlhase im Gesträuch. Gejagter und Jäger, vogelfrei; mit seinen Gefährten auf der Flucht und immer auch auf dem Sprung. Ein willkommener Freund den ärmlichen Hütten, den Herrenhäusern geschworener Feind.
Da huschen hinter Caputh und Ferch nächtliche Schatten durchs Unterholz. Entlaufene preußische Rekruten aus der Potsdamer Garnison. Drei Stunden sind sie schon unterwegs im hügeligen, verwachsenen Terrain. Drücken sich tief ins Dickicht hinunter, wenn die Hufe der Husaren näherkommen. Jetzt nur nicht

entdeckt werden, so kurz vor dem Ziel; niemals zurück unter den Korporalsstock. Endlich: Kanin, Klaistow, Busendorf... die sächsischen Dörfer! Ein paar Gräben noch überwinden, in deren Morast unsichtbar die Grenze verläuft, geschafft!
Da haben sich auf dem Kirchplatz von Lübbenau erboste Bürger versammelt. Handwerker, Gutsgesinde, Tagelöhner. Einige halten Knüppel in den Fäusten, andere tragen Flinten über der Schulter. Der Kalender zeigt das Revolutionsjahr 1848. Wenn die Berliner gar dem König trotzen, wie Reisende zu berichten wissen, so will man es mit dem Grafen Lynar wohl ausfechten. „Auf zum Schloß", erschallt der Ruf, und bald bersten die ersten Fensterscheiben. *„Holzgerechtigkeit!" „Freiheit!" „Fort mit dem Schutzgeld!" „Fort mit dem Branntweingeld!" „Fort mit dem Erntehandtagen!"*

Mark Brandenburg freiheitlich und rebellisch. Ja gibt's denn die? Unser Blick ist geblendet von den *„Großen"* der Geschichte. Von Preußens Glanz und Gloria. Von der angemaßten Autorität hochwohlgeborener Gebieter. Wie sie sich plusterten und spreizten, wie ihre strengen Stimmen schnarrten.
Leicht läßt Historiographie den Eindruck entstehen, es habe hierzulande nur das Prinzip von Befehl und Gehorsam gewaltet, von Herrschaft und Unterwerfung. Weit gefehlt!
Ducker, Bücker, Kopfnicker: obgleich sie das schweigende Untertanenheer ausmachten, immer sind da auch ganz andere gewesen!

Thomas Müntzer, Feuerkopf der Reformation in Jüterbog. *„Die Gewalt soll gegeben werden dem gemeinen Volk."*
Max Dortu, 1848 auf den Potsdamer Barrikaden, 1849 standrechtlich erschossen (*„Zielt gut, Brüder!"*).
Königskritikerin Bettina v. Arnim, *„Revolutionen sind keine Verbrechen, sondern die Folge von Verbrechen!"*
„Meine Lebenskräfte schreien nach Betätigung." Frauenrechtlerin und Sozialdemokratin Lily Braun in Kleinmachnow.
Mina Witkojc, Spreewald-Dichterin. *„Du, mein sorbisches Volk, mit deinem sanften slawischen Gemüt ..."*
Lothar Kreyßig, Brandenburger Amtsrichter, beherzter Einzelkämpfer gegen die NS-Euthanasie (*„Aus meiner Christenpflicht"*).

Das Herz schlägt mir bis zum Halse, als ich die letzten Meter des Gollenbergs erklimme. Nur gut, daß kein Fluggestell auf meinen Schultern lastet. Weit geht die Sicht über Kornfelder, Wiesen und

Weiden bis hin zum fernen Waldland am Horizont. Wolkenschatten wandern über das sonnige Luch. Sich jetzt wie ein Vogel ins Himmelsblau schwingen ...
Er spürt den sanften Aufwind jenes 9. August 1896. Schnell ein paar Schritte Anlauf genommen, ein kleiner Sprung, die Luft unter den Flügeln trägt. Ein göttliches Gefühl.
Otto Lilienthal kann in diesem Augenblick nicht erahnen, daß schon Sekunden später ein Wärmewirbel das labile Gleichgewicht zerstören würde. Fünfzehn Meter freier Fall, ein Sinnbild.

Sich erheben über die Niederungen fremdbestimmter Lebenslandschaft, sich aufschwingen in die schwindelnden Höhen des eigenen Risikos! Elisabeth v. Ardenne, die leibhaftige Effi Briest, hat die Gitter ihres goldenen Käfigs auseinandergebogen. Hans Clauert, märkischer Eulenspiegel aus Trebbin, besaß Bravour genug, die Freiheit des Schalks zu zelebrieren. Karl Hagemeister tat, was in Werder wenige wagten und trat neben die väterlichen Fußstapfen; nicht Obstzüchter wollte er sein, nicht Bauer, sondern Maler, ja, schaffender Künstler!
Wer seinen Fuß auf das Hochseil des Eigen-Sinns setzt, der kann stürzen. Und dennoch: gut, daß es sie gibt. Menschen, die ihren inneren Rhythmus spüren ... und aus der Reihe tanzen! Die es verstehen, in sich hineinzuhorchen und ihrer ureigenen Melodie zu folgen. Lauschen wir ihrem wilden, schönen Lebenslied.

Geh los! Wenn die ersten Sonnenstrahlen über den Schwielowsee tasten, wenn der Wind die Fluren des Teltow fegt, wenn Regentropfen auf den Kiefernnadeln des Fläming perlen, dann geh los! Leichtfüßig und leichten Sinnes. Such dir deine Landstraßen, deine Traumpfade, deine Holzwege.
Da draußen warten sie auf dich. Hermann v. Pückler, das fürstliche Enfant terrible. Gertrud Kolmar, gemieden doch stark. Rudolf Dutschke, Wortgewaltiger aus Luckenwalde, Eleonore Prochaska, in Männerkleidung am Ziel ihrer Wünsche.
Gott und die Welt, Gier und das Geld, Gemeingut und himmlische Heiterkeit: Halten wir Zwiesprache mit Carl Wilhelm Frölich, gedankenvoller Gutspächter in Scharfenbrück. Streifen wir mit Joachim Christian Blum, philosophierender Müßig-Gänger, durch die Weingärten Rathenows. Folgen wir Christian Morgenstern, irrlichternder Poet, auf den Galgenberg.
Im Kreis der windgezausten Krähen, da wirst du es spüren.

Fahrrad- und
Gepäckaufbewahrung

Der Teltow

BERLIN
Teltow
Klein-
machnow
Großbeeren
Stahnsdorf
Königs
Wusterhausen
Zeesen
Groß Machnow
Mittenwalde
Bestensee
N
W
O
S

Teltow als Städtchen ist ja ein Begriff, aber „der“ Teltow? Kopfschütteln und Achselzucken.
Von der Nuthe bis zur Dahme, von Berlin bis an den ... da muß die Regionalhymne abbrechen. Ein erhöhtes Plateau, eine Grundmoränenplatte bildet den Unterboden dieses Landstrichs, 1815 auch Verwaltungsbezirk.
Um seinem Namen auf die Spur zu kommen, begebe man sich an die Ufer des Teltowkanals. Bis zur Ausschachtung in den Jahren 1900-1906 plätscherte hier das Flüßchen Bäke, weniger bekannt unter der Bezeichnung Telte.
„Der Reisende in der Mark muß sich mit einer feineren Art von Natur- und Landschaftssinn ausgerüstet fühlen. Es gibt gröbliche Augen, die gleich einen Gletscher oder Meeressturm verlangen, um befriedigt zu sein.“
Was Theodor Fontane über die Mark Brandenburg als Ganzes feststellt, gilt im besonderen für den Teltow. „Es ist mit der märkischen Natur wie mit manchen Frauen. Auch die häßlichste, sagt das Sprichwort, hat immer noch sieben Schönheiten ... Man muß sie nur zu finden verstehen. Wer das Auge dafür hat, der wag' es und reise.“
Felder und immer wieder Felder (z. B. Teltower Rübchen), hier ein Wäldchen, dort ein Birken- oder Pappelweg. Und jede halbe Wegstunde tritt dem Wanderer ein Kirchturm in den Blick, feldsteinern zumeist, wuchtig und klobig.
Der eigentliche Reiz dieser nüchternen Flur, das sind ihre geschichtlichen Gestalten. Hufschmied Georg Nagelschmidt und Stallknecht Jakob Tylicke, Gefährten des vogelfreien Hans Kohlhase; auf dem Gutshof von Groß Machnow haben sie gefront. Pastorensohn Paul Stolz, auf dem Salzmarkt von Mittenwalde drehte der Henker ihm den Strick. Protestant Paul Gerhardt, im Glauben unerschütterlich. Paul Gundling, Hofnarr wider Willen im Jagdschloß zu Königs Wusterhausen. Der streitlustige Geist von Beeren. Poet Paul Zech in Bestensee, Großstadtflüchtling ohne Entrinnen. Gustav Gründgens, Mephistopheles im himmlischen Zeesen.

Elisabeth Baronin von Ardenne
geb. Freiin und Edle von Plotho
geb. 26.10.1853 gest. 5.2.1952
Offb. Joh 14,13

1.

Die leibhaftige Effi Briest

– Stahnsdorf –

Wenn zwischen Gräbern eine Anzahl ausgewachsener Bäume steht, dann ist schnell von einem *„Waldfriedhof"* die Rede. Der **Südwestkirchhof** jedoch hat dieses Prädikat vollauf verdient. Ein wirklicher Wald, unter dessen dichtem Nadel- und Blätterdach Grabmale aus dem Unterholz ragen.
Trockenes Geäst bricht unter meinen Füßen, und in den Wipfeln geht ein murmelnder Wind, als ich die Sektion **Trinitatis** betrete. Im **Gartenblock V,** gar nicht leicht zu entdecken, bewohnt sie das **Erbbegräbnis 112a** – die ihrerzeit Skandalöse.
Der zusammengesunkene Hügel schweigt totenstill, und auch ihr kärglicher Stein ist wenig gesprächig. *„Elisabeth Baronin von Ardenne, geb. Freiin und Edle von Plotho, geb. 26. 10. 1853, gest. 5. 2. 1952."* Der Friedhofswanderer halte inne, denn hinter solch dürren Daten verbergen sich brennende Liebe und todbringende Leidenschaft. Es war einmal eine Frau . . .

Theodor Fontane hat dieser Frau den liebevoll lautmalerischen Namen *Effi Briest* gegeben. In dem erfolgreichsten seiner Romane geht es um eine junge Adelige, fast ein Mädchen noch, und ihre elterlich arrangierte Standesheirat. Baron von Instetten, ein angesehener Landrat auf dem Weg hinauf ins Ministerium, führt die Braut vor den Altar. Es beginnt ein Leben in Langeweile. Der steife und prinzipienfeste Mann von Grundsätzen und *„guten Sitten"* vermag die Ehe nicht mit Leben zu füllen *(„Ein Liebhaber war er nicht")*. Während dieser unablässig sein berufliches Fortkommen betreibt *(„frostig wie ein Schneemann. Und immer nur die Zigarre")*, ersehnt die romantische und lebenslustige Effi bewegte Sinnlichkeit. Und findet sie in den Armen von Major Crampas, einem charmanten Leichtfuß, dem *„alle Gesetzmäßigkeiten langweilig"* sind. Eine kurzlebige Affaire nur, die doch Jahre später zum tödlichen Drama werden soll. Zufällig stößt Instetten auf längst abgelegte amouröse Briefe und reagiert mit der ganzen Härte preußisch-patriarchalischer Sitten. Da ist zwar ein Moment des Zögerns, doch dann glaubt der Ehrgeschädigte sich zur Tat gezwungen. Am Ende gibt es nur Verlierer. Crampas, zum Duell gefordert, stirbt unter der Kugel des besseren Schützen. Effi, schuldig geschieden, geächtet und von ihrer Tochter getrennt, welkt dahin. Und Instetten verfehlt trotz geretteten Ansehens und steiler Karriereleiter sein Lebensglück.

Fontane verurteilt, ohne ausdrücklich zu urteilen. Ohne jegliches Pathos und ohne Zuweisung von Schuld schildert er die handelnden Personen, wie sie sich bewegen im vorgesehenen Rahmen ihrer gesellschaftlichen Möglichkeiten. Nicht gegen einzelne Menschen richtet sich die Anklage, um so stärker aber gegen die Starrheit adeliger Konventionen. Gegen einen hohlen Moral- und Ehrenkodex, der um seiner selbst willen töten läßt.

Explizite Stellungnahmen des Dichters finden wir nur außerhalb des Romans, vorwiegend in seinem umfangreichen Briefwechsel. *„Der natürliche Mensch will leben, will weder fromm noch keusch noch sittlich sein, lauter Kunstprodukte von einem gewissen, aber immer zweifelhaft bleibenden Wert, weil es an Echtheit und Natürlichkeit fehlt. Dies Natürliche hat es mir seit langem angetan, ich lege nur darauf Gewicht, fühle mich nur dadurch angezogen, und dies ist wohl der Grund, warum meine Frauengestalten alle einen Knacks haben. Gerade dadurch sind sie mir lieb, ich verliebe mich in sie, nicht um ihrer Tugenden, sondern um ihrer Menschlichkeiten, d.h. um ihrer Schwächen und Sünden willen."*

An die Adresse Instettens: *„Das Langweiligste von der Welt ist die reine, weiße, durch nichts gefärbte Vorzüglichkeit."*

Und zu Effis posthumer Rehabilitierung: *„Unter Umständen gibt es keinen anderen zuständigen Gerichtshof als das eigene Herz."*

Fontane hat den Romanstoff nicht aus reiner dichterischer Phantasie geschöpft; Vorlage ist ihm eine tatsächliche Tragödie, die in den Berliner Salons Aufsehen erregt. Wilhelm Beckmann, ein unmittelbar Beteiligter, offenbart in seinen Lebenserinnerungen: *„Wir waren oft, ein enger kleiner Freundeskreis, in dem blumenduftenden Garten eines wundersamen Rokokoschlosses bei Wein und Liedern, Gedichten und Gesängen an weichen stimmungsvollen Sommertagen bis* *tief in die sternenhelle Nacht hinein um eine aristokratische Frau vereint. Die Nachtigall schmetterte ihr sehnsuchtsvolles Locklied, der Vollmond breitete seinen fahlblauen Lichtschleier über die Wiesen, und gespenstisch standen im Hintergrunde die Bäume des Waldes. Wir saßen um die schöne blasse Frau mit den wundersamen Rätselaugen und der silberhellen Stimme im wassergleitenden Kahn und küßten der Zauberin die schlanke Hand.*" Elisabeth v. Ardenne, geborene v. Plotho, heißt das bewunderte Fabelwesen; Ehefrau des Rittmeisters Armand v. Ardenne. Um ihre Blüte schwärmen schmetterlingsgleich berauschte Verehrer, Künstler, Kavaliere.

„*Wir sahen uns fast täglich. Im Winter unter dem Weihnachtsbaum, bei den Geburtstagen, bei den Malkastenfesten, im Theater oder auf dem Eise, bei Regen, Schnee und Sonnenschein. Im Sommer unter ewigem Wechsel der Szenerie zum Entsetzen der klatschsüchtigen Welt, gefördert und begeistert von der Anmut und der Poesie jener sich stets gleichbleibenden Frau. Indem sie in ihrer Natürlichkeit und Sicherheit sich in ungebundener Freiheit gab, wirkte sie durch ihr ganzes Wesen und ihre intensiven geistigen Anregungen auf uns alle in einer beglückenden Weise.*" Im Preußen des 19. Jahrhunderts ein Spiel mit dem Streichholz.

„*Daß ein solcher Verkehr durch die Macht der Verhältnisse bei einem der Freunde mit der Zeit eine solche Kraft der Gefühle aufspeichern mußte, daß eines Tages die gewaltsam zurückgehaltene Glut der Empfindungen die Selbstbeherrschung durchbrechen würde, sahen wir mit wachsendem Bangen voraus.*" Emil Hartwich ist der Name des verhängnisvoll Entflammten, Amtsrichter von Beruf, schöngeistiger Maler aus Neigung und Temperament.

Alles weitere siehe Fontane: Scheidung, Pistolen-Duell, Tod.

Eines ist anders gekommen. Während Effi Briests Leben ein kummervoll frühes Ende findet, schließen sich die Augen Elisabeths erst im gesegneten Alter von neunundneunzig Jahren. Ihr schlichtes Grab im Waldboden scheint nicht vergessen – jemand hat der Ruhenden eine Rose zu Füßen gelegt.

SÜDWEST KIRCHHOF STAHNSDORF

● Lovis Corinths leuchtende Palette

„Es wird nicht wenige Menschen geben, welche von mir behaupten: Er war ein Sonntagskind ... Wie ich dazu gekommen war, zu dieser Charakteristik, mag Gott wissen. Ich weiß das nicht. Es sei denn ein höhnisches Gelächter, welches ich anzuschlagen beliebte, wenn es mir recht blöde vorkam, und meine fletschenden Zähne leuchteten im viereckigen Maule, welches meine Kollegen in München Quadratmaul, auch Briefkasten zu nennen beliebten. Da die Menschen blindlings hinnehmen, was ihnen geboten wird, so dachte man, ich wäre vergnügt und ein lachender Philosoph." Mehr noch als sein vitales Auftreten (Tänzer, Trinker, Unterhalter) sind es seine impressionistisch anmutenden Gemälde, die einen solchen Eindruck hinterlassen. Lovis Corinth (1858–1925), führendes Mitglied der avantgardistischen *Berliner Sezession,* hält sich in seinen Anfangsjahren mit einer *„Malschule für Weiber"* über Wasser. Dem wilhelminisch verkrusteten Kunstverständnis setzt er Bilder von sinnenfreudiger Lebensfülle entgegen. *Venus, Bacchus, Die Badende, Der Kuß:* Seine farbenkräftige Palette zaubert hymnische Schönheit und lodernde Leidenschaft auf die Leinwand. Das Dasein als ein ungebändigter, hinreißender Rausch.

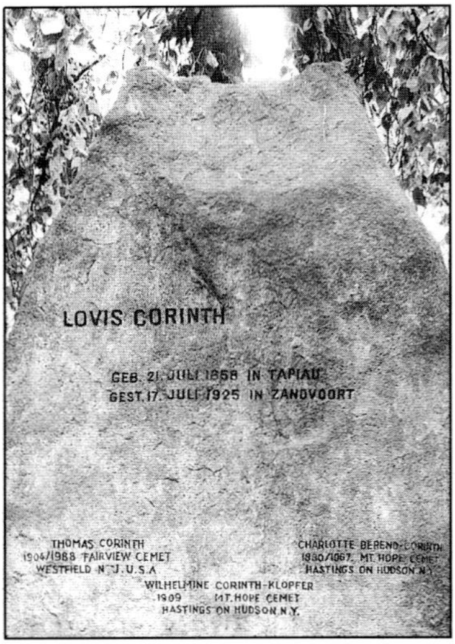

„Und doch bin ich im Leben stets unglücklich gewesen." Sein himmelstürmendes Hochgefühl bezahlt der Künstler mit höllischen Depressionen. *„Es ist kein Tag vergangen, an welchem ich es nicht besser fand, aus diesem Leben zu verscheiden ... Deshalb vermied ich jeden Besitz von Waffen, Revolver, Dolch. Auch Rasiermesser habe ich nie besessen, aus dem einzigen Grunde, ich wollte mich niemals hinreißen lassen, etwas in der ersten Aufwallung zu tun."*

Grabstätte: Block Trinitatis, Feld 8, Erbbegräbnis 47

● Zille in befremdlichem Mileu

Ein bärtiger Mann mit breitkrempigem Hut stromert durch die Straßen Berlins. Prüfend mustern seine Augen die Passanten. Die Stadt ist eine Landschaft aus vielen Leben, wenn man sie nur zu sehen weiß. Jetzt bleibt er stehen, tritt in das Halbdunkel einer Hofeinfahrt. Langsam, ganz langsam gleitet seine rechte Hand in die Manteltasche ... und zieht einen Skizzenblock hervor. „*Gehen Sie hinaus ins Freie, beobachten Sie selbst*", hatte der greise Professor Hosemann seinen ateliervertessenen Schülern geraten, und zeitlebens wird unser Heinrich Zille (1858–1929) diesen Rat befolgen, Bleistift und Papier stets griffbereit. Bald ist der Zeichner mit dem wehenden Mantel zu einer stadtbekannten Figur geworden, im alten Berliner Fischerkiez, im Scheunenviertel am Alexanderplatz, in der Welt der Weddinger Hinterhöfe. Mit einem lachenden und zwei weinenden Augen hat er sie festgehalten, die leichten „*Meechen*" und die schweren Jungs, die Kellerkinder und die Kneipenhocker, die Pickelhauben, die philosophierenden Invaliden.

„*Mir sind die Menschen und Gassen seit langem vertraut, wie jemand mal sagte: Det is Zille sein Milljöh! Der fünfte Stand. Menschen, die ihrem Geschick nicht entgehen können, die das Resultat der heutigen und der früheren Gesellschaftsordnung sind. Bedauernswerte, in der Charité oder im Fröbel geboren, finden sie ihren Lebensweg schon in harten Lettern vorgeschrieben .. Garstige finstere Höfe, stinkende Müllkästen, die verschwiegenen Leichenhallen für Abgetriebene und Neugeborene. Unter Schlafleuten und Absteigemädchen, so entwickelt sich der Lebensfilm Abertausender.*"

Was nur wenige wissen: Zille hat auch fotografiert! Erst 1966 sind die verstaubten Fotoplatten aus einer Kommodenschublade ans Tageslicht gekommen. Eigentlich gar nicht für die Öffentlichkeit bestimmt, dienten sie ihm als Gedächtnisstütze, als Archivmaterial für zeichnerische Kompositionen. Ein fotografisches Notizbuch!

Selten nur sucht seine Linse das repräsentative Berlin der Prachtbauten und Monumente. Ihm geht es um die Kehrseite der Medaille. Mal mit Stativ und Fotokasten, mal mit beweglicher Handkamera schaut er der Reichshauptstadt ins ungeschminkte Alltagsgesicht.

Wie mag sich der scharfsichtige Pflastertreter fühlen im **Block Epiphanien, Feld 14, Gartenstelle 34/35?** Bei Waldesrauschen und Vogelgesang...

● Der erste Naturschutzbeamte

„Der rapide Aufschwung der Industrie ist in hohem Grade erfreulich und von nationaler Bedeutung; aber stellenweise macht sie auch einen nachteiligen Einfluß auf hervorragende Bestandteile der ursprünglichen Natur geltend. Luft, Wasser und Fels wie Pflanzen, Tiere und die ganze Landschaft unterliegen nicht selten der schädigenden Einwirkung gewisser Zweige der Industrie. Wenn in chemischen Fabriken übelriechende Gase nicht aufgefangen, sondern in die Atmosphäre abgelassen werden, kann uns der Genuß der freien Natur dort verleidet werden. Verderblicher sind die Rauchgase, welche in der Umgebung industriereicher Orte auftreten und die Pflanzenwelt in meilenweiter Entfernung erheblich beeinträchtigen . . . Selbst Sträucher und Bäume, vornehmlich Nadelhölzer, werden angegriffen.“

Im siechenden Kiefernwald **(Umbettungsblock, Feld 17, Wahlstelle 178)** stehen wir vor dem Grabstein eines Mannes, dessen Name vergessen ist. Auch bei den *Grünen*, obwohl sie allen Grund hätten, seiner zu gedenken. Ist er doch ein früher Vorläufer und seiner eigenen Zeit meilenweit voraus gewesen. Hugo Conwentz (1855–1922), Leiter des Westpreußischen Provinzialmuseums, besitzt ein empfindsames Auge für den Rückgang der Pflanzenwelt. Jahr um Jahr setzen Industrialisierung und großflächige Landwirtschaft ihren naturverschlingenden Vormarsch fort. Der studierte Biologe macht es sich zur Aufgabe, schutzbedürftige Pflanzen, Sträucher und Bäume in einem *Forstbotanischen Merkbuch* zu registrieren. 1904 erscheint seine Denkschrift *Die Gefährdung der Naturdenkmäler und Vorschläge zu ihrer Erhaltung. „Wenn meine Vorschläge . . . zur Annahme gelangen, würde den Denkwürdigkeiten der freien Natur in Zukunft eine ähnliche Fürsorge zuteil werden, wie schon lange an den Denkmälern frühzeitiger Kunst erfolgreich geübt wird. Hierdurch würden seltene Naturkörper und ganze Lebensgemeinschaften der Gegenwart sowie hervorragende Zeugen früherer Entwicklungsstadien der Erde mehr wie bisher erforscht und auch tunlichst erhalten bleiben. Dabei würden nicht nur wissenschaftliche Einzelheiten der Oberflächengestaltung, Pflanzen- und Tierwelt für Studienzwecke, sondern auch hervorragende Teile der ursprünglichen Landschaft zur Freude der ganzen Bevölkerung bewahrt werden.“*

Tatsächlich muß die Denkschrift jemand Hochgestelltes nachdenklich gemacht haben; Conwentz erhält die Leitung einer neugeschaffenen *Staatlichen Stelle für Naturdenkmalpflege* in Berlin. Wohlgemerkt: im Jahre 1904.

● Achthundert Chirurgen können irren

„Jeder Fortschritt in der Medizin bedarf eines Kampfes von fünfzehn Jahren, die früher siegreichen sind keine", sagt ein Mann, der es leidvoll erfahren mußte. *„Alle großen medizinischen Entdeckungen werden außerhalb der Hochburg der Großsiegelbewahrer der Wissenschaft gemacht. Niemals hat sich dieser Anprall akuter, dramatischer, verblüffender vollzogen als im Falle meiner Anästhesie durch örtliche Einverleibung unschädlicher Flüssigkeiten."*

In einer Arztpraxis der Berliner Friedrichstraße geschieht um 1890 Ungeheuerliches. Ein junger Mediziner operiert ohne Narkose – und kein Patient stürzt schreiend zur Tür hinaus. Örtliche Betäubung! Carl Ludwig Schleich (1859–1922) hat durch Selbstinjektionen am eigenen Leibe herausgefunden, wie sich die Wirkung von Anästhetika lokal begrenzen läßt.

„So trat ich denn im April 1892 vollausgerüstet auf dem Chirurgenkongreß an. Mein Manuskript in der Hand . . . Der Saal war überfüllt, als ich das Podium betrat. In aller Gemütsruhe begann ich, ein Protokollant stenographierte. Ich entwickelte Theorie und Praxis und schilderte das Erreichte. Der Präsident Bardeleben, ein Michelangeloscher Moseskopf, rückte schon mehrmals unruhig auf dem Sessel und sah sich um. Als ich nun schloß: 'So daß ich mit diesem unschädlichen Mittel in der Hand aus ideellen, moralischen und strafrechtlichen Gesichtspunkten es für nicht mehr erlaubt halte, die gefährliche Narkose da anzuwenden, wo dieses Mittel zureichend ist!' da erhob sich ein Sturm . . . Bardeleben läutete lange die Glocke. Als sich das Getöse einigermaßen gelegt hatte, sagte er: 'Meine Herren Kollegen! Ich frage die Versammlung. Ist jemand von der Wahrheit dessen, was uns hier eben entgegengeschleudert worden ist, überzeugt? Dann bitte ich, die Hand zu heben.' – Welcher Unsinn, abstimmen zu lassen, ob eine neue Entdeckung wahr ist! Es hat sich keine Hand erhoben!"

Ohne ihm noch einmal das Wort zu erteilen, jagt man den Ketzer zum Tempel hinaus. Fünfzehn Jahre später wird seine Lokalanästhesie zum akzeptierten Grundbestand der Chirurgie gehören.

„Ein Kritiker hat mich einmal einen Feind der Wissenschaft genannt; ja, das bin ich auch geworden, nämlich jener Wissenschaft, die mit dogmatischer Engherzigkeit einfach alles befehdet, was außerhalb des Geheges ihres selbst umzäunten methodischen Gartens liegt, der nur jene Gemüse trägt, die ihren Mann ernähren, vom schönen freien Urwald aller Möglichkeiten aber nichts wissen will."

Grabstätte: Block Erlöser, Gartenblock I, Gartenstelle 47/48

● Tauschen, ohne zu täuschen

„Wenn die Arbeiter nur Organisationen für die Verwertung ihrer Arbeitskraft hätten, so würden sie zwar eine nominelle Höherbewertung ihrer Arbeitskraft erzielen können, aber das würde ihnen wenig nützen, wenn die Preise für Waren und Dienste die gleiche Aufwärtsbewegung erfahren hätten oder in kurzer Zeit erfahren würden.
Aus diesem Grunde ist eine Organisierung der Arbeiter als Verkäufer ihrer Arbeitskraft nur eine halbe Sache. Sie täuscht unter Umständen Erfolge vor, die streng gesehen gar keine sind. Der Arbeiter hat zwar ein höheres Einkommen, aber er lebt nicht besser als bisher.“

Richard Calwer (1868–1927), Sohn eines Lokomotivführers, hat seine Bildung unentgeltlichen schwäbischen Klosterschulen zu verdanken. Die logische Folge, ein anschließendes Theologiestudium, vermag ihn jedoch nicht dauerhaft zu fesseln. „*Volks*“wirtschaft, im eigentlichen Sinne des Wortes, wird seine wissenschaftliche Passion; eine Wirtschaftsordnung, die allen Schichten des Volkes nutzt und frommt. Da schimmert ein gerüttelt Maß an klösterlicher Gerechtigkeit hindurch, doch zur Verwirklichung erscheint die Sozialdemokratische Partei geeigneter.

1898 in den Reichstag gewählt, schlägt sich der Abgeordnete auf die Seite der Reformisten. Lieber den kleinen Spatz gleich in der Hand, als die große Revolution am St. Nimmerleinstag! Nach nicht endenden Kontroversen legt die Parteiführung ihm den Austritt nahe (1909). Bei der Generalkommission der Gewerkschaften ist der Dozent und Publizist auch weiterhin willkommen. Das Problem der Lohn-Preis-Spirale stellt sich nach jedem gewonnenen Arbeitskampf aufs neue. Wie gewonnen, so zerronnen; wenn es nicht gelingt, die Preise stabil zu halten. *„Tauschen und täuschen hängen genauso zusammen wie Handel und Händel!“* Calwers Gegengift ist die Gründung von Konsumvereinen. *„Wer das Wesen des heutigen Tauschverkehrs näher durchdenkt, der kann sich der Erkenntnis nicht verschließen, daß eine wirkliche, nicht bloß nominelle Höherbewertung der Arbeitskraft nur dann allgemein zu erreichen ist, wenn die Arbeiter sich nicht bloß als Schaffende, sondern auch als Verbraucher zusammenschließen.“*

Den Handel ausschalten, die Hersteller gegeneinander ausspielen! Profite im Zangengriff von Gewerkschaften und Konsumenten.

Grabstätte: Block Reformation, Feld 4, Erbbegräbnis 56

● Von der Theaterwelt zum Welttheater

„Er hatte Lust zu kämpfen, er hatte das flinke Florett und eine tödliche Hand. Er war ein ritterlicher Gegner, doch wohin er schlug, da wuchs kein Gras mehr“, sagt Tucholsky über einen Mann, dessen spürbares Lebensmotto lautete: *„Ein Tag ohne Kampf ist kein guter Tag.“*

Siegfried Jacobsohns Lebenswerk (1880–1926) ist die *Weltbühne.* Anfänglich unter dem Namen *Schaubühne* eine kritische Theaterzeitung, entwickelt sie sich zu einer heißgeliebten und ebenso gehaßten politischen Institution. Ein Forum der intellektuellen Linken in Kaiserzeit und Weimarer Republik. Carl v. Ossietzky, Arnold Zweig, Joseph Roth, Lion Feuchtwanger, Walter Mehring, Alfred Döblin, Alfred Polgar, Ernst Toller, Heinrich Mann – große Namen führen ihre spitze Feder. Gegen Untertanengeist und Spießertum, gegen Kriegstaumel und Vaterländerei, gegen ewiggestrige Kleriker, Richter, Oberlehrer. Und kaum ein Tag vergeht ohne Kampf. Gerichte, bis hinauf zum Reichsgericht, werden stets und ständig bemüht, das Blatt in seiner Verbreitung zu behindern; Verleumdungsklagen, Schadensersatzklagen, Anträge auf einstweilige Verfügungen. Die Publizisten Walter Kreiser und Carl v. Ossietzky sehen sich sogar mit Gefängnisstrafen belegt. *„Landesverrat“!* Besitzen sie doch die sträfliche Dreistigkeit, heimliche Aufrüstungsmaßnahmen der Reichswehr öffentlich zu machen: Kampfflugzeuge, im Finanzhaushalt des Reichsverkehrsministeriums verborgen.

„Er hat von der ersten Nummer bis zum letzten Novemberheft des Jahres 1926 alles allein gemacht – keine Krankheit, keine Reise, keine Ungunst der Stunde haben ihn jemals veranlassen können, die Redaktion auch nur eine einzige Woche abzugeben“, resümiert ein Autor den Einsatz des nimmermüden Chefredakteurs. Und ein anderer schildert bleibende Impressionen seines Redaktionsbesuchs: *„Ich betrat einen großen Parterreraum. Am Schreibtisch, der neben dem Fenster stand, saß in Decken eingewickelt der kleine schmächtige Mann ... Keine stilistische Nachlässigkeit ließ er durchgehen.“*

„Tag für Tag, Heft für Heft hat er sein Erbe errichtet“, würdigt Tucholsky den an Gehirnschlag früh Verstorbenen. *„Mein geronnenes Herzblut“,* bekennt Jacobsohn mit Blick auf die säuberlich aneinandergereihten Halbjahresbände. Siegfried, der intellektuelle Drachentöter ...

Grabstätte: Block Charlottenburg, Gartenblock II, Gartenstelle 161

● Bund Neues Vaterland

„Der Bund ist eine Arbeitsgemeinschaft deutscher Männer und Frauen, die sich unbeschadet ihrer sonstigen politischen und religiösen Stellungnahme zusammenschließen, um an den Aufgaben, die dem deutschen Volk aus dem europäischen Krieg erwachsen, mitzuarbeiten", lautet § 1 der Satzung.
Erklärtes Ziel, gegen den Geist der Zeit, ist die *„Förderung aller Bestrebungen, die geeignet sind, die Politik und Diplomatie der europäischen Staaten mit dem Gedanken des friedlichen Wettbewerbs und des überstaatlichen Zusammenschlusses zu erfüllen, um eine Verständigung zwischen den Kulturvölkern herbeizuführen."* Folgt der Nachsatz: *„Dieses ist nur möglich, wenn mit dem seitherigen System gebrochen wird, wonach einige wenige über Wohl und Wehe von hundert Millionen Menschen zu entscheiden haben."*
Eine empörende Proklamation! Just in jenem Moment fällt sie Kaiser und Generalstab in den Rücken, als amtliche Siegeseuphorie das Volk auf weitgesteckte Annexionsziele einstimmen will.
Die Gründung am 16. November 1914 ist wenige Wochen nach Kriegsbeginn erfolgt, und die Gründer entstammen samt und sonders gehobenen gesellschaftlichen Kreisen. Kurt v. Tepper-Laski, Rittmeister a. D. und Turnierreiter, Schriftsteller Otto Lehmann-Russbüldt, nicht zu vergessen Graf Georg v. Arco (1869–1940), Technischer Direktor von Telefunken. Der drahtlosen Telegraphie, dem Funkverkehr über immer größere Distanzen gilt sein Trachten und Forschen. Anfänglich nur von Berlin nach Rangsdorf, dann schon nach Jüterbog, schließlich bis in die afrikanischen Kolonien. Trotz aller technischen Erfolge, der Erfinder ist nicht zum Fachsimpel geworden. Philosophie und Politik bleiben ihm brennende Anliegen: *„Die Technik mordet den Krieg"*, der Fortschritt im Nachrichtenwesen wird die Völker einander näherbringen. Mag er mit dieser Prognose langfristig recht bekommen, vorerst mordet der Krieg mit Hilfe der Technik!

Pazifistische Vorstöße erscheinen der Regierungsdiplomatie zunehmend störender. Im April 1915 sind gar Delegierte zu einem deutsch-englischen Friedenskongreß nach Den Haag gereist. Das Maß ist voll! Am 7. Februar 1916 wird der *Bund Neues Vaterland*, in behördlichen Augen eine *„Gruppe von Vaterlandsverrätern"*, nach mehrmaliger Verwarnung verboten.
Grabstätte: Block Heilig Geist, Gartenblock 5, Erbbegräbnis 20

● Murnau entfesselt die Kamera

„Ich erinnere noch, wie wir dazu kamen, die Kamera beweglich zu machen", erzählt Robert Herlth über die schrittweise Entstehung einer Szene für den Film *Der letzte Mann* (1924). Erster Drehtag. *„Wir hatten in der Dekoration den Waschraum, und Murnau stellte die Szene: Wie ein Millionär sich vom Toilettenmann eine Havanna anzünden läßt. Der Millionär geht durch die Schwingtür, die ich fast zwei Meter breit gebaut hatte, damit sie langsam schwingen konnte, und der Rauch der Havanna zieht dem Toilettenmann in die Nase, wenn der Herr schon die Treppenstufen erstiegen hat.*
Da sagte Murnau: 'Nein, das ist nichts!' 'Warum?' fragten Carl Freund und ich. 'Weil es nicht wirkt!' sagte Murnau verbissen. 'Wie muß es denn sein?' 'Eindringlicher! Man müßte dem Rauch nachfliegen.' 'Ja, wie denn?' 'Die Treppe hinauf', sagte Murnau. 'Mit der Kamera?' fragte Freund. 'Ja, womit sonst!'".
Ein kinohistorischer Durchbruch.
Friedrich Wilhelm Murnau (1888–1931), Stummfilmpionier der zwanziger Jahre *(Nosferatu, Der brennende Acker, Phantom, Sunrise, Tabu)* im Ufa-Berlin und in Hollywood. Nicht länger läuft das Geschehen vor einer starren Kamera ab, die Regie macht sie zum lebendigen Mitspieler. Lauernd umkreist ihre Linse die handelnden Personen, folgt in Großaufnahmen auch unscheinbaren Regungen.
„Die Kamera ist der Zeichenstift des Regisseurs. Sie soll die größtmögliche Bewegung aufweisen, um jeden flüchtigen Stimmungsakkord aufzuzeichnen."
Grabstätte: Block Schöneberg, Feld 3 a, Erbbegräbnis 5

● „In der Welt habt ihr Angst ...

aber seid getrost." Evangelium des Johannes, Kapitel 16, Vers 33 ist in das hölzerne Grabkreuz eingeschnitzt. Worte Jesu und die aufgereihten Pfeifen einer Orgel: Beides muß dem Mann, der hier unter der kleinen Birke ruht, bedeutsam gewesen sein.
„Meine liebste, beste Waltraut, ich habe nur noch eine Bitte in der Welt: daß Du mir nicht zürnst. Wer weiß wie Du, welche Lebensangst in mir gesessen hat, seit ich lebe; alles was ich schaffe, stand unter diesem Zeichen, noch zuletzt mein geplantes Oratorium. Laß die Kinder gut von mir denken: Es kommt die Zeit, und sie ist nicht fern, wo auch die meinen letzten Schritt verstehen, die es heute nicht tun. Meine lieben, lieben Kinder ..."
Hugo Distler (1908–1942), Organist, Leiter des Berliner Domchors, Professor für Kompostion. Politischer Druck lastet auf dem Kirchenmusiker. Sein Cembalo-Konzert gilt als *„entartet"*, seine Chorknaben müssen zur Hitler-Jugend. Als er sich weigert, in weltliche Kompositionen auszuweichen, droht die Einberufung zur Wehrmacht.
Der Zermürbte sieht nur einen Ausweg. *„Betet für mich. Ich sterbe als ein armer sündiger Mensch und hoffe auf die Barmherzigkeit Gottes."*
Grabstätte: Block Reformation, Feld 10, Gartenstelle 37

● Bis daß der Tod euch scheidet

Joachim Gottschalk (geb. 1904), Meta (geb. 1902), Michael (geb. 1933). Auch wer von diesen Menschen nie etwas gehört hat, der Findlingsstein gibt ihr tragisches Ende preis. Alle drei sind an ein und demselben Tage gestorben, es war der 6. November 1941 (→ S. 130).

Herren in schwarzen Ledermänteln haben sich zur Beerdigung eingefunden. Observieren aus gebotener Distanz die Versammelten. Wie sehr müssen die NS-Behörden die Popularität des toten Schauspielers fürchten! Trotz Verbots: Gustav Knuth, Brigitte Horney, Ruth Hellberger, René Deltgen lassen sich den öffentlichen Ausdruck ihrer Trauer nicht nehmen. Eine stille Demonstration.

Joachim Gottschalk (1904–1941) hatte seine Karriere an der Württembergischen Volksbühne in Stuttgart begonnen. Typus: jugendlicher Held und Liebhaber. Über Zwickau und Leipzig führt sein Weg an das renommierte Frankfurter Schauspielhaus. Dort wird dem gefeierten Darsteller des Piccolomini 1937 die Mitwirkung an einer Schillerfeier verwehrt. Der Grund, seine *„Mischehe"*. Nicht nur, daß seine jüdische Frau keine Rollen mehr bekommt, auch er selbst gerät unter zunehmenden Druck. *„Rassenschande"!* An der Volksbühne Berlin und bei der Ufa *(Du und ich, Das Mädchen von Fanö)* findet der Bedrängte neue Aufgaben. Beharrlich weist er die beharrlich geforderte Scheidung zurück; mit ihr würden Meta und Michael jeglichen Schutz vor Deportation verlieren. Was mag ihn bewogen haben, seine Frau zur Filmpremiere *(Die schwedische Nachtigall)* mitzunehmen? Charmeur Goebbels küßt bei solcherlei Gelegenheit gern Damenhände, so auch die der erst nachträglich erkannten Jüdin! Es gibt keine Rettung mehr.

Das Schicksal der Familie Gottschalk ist von Kurt Maetzig verfilmt *(Ehe im Schatten)*, von Ariane Mnouchkine *(Mephisto)* auf die Bühne gebracht worden. Meta: *„Vielleicht eines Tages, in zwanzig, dreißig oder fünfzig Jahren werden irgendwelche Leute mal erfahren, daß ein deutscher Schauspieler namens Gottschalk es vorzog, sich mit seiner Frau umzubringen, anstatt sie zu verraten . . . Und sie werden sagen: 'Sieh an, das war ein guter Mann, der auf seine Weise hat nein sagen können.' Und für einen Augenblick werden sie an uns denken, und während dieses Augenblicks werden wir wieder leben!"*

Grabstätte: Block Charlottenburg, Feld 3, Gartenstelle 288–290

● Das Martyrium des Friedrich Weißler

An den Führer und Reichskanzler: *„Das evangelische Gewissen, das sich für Volk und Regierung mitverantwortlich weiß, wird aufs härteste belastet durch die Tatsache, daß es in Deutschland, das sich selbst als Rechtsstaat bezeichnet, immer noch Konzentrationslager gibt, und daß die Maßnahmen der Geheimen Staatspolizei jeder richterlichen Nachprüfung entzogen sind."*

Die Leitung der Bekennenden Kirche beschränkt sich mit ihrer Denkschrift vom 28. Mai 1936 nicht auf Kritik religionsfeindlicher Maßnahmen, sondern zielt auf staatliches Fehlverhalten generell. Antisemitismus, Wahlbetrug, Gestapo-Willkür. Die Kritikpunkte werden der englischen Presse zugespielt und erscheinen in großer Aufmachung. Ein peinlicher Mißklang zu den Fanfaren der Berliner Olympiade.

Hinter dieser Aktion vermutet man Friedrich Weißler (1891–1937), aus rassischen und politischen Gründen entlassener Landgerichtsdirektor. Der gebürtige Jude hatte einen uniformierten SA-Mann (*„Maskerade"*) wegen Ungebühr vor Gericht zu einer Ordnungsstrafe verurteilt.

Sodann war der arbeitslose Beamte als Büroleiter und juristischer Berater in den Dienst der Bekennenden Kirche getreten. Führte den verbotenen Pressedienst fort, leistete beim amtlichen Schriftverkehr sachkundige Formulierungshilfe. Eine Schlüsselfigur.

Am 6. Oktober 1936, die Olympischen Spiele sind vorbei, schlagen die braunen Machthaber zu. Weißler wird in Untersuchungshaft genommen. Wie in der Denkschrift angeprangert, führen die Untersuchungen nicht zu einem ordentlichen Gerichtsverfahren, sondern zur Einlieferung ins Konzentrationslager Sachsenhausen. Dort erwartet den doppelt Gefährdeten ein viehischer Tod. *„Die sind jede Nacht mit zwei Mann gekommen und haben den Juden niedergeboxt. Dann haben sie seinen Schädel gegen die Betonwände und auf den Betonboden geschlagen, bis er bewußtlos war. Er hat schrecklich geblutet. Ich habe das Blut aufwischen müssen"*, wissen wir vom Kalfaktor. *„Heute nacht ist Blockführer Zeidler, der für den Bunker verantwortlich ist, allein bei ihm gewesen. Der hat ihn auf den Boden geschmissen und mit seinen Kommißstiefeln so lange auf ihm herumgetrampelt, bis er innerlich verblutet ist."*

Die Lagerverwaltung meldet Selbstmord. Pfarrer verkünden den abrupten Tod von den Kanzeln, Gemeinden wissen die Worte richtig zu deuten.

Grabstätte: Block Epiphanien, Gartenblock II, Gartenstelle 17

● Asylbewerber Rudolf Breitscheid

„Wir sind stolz darauf, zu den ersten zu gehören, die der staatsbürgerlichen Gemeinschaft mit den blutbefleckten Usurpatoren der Macht nicht länger für Wert gehalten werden“, sagt ein sozialdemokratischer Reichstagsabgeordneter im Pariser Exil. Am 25. August 1933 hat ihm die braune Regierung zusammen mit Heinrich Mann, Kurt Tucholsky, Lion Feuchtwanger und anderen die deutsche Staatsbürgerschaft aberkannt. *„Wir sind nicht mehr Bürger des Hitlerreiches, aber wir werden Bürger eines neuen Deutschlands sein.“*
Rudolf Breitscheid (1874–1944) will aus den politischen Fehlern der Vergangenheit, an denen er selbst maßgeblich beteiligt war, lernen. *„Es rächt sich, daß die Bolschewistenfurcht selbst in gewissen Kreisen ehrlicher Republikaner den Blick für die Notwendigkeit eines Zusammenschlusses aller antifaschistischen Kräfte trübte. Es rächt sich freilich nicht minder, daß eine Verständigung der Arbeiterparteien zu dem Zeitpunkt nicht zustande kam, an dem eine taktische Einigung zwischen ihnen den Kern des Widerstandes gegen das Vordringen der Despotie hätte bilden können.“* Ein Generalstreik im rechten Augenblick, im Januar 1933, und die NS-Machtergreifung wäre unmöglich gewesen. Überzeugt von der Notwendigkeit gemeinsamen Handelns aller Hitler-Gegner, gehört er im Jahre 1936 zu den Unterzeichnern des Aktionsaufrufs *„Bildet die deutsche Volksfront“.* Zu spät ...
Als die deutschen Truppen Paris erreichen, flüchtet der Emigrant ins unbesetzte Südfrankreich. Hexenkessel Marseille: Tausende gehetzter Oppositioneller bedrängen ausländische Botschaften. Ein Aufnahmeland finden, ein Visum erhalten, das kann den Unterschied zwischen Leben und Tod bedeuten. Parteifreund Erich Ollenhauer ergattert ein Transitvisum nach Portugal. Im Schweizer Konsulat beantragt Breitscheid die Genehmigung, von Zürich über Franco-Spanien hinweg nach Lissabon zu fliegen. Abgelehnt! Dann die neue Hoffnung: Ein Frachter soll draußen vor der Küste ankern, um Asylanten nach Casablanca zu bringen. Hafengerüchte wissen gar von einem Passagierschiff ins algerische Oran. Aus! Gendarmen greifen zu, auf höchsten Befehl, und übergeben den Prominenten der Gestapo. Am 24. August 1944 wird er in einem Sonderlager des KZ-Buchenwald zu Tode kommen, angeblich im Bombenhagel englischer Flugzeuge. Ein Urnengrab **(Block Lietzensee, Feld 22, Wahlstelle 115)** birgt seine heimgekehrte Asche.

● Letzte Worte

„Liebe Mutter! Wenn Du diesen Brief erhältst, lebe ich nicht mehr. Ich hoffe und wünsche von ganzem Herzen, daß Du diese Nachricht ebenso ruhig und gefaßt aufnimmst, wie ich heute mittag die Mitteilung von meiner heute abend zu vollziehenden Hinrichtung entgegennahm. Sei überzeugt, daß ich bis zum letzten Augenblick mich in der Gewalt haben werde, und ich erwarte fest, daß auch Du nicht und niemals verzweifeln wirst."

Hanno Günther (1921–1942), gelernter Bäcker, hat mit ehemaligen Schulkameraden der Berliner Rütli-Schule eine Widerstandsgruppe gebildet. In einem eigens angemieteten Zimmer formulieren und vervielfältigen sie subversive Aufrufe. Pausenlos dudelt derweil das Grammophon, als Ohrenschmaus für die mißtrauische Vermieterin. Flugblätter *(„Hitler triumphiert, doch das Volk krepiert")* fliegen in hunderte von Briefkästen, Zettel *(„Jeder Sieg bringt neuen Krieg")* kleben an den Litfaßsäulen. Eine Untergrundzeitung *(Das freie Wort)* streut sechs Ausgaben lang Sand ins Räderwerk der Rüstungsmaschinerie. *„Langsamer arbeiten... Verlängerung der Arbeitszeit abwehren ... Nichts in die Sammelbüchsen!"*

Darauf steht in kurzem Prozeß die Todesstrafe. Am 3. Dezember 1942 müssen Hanno Günther, Wolfgang Pander und Bernhard Sikorski ihren schweren Gang antreten. In die Richtstätte Plötzensee.

Ein letzter Brief aus der Todeszelle: *„Du schriebst einmal, wir zwei bilden eigentlich eine Einheit, und dies ist auch mein unverbrüchlicher Glaube. Diese Verbundenheit kann nun auf ewig nicht mehr getrennt werden. Bei unverdorbenen Völkern herrscht der Glaube, daß man nach seinem Tode in den Schoß der Mutter zurückkehrt. Dies habe ich, wenn auch in übertragenem Sinne, zu meinem Glauben gemacht. Denn sieh, wenn es eine überirdische Macht gibt, so sind wir doch alle Ausdrucksformen Gottes. Mit unserem Tode vereinigen wir uns wieder mit dem Ursprung, der eine früher, der andere später. So sind auch wir von nun ab wieder unzertrennbar vereint. Wir haben alle hier auf Erden eine Aufgabe zu erfüllen, und meine Aufgabe ist nun erfüllt. Ich komme zu Dir zurück. Dir aber wünsche ich, daß Dir noch in einem recht langen Leben viel Gutes und Schönes beschert werde, daß Du Dir Deinen Lebensmut nie rauben läßt und daß Du dereinst genau so ruhig den unvermeidlichen Gestaltwechsel vollbringst, wie ich ihn zu vollbringen hoffe ... Auf immer."*

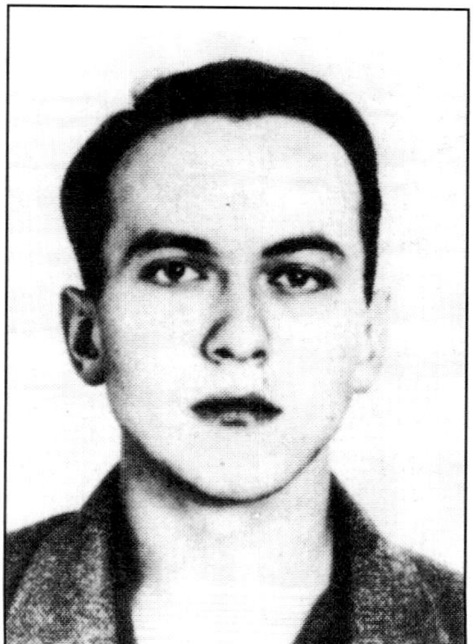

Urnenhain III, Feld 10, Wahlstelle 89

WILMERSDORFER WALDFRIEDHOF STAHNSDORF

● Ein Schauspieler macht Ernst

„Niemand im Theater wagte über den 'Selbstmord' des Kollegen Ulrichs zu sprechen. Auf irgendeine geheimnisvolle und unkontrollierbare Weise erfuhren trotzdem alle, wie er gestorben war. Er war nicht hingerichtet, sondern zu Tode gequält worden. Durch unbarmherzige Foltern hatte man versucht, die Namen seiner Mitarbeiter und Freunde von ihm zu erpressen. Er aber war standhaft geblieben.“ Klaus Mann hat in seinem Roman *Mephisto* einen Schauspieler verewigt, der im Dritten Reich nicht den Weg der Anpassung gehen will. Anders als die Romanfigur Hendrik Höfgen, alias G. G., verwirft er die Versuchung opportunistisch-künstlerischen Aufstiegs.

Hans Otto (1900–1933), so der tatsächliche Name, findet kein Genügen an gefeierten Bühnenerfolgen, die ihm in großer Zahl zufallen. *Der Prinz von Homburg, Max Piccolomini, Egmont, Prinz von Guastalla, Philokrates, Amphitryon, Romeo.* Intendanten umwerben das begnadete Talent, das Publikum liegt dem Bühnenhelden zu Füßen. Seine *„Karriere“* führt vom Deutschen Schauspielhaus in Hamburg über das Preußische Staatstheater in Berlin ... zum Agitprop-Theater der Kommunistischen Partei Deutschlands.

Am 14. November 1933 verhaftet, erliegt er zehn Tage später schweren inneren Verletzungen; nach einem Fenstersturz aus dem obersten Stockwerk einer SA-Kaserne. *(„Wir hatten da einen Schauspieler. Das Schwein wollte nicht aussagen!“)* Neun Tage lang hat er standgehalten und keinen Namen preisgegeben. Um den Preis des eigenen Lebens.

Bertolt Brecht: *„Er machte nicht leichtfertig seine Wege. Er ist ein Mann seltener Art, unkäuflich.“* **(Grabstätte: G III, Feld 14, Grab 363)**

● Baluscheks Rinnstein-Malerei

Wilhelm II. wünscht Gemälde, die erheben und glorifizieren. Sie sollen *„auch den unteren Ständen nach harter Müh und Arbeit die Möglichkeit geben, sich an den Idealen wieder aufzurichten."* Angewidert rümpft seine Kaiserliche Majestät die Nase über eine Kunst, die *„in den Rinnstein niedersteigt."* Zu den gescholtenen Gossen-Künstlern gehört neben Heinrich Zille und Käthe Kollwitz auch Hans Baluschek (1870–1935).
Der Graphiker und Maler zeigt das wenig erhebende Leben der kleinen Leute. Das Kleinbürgertum, die Arbeiterschaft, das Lumpenproletariat, das Dirnenmilieu, die niederschmetternde Not der Ausgestoßenen und Verachteten. Meist in farbiger und doch stumpf wirkender Aquarell-Pastell-Technik (*„Mir war die Ölfarbe für diesen Zweck zu satt und zu speckig"*). Nicht feierabendliche Erbauung ist sein Ziel, sondern die alltägliche Ernüchterung eines zufriedenheitstrunkenen Bürgertums.
„Ich bin nicht sentimental und liebe sanfte Formen des Protestes nicht. Meine Waffen: Pinsel, Kohle, Feder, Bleistift sollen hauen und stechen ... Ich habe um meine Kunst viel zu kämpfen gehabt und kämpfe noch ... Man hat mir meine Motive vorgeworfen, man klagte mich an, ich verstieße gegen die Gesetze der Schönheit! Man nannte mich trocken, spröde, unmalerisch, einen Registrator, einen Übertreiber und Fälscher. Der Akademiker konnte mich nicht verknusen, weil ich ihm als Maler zu wild war! Der Impressionist rügte, meine Malerei sei keine Malerei. Der Symbolist und Phantast wurde ob meiner Phantasielosigkeit vom Ekel gepackt. Wie sich Dadaisten und Expressionisten zu mir stellen, habe ich mich noch nicht bemüht, herauszufinden." Wenig ersprießlich sind sie anzuschauen, die gebeugten Gestalten mit ihren abgearbeiteten Händen, ihren hohlwangigen Gesichtern. Die Mutter mit dem Kindersarg, die Lumpensammlerinnen, die verkauften Mädchen am Montagmorgen. Rauchende Fabrikschlote des industriell aufstrebenden Berlin verdunkeln die Sonne.

Aus den Bildern spricht tiefe Traurigkeit. Schon der zehnjährige Junge durchschaut den proletarischen Vergnügungsrummel. *„Das menschliche Leid trat immer näher an mich heran, Elend und Jammer quollen nur so auf mich zu und fraßen sich in mich hinein. Hinter den Freuden des Sonntags lauerte es. Und so lächerlich manches war, so frei wurde ich niemals, daß ich späterhin einen anderen als bitteren Humor aufbringen konnte."* **(Grabstätte: L I–S III–334)**

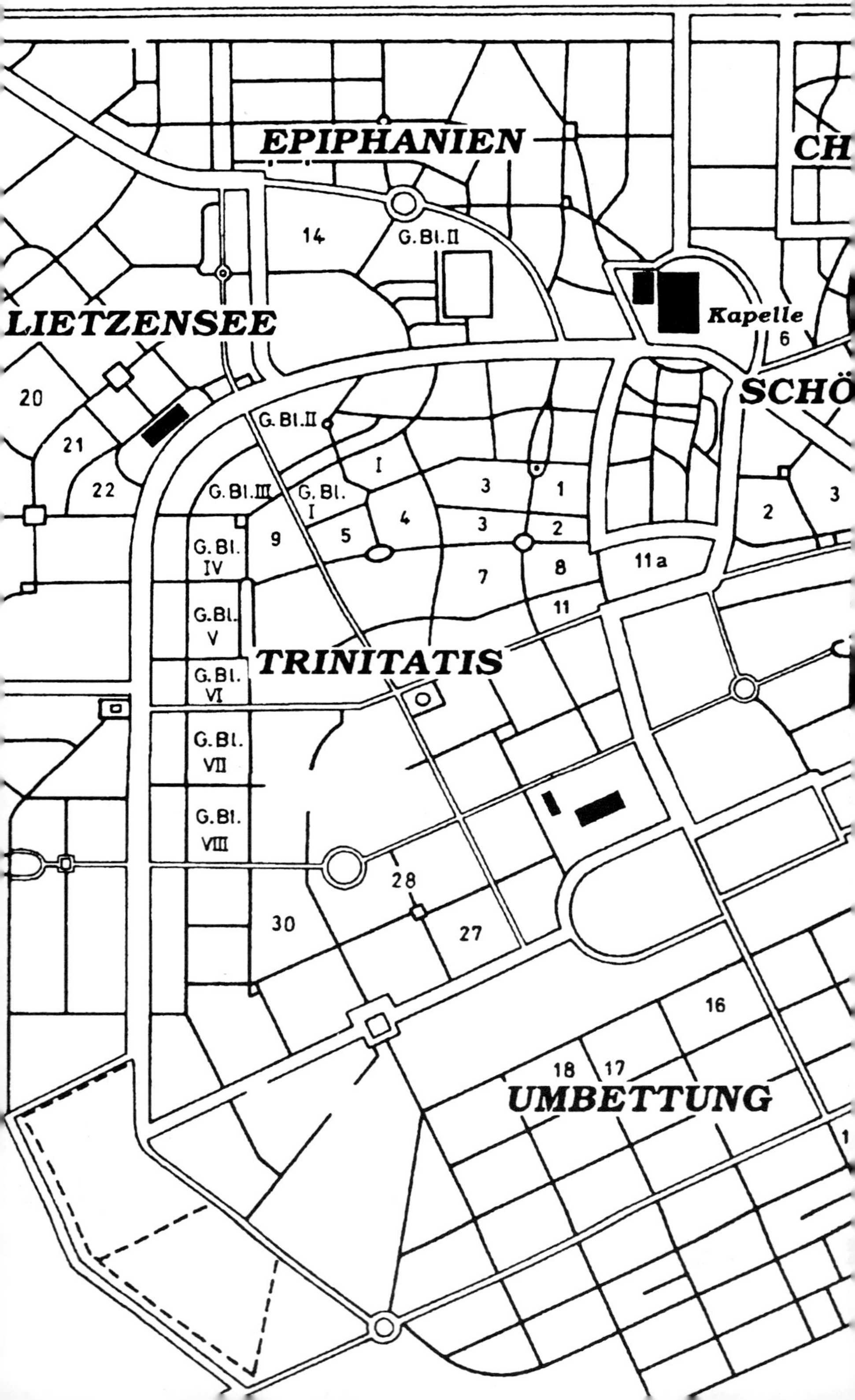

EPIPHANIEN
CH
14
G. Bl. II
LIETZENSEE
Kapelle
6
SCHÖ
20
21
22
G. Bl. II
I
G. Bl. III
G. Bl. I
3
1
3
4
3
2
2
9
5
G. Bl. IV
7
8
11 a
11
G. Bl. V
TRINITATIS
G. Bl. VI
G. Bl. VII
G. Bl. VIII
28
30
27
16
18
17
UMBETTUNG

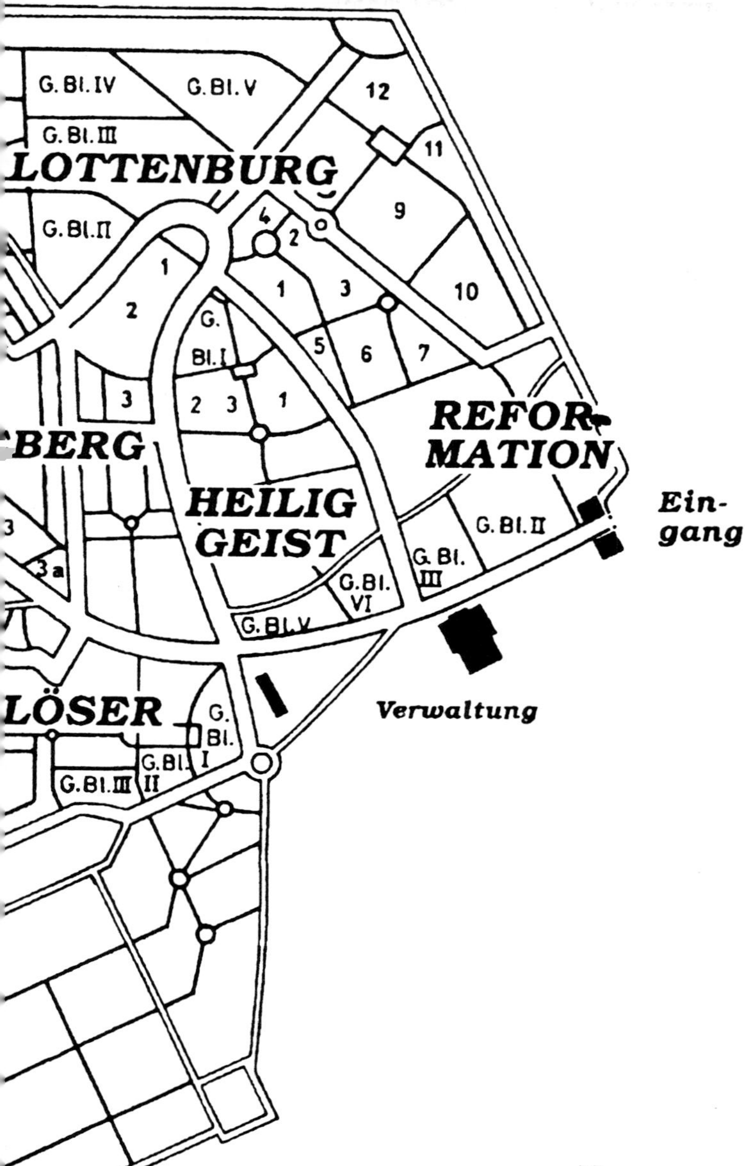

SÜDWEST-KIRCHHOF STAHNSDORF

Kleinmachnow, Erlenweg 29

2.

Die Sehnsüchte der Lily Braun

– Kleinmachnow –

Wer sagt denn, daß Sozialistinnen bettelarm sein müssen? In der großbürgerlichen Villa, **Erlenweg 29,** lebte ihre letzten Lebensjahre eine Frau von Adel. Und im Eichengarten, fast ein kleiner Park, liegt sie (neben ihrem Sohn) begraben. Nicht aus eigener Not hat die Publizistin für eine gerechte Gesellschaft gestritten. Aus Idealismus ist sie Sozialdemokratin geworden; Frauenrechtlerin jedoch aus ganz persönlicher Betroffenheit!

„Sie wird sich die besten Aussichten verscherzen und eine verdrehte alte Schraube werden. Wir müssen sie unter die Haube bringen, solange sie hübsch ist", äußerte der besorgte Onkel, selbstverständlich in bester Absicht, über seine Nichte Lily.
Die Besorgnis wäre um ein Vielfaches größer, könnte er einen verstohlenen Blick in ihr (un)heimliches Tagebuch werfen. *„Oh, über das trostreiche Verweisen auf häusliche Pflichten. Als ob ich sie nicht alle erfüllte, ohne die geringste Befriedigung zu spüren! Staub wischen, Hüte garnieren, Deckchen sticken, Strümpfe stopfen – soll das das Herz beruhigen, den Geist ausfüllen? Es ist nichts als eine tugendhafte Bemäntelung des Zeittotschlagens. Meine Lebenskräfte schreien nach Betätigung. Ich möchte etwas erleben, das keine Nervenfaser ohne Glut läßt, etwas leisten, was Wunden kostet."*
Lily v. Kretschman (1865–1916), Offizierstochter, zerbricht die Konventionen ihres Elternhauses. Formal heiratet sie zwar standesgemäß, doch was für ein schwarzes Schaf: Georg v. Gizycki, als *„Kathedersozialist"* verrufener Professor, Gottesleugner, zudem Jahrzehnte älter und an den Rollstuhl gefesselt. Zwei Jahre, bis zum Tod des verarmten Gelehrten, währt die Liaison scandaleuse. In

diesen zwei kurzen Jahren, prall gefüllt mit Büchern und Begegnungen, werden die weltanschaulichen Weichen gestellt. Für ihr ganzes Leben. *„Bei jedem Umschlagen einer Seite erwartete ich das Gräßliche zu finden, das so vielen Menschen das Recht gab, den Sozialismus zu verabscheuen und mit allen Mitteln zu bekämpfen. Aber ich fand es nicht . . . Gleiche Rechte für alle, Männer und Frauen; Freiheit der Überzeugung; Sicherung der Existenz; Frieden der Völker; Kunst, Wissenschaft, Natur ein Gemeingut aller; Arbeit eine Pflicht für alle; freie Entwicklung der Persönlichkeit, ungehemmt durch Fesseln der Kaste, der Rasse, des Geschlechts, des Vermögens – wie konnte irgendjemand, der nur über seine nächsten vier Wände hinausdachte, sich der Richtigkeit und Notwendigkeit dieser Forderungen verschließen?"*

Hauptanliegen der Lily v. Gizycki ist die Gleichberechtigung von Mann und Frau. Ein hohes Ziel in einer Zeit, als Frauen weder das Wahlrecht noch das Beitrittsrecht zu politischen Organisationen besitzen; geschweige denn den Zugang zu Bildung und qualifizierter Berufstätigkeit.
Bürgerliche und proletarische Frauenbewegung miteinander zu verbinden, alle Frauen in gemeinsamem Emanzipationskampf zu vereinen – ein unrealistisches Bestreben! Zu gegensätzlich die ökonomischen Ausgangspunkte, zu starr die femininen Frontlinien. Und die Bemühte zwischen den Schützengräben auf verlorenem Posten. Den feinen Damen des Vereins *Frauenwohl* gilt sie als *„Umstürzlerin"*, Sozialdemokratinnen wie Clara Zetkin und Ottilie Baader als *„Aristokratin"*.
Die Hochzeit mit Heinrich Braun (→ S. 50) verstärkt das Mißtrauen der gestandenen Parteifrauen. Zwar ist der anstößige Adelstitel nun aus der Welt, aber um welchen Preis! Ausgerechnet Heinrich Braun, führender Vertreter des Revisionismus. Das große Ziel des Sozialismus will er preisgeben . . . für die kläglich kleine Münze sozialpolitischer Reformen.

Aus dem ideologischen Hader zieht sich Lily Braun in die Studierstube zurück. *Die Frauenfrage* heißt ihr 1901 veröffentlichtes Werk, welches sogleich neue Kontroversen initiiert. Im Zentrum des Streits: die Reduzierung der weiblichen Hausarbeit durch die Gründung entsprechender Genossenschaften!
Ausgangsthese: Es ist die Doppelbelastung von Haushalt und Beruf, welche die Arbeiterfrau in primitiven, schlechtbezahlten Tätigkeiten gefangenhält. Bürgerinnen wälzen die Last auf private

Dienstboten ab, für Proletarierinnen kann es nur eine genossenschaftliche Lösung geben: kollektiv betriebene Großküchen, die einen ganzen Häuserblock versorgen; zentrale Heizungsanlagen, Wäschereien, Kindergärten, Putzkolonnen.
Schreie der Empörung schallen durch den Blätterwald: *„Zukunftskarnickelstall"*, *„Aus trauter Häuslichkeit in die Kaserne"*, *„Zerstörung des Familienlebens"*, *„Auflösung der Ehe"*.
Oh, die gepriesene unantastbare Ehe, ein Kapitel für sich! Ein Zeitungsartikel der Angegriffenen gießt Öl ins Feuer: *„Nichts wird vor der Welt so sorgfältig versteckt wie die Leidensabgründe der Ehe ... Wie viele Mädchen gingen an uns vorüber: Klug, froh, stolz und frei, die Gewähr schönster Entfaltung bietend; wir sehen sie wieder als Frauen: Müde, resigniert, langweilig, unfroh – sie haben das eigene Leben dem Götzen Ehe geopfert."*
Das Publikum tobt, dabei steht der krönende Satz noch aus. *„Treulosigkeit und Ehebruch sind nicht immer das größte Unglück, sie können oft wie eine Befreiung wirken!"*
So etwas schreibt eine Frau, die selber zweimal geheiratet hat. Ihre Tagträume und Phantasien eilen der eigenen Wirklichkeit weit voraus. Als Achtundvierzigjährige offenbart Lily Braun ihrem (geliebten) Ehemann: *„Ich glaube, daß ich nicht für die Ehe geschaffen bin, wenigstens nicht für die gut-bürgerliche mit ihrem Gebot unbedingter körperlicher Treue. Daß ich diese Treue nie verletzte, war eine Vergewaltigung meiner Natur. Ich habe viel Glück verpaßt, viel Jugendkraft aufgegeben. Ich war 'treu' nicht aus moralischen, sondern mehr vielleicht aus ästhetischen Bedenken und aus Angst; Angst vor meines Sohnes hellem Blick, Angst vor Dir, der es nie verstehen würde, daß ich ihm gar nicht untreu sein kann, auch wenn ich die 'Treue' bräche. Ich habe im Laufe unserer Ehe oft starke sinnliche Leidenschaft empfunden, ohne daß der Gegenstand den Wunsch in mir erweckt hätte, mit ihm zu leben. Wahrscheinlich hätte ich Dich sogar lieber gehabt, wäre froher und frischer gewesen, wenn ich meinen sehr starken Instinkten gefolgt wäre."*

● Ein ruinierter Reformer

„Ich möchte die deutschen Intellektuellen, soweit sie Entwicklungsfähigkeit zum Sozialismus besitzen, für die Partei gewinnen, und einen Strom geistigen Lebens in sie leiten, um ihr trauriges Niveau zu heben und ihren Einfluß und ihre geistige und politische Schlagkraft zu stärken."

Heinrich Braun (1854–1927), als studierter Jurist und Nationalökonom selbst nicht ohne Intellekt, bleibt in der SPD ein Außenseiter. Auch wenn er es 1903 zum Reichstagsabgeordneten für den Wahlkreis Frankfurt/Lebus bringt (*„Wir wählen nicht rot, wir wählen Braun"*), sein eigentliches Metier sind Analyse und Publikation. Seine politische Vita ist die eines Verlegers und Redakteurs: 1883 Mitbegründer der *Neuen Zeit*, 1888–1903 Herausgeber des *Archivs für soziale Gesetzgebung und Statistik*, 1892–1895 *Sozialpolitisches Zentralblatt*, 1905–1907 *Die Neue Gesellschaft*, 1911–1913 *Annalen für Sozialpolitik und Gesetzgebung*. Und immer sucht er die Mitarbeit kritischer bürgerlicher Geister, von Werner Sombart bis Lujo Brentano, von Ferdinand Tönnies bis Max Weber.

„Mag es mit meinem elenden Zustand zusammenhängen oder womit sonst, in den letzten Wochen überkam mich oft das Gefühl, daß das unendliche Meer von Elend, das die Welt darstellt, doch nicht auszuschöpfen ist und der ganze Fortschritt der Geschichte der Bewegung von Ebbe und Flut gleicht und im wesentlichen alles unverändert läßt." Der Zeitungsmacher ist deprimiert. Seine Frau Lily (→ S. 47) reibt sich in frauenrechtlerischen Rivalitätskämpfen auf, er selbst versinkt im sozialdemokratischen Richtungsstreit von Reform und Revolution. Soeben ist sein Wochenblatt *Die Neue Gesellschaft* dem ideologischen Gemetzel zum Opfer gefallen. Bankrott! Der Gründer sitzt in seiner ansehnlichen Villa, **ERLENWEG 29**, auf einem ansehnlichen Schuldenberg. Nicht ungestraft läßt die alte Garde (Bebel, Kautsky, Mehring, Singer) am großen Ziel des Umsturzes rütteln. Noch ist der Weg zu einer sozialdemokratischen Reformpartei nicht gebahnt, noch fallen die Bahnbrecher innerparteilicher Ächtung anheim. Eduard Bernstein, Georg v. Vollmar, Heinrich Braun.

● Kurt Weill, hoppla

„Ich bin überzeugt, daß die Oper im traditionellen Sinne mit Wagner, Strauss und deren Nachfahren ihr Ende gefunden hat. . . Man kann den Weg nicht weiter fortsetzen. Die mir vorschwebende neue Form ist richtiges, lebendiges, modernes 'Musikalisches Theater', in dem die Musik nach Ausdehnung und innerer Bedeutung gleichberechtigter Partner ist."

Kurt Weill (1900–1950) hat sein ganzes Künstlerleben darangesetzt, das Musiktheater unseres Jahrhunderts zu erneuern. Im Berlin der Weimarer Republik und später im New York des amerikanischen Exils. Besonders fruchtbar gewesen sind die Jahre der Zusammenarbeit mit Bertolt Brecht. Viele kennen die Moritat von *Mackie Messer,* ohne den Namen ihres Komponisten je gehört zu haben. Kapitalismus als kriminelles Unterweltspektakel auf der Bühne; der Räuber als Bürger und der Bürger als Räuber. *„Die Zeit war reif für den gallenbitteren Zynismus, die Brutalität, den harten Knockout der Songs".* Eingängige Gassenhauer-Melodien, bei denen sich traditionelles Opernpublikum die ondulierten Haare rauft; avantgardistische Jazz-Rhythmen gepaart mit balladenhafter Volkstümlichkeit. In den Bürohäusern summen es schon die Sekretärinnen vor sich hin, das schöne böse Lied vom Tagtraum der *Seeräuber-Jenny.* Wenn der Kopf dann fällt und das Orchester einen Herzschlag aussetzt, so heißt es beiläufig *„Hoppla"!*

Wider Erwarten wird die in wenigen Wochen komponierte *Dreigroschenoper* zum gefeierten Durchbruch. Auch finanziell! Von den Honoraren kauft sich Kurt Weill 1930 das Haus in der **KÄTHE-KOLLWITZ-STRASSE 7**. Nur drei Jahre, bis zur braunen Machtergreifung, hat er den Klinkerbau genießen dürfen. Des Heimatvertriebenen weitere Schritte führen über die Champs Elysées nach New York.

Heinrich Strobel, Nachruf: *„Kurt Weill war ein Produkt jener herrlichen, einmaligen, nie wiederkommenden Weltstadt Berlin vor der Hitlerzeit, ja er war in vielem ihre Inkarnation. Ich kann mir denken, daß mitten in den rauschenden Erfolgen am Broadway ihn plötzlich die Erinnerung an die alten Berliner Zeiten packt und die Sehnsucht, und daß er die Träne, die aufsteigt, mit einer lustigen Bemerkung zu einem der Mitspieler wegwischt, die ihn immer wieder vor den Vorhang ziehen. Aber wer durch die dicken Gläser ins Innere seiner Augen schaut, der wird sie merken. Vielleicht ist er an dieser Träne so früh gestorben."*

● „Guten Morgen, du Schöne"

Unter diesem Weckruf ist 1977 ein für die DDR ungewöhnliches Buch erschienen. Neunzehn Frauen sprechen, jenseits aller offiziellen Sprachregelungen, über ihren Lebensalltag im *realen Sozialismus.* Über ihre Sorgen und Träume, Ängste und Hoffnungen; jenseits aller gefeierten Errungenschaften in Schule und Beruf, in Ehe- und Scheidungsrecht, bei Schwangerschaft und Kinderbetreuung.
Mal nähern sie sich dem westlich herüberdringenden Feminismus an, mal grenzen sie sich von ihm ab. *„Wir suchen nach neuen Lebensweisen, im Privaten und in der Gesellschaft. Nicht gegen die Männer können wir uns emanzipieren, sondern nur in der Auseinandersetzung mit ihnen. Geht es uns doch um die Loslösung von den alten Geschlechterrollen, um die menschliche Emanzipation überhaupt."* So formuliert Herausgeberin Maxie Wander (1933–1977), Journalistin und Fotografin, die verbindende Utopie.
Wenige Monate später wird sie, vierundvierzigjährig, auf dem **WALDFRIEDHOF** am **Steinweg** zu Grabe getragen. Krebs. *„Leben wär' eine prima Alternative"*, endet ein Brief aus dem Krankenhaus . . .
Neunzehn fremde, vertraute Frauenleben hat die Einfühlende protokolliert. Ihre eigenen Sehnsüchte lesen wir in posthum veröffentlichten Briefen und Tagebüchern. *„Bei mir bildet sich nach und nach etwas wie ein Sinn heraus, eine Mitte, nach der ich lange gesucht habe . . . Benennen kann ich es noch nicht, nur in die Richtung zeigen; es ist der Glaube an ein Lebensgesetz in allem Lebendigen, das man nicht ungestraft verletzen darf. Man muß dem Leben auf die Schliche kommen und herausfinden, was es eigentlich will, man muß seine Augen und auch die Nase öffnen und das Ohr an die Bäume legen wie an den Mutterleib . . . Ich sehne mich nach einem Wagnis, vielleicht auch einem Irrtum, einer Bewährung . . . Wozu hat uns die Natur Augen, Nase, Zunge und Ohren gegeben, Hände und ein unternehmungslustiges Geschlecht, wenn wir doch nur unserem Kopf vertrauen? Unsere Sinne und unsere Triebe sind verkümmert, wie die Sträucher im Garten, denen man weder Sonne noch gute Erde und reines Wasser gönnt.*

Aber meine Augen sind noch nicht ganz erblindet, meine Ohren hören noch die leisen Seufzer der Natur, meine Nase möchte etwas anderes riechen als Haarspray, Intimspray, Möbelspray, Großstadtstaub . . . Wäre ich frei, hätte ich keine Kinder, würde ich nie lange bleiben an einem Ort, würde ziehen von Land zu Land."

● Gutsherrengeiz und Schlangengift

Burg und Schloß derer v. Hake sanken 1943 in Schutt und Asche. Überdauert haben lediglich die sorgsam restaurierte Wassermühle sowie das sandsteinerne **GUTSTOR** aus der Zeit um 1700. Eine Wagendurchfahrt und zwei seitliche Pforten bieten repräsentativen Zutritt. Hoch vom Torbogen herunter mustert, wie ehedem, ein finsteres Antlitz jeden Besucher. Das Haupt der *Medusa,* stellen humanistisch gebildete Wanderer fest. Was wohl die um den Kopf sich windenden Schlangen bedeuten mögen? Selbst Kenner Fontane steht eine Weile ratlos rätselnd davor: *„Die Dorfleute betrachten den Medusenkopf als das Portrait eines hartherzigen Vorbesitzers, der schließlich von den Schlangen verzehrt worden ist.“* Vor langer, langer Zeit soll es geschehen sein, als eine Hungersnot die Armen im ganzen Land dahinraffte. Niemand besaß mehr einen Bissen Brot, nur die Scheuern des Herrn v. Hake standen gefüllt bis unters Dach. Hungrige, die um eine milde Gabe baten, sahen sich durch Kettenhunde vom Hof gejagt. Und als Verzweifelte die Kornspeicher plündern wollten, legte der Gutsherr eigenhändig Feuer. Lieber sollten die Flammen alles verschlingen! Noch in derselben Nacht folgte die Strafe. Giftige Schlangen, die der Rauch aus ihren Höhlen getrieben hatte, bereiteten dem Herzlosen ein qualvolles Ende.

Eine märchenhafte Legende, die doch im Tenor ein Stück historischer Erfahrung aufbewahrt. Auf ihre Weise haben die Kleinmachnower den ungeliebten Hakes ein bleibendes Denkmal gesetzt!

Einige Angehörige jenes ortsansässigen Adelsgeschlechts trieben es arg. Am 8. September 1637 eilte Hans Georg v. Hake wutentbrannt ins Cöllner Rathaus und durchbohrte Bürgermeister Wedigen mit seinem Hirschfänger, einer ausstehenden Geldzahlung wegen! Wie die Untat sühnen? Ein Rechtsgutachten der Universität Frankfurt empfahl: Hand abhauen, Kopf abhauen, sodann beide auf einer Eisenstange zur Schau stellen. Ersteres und letzteres hat man großzügig unterlassen.

Einer weiteren Bluttat gedenkt das **SÜHNEKREUZ** neben dem Friedhofseingang. Auf offener Dorfstraße soll ein Hake einen Schlabrendorff erstochen haben. Nähere Umstände (eine Dienstmagd?) sind nicht überliefert, wohl aber hingen Degen und Sporen des Getöteten bis vor wenigen Jahren im Vorraum der Kirche. Ein Dieb nahm sie mit . . .

TELTOW

● Die Reformation ist unaufhaltsam

18. April 1539. Im Hause des Erblehnsrichters Jochen v. Schwanebeck, RITTERSTRASSE 11, hat sich eine erlauchte Runde versammelt. Jochen von Hacke zu Sand-Machenow (Kleinmachnow), Hans von Berne zu Groß-Berne (Großbeeren), Christoph von Berne zu Schönow, Jochen von Schlabrendorff zu Beuthen, Carl Sigmund von der Liepen zu Blankenfelde, Otto von Britzke zu Britzke (Britz), Christoph von Spiel zu Dalen (Dahlem), Sigmund von Otterstedt zu Dalwitz (Dahlwitz), Heinrich von Thümen zu Leuenbruch (Löwenbruch). Alles, was im Teltower Umland adeligen Rang und Namen besitzt, plus Matthias von Jagow, Bischof von Brandenburg. Ein dringliches Problem steht zur Beratung. Zweiundzwanzig Jahre sind seit Luthers Thesenanschlag in Wittenberg vergangen, und nun spitzt sich auch hierzulande der Glaubensstreit heftig zu. 1526 hatte Kurfürst Joachim I. ein knebelndes Dekret erlassen: *„Es ist unsere ernstliche Meinung und Verbot, daß niemand unserer Untertanen, wes Standes und Wesens er sei, hinfüro solche deutsche Weisen, Lieder, Psalmen und Gesänge, so von Martin Luther oder seinem Anhang gemacht, in Kirchen, im geistlichen Amt, Prozessionen, Häusern oder sonst an anderen Orten nicht singen, lesen, noch auch solches zu tun den Ihren nicht gestatten sollen bei Vermeidung unserer schweren Straf."*

Aber Dekrete helfen jetzt nicht mehr. Messebesuch und Kollekte sind stetig zurückgegangen, auch die Teilnahme an der Fronleichnahmsprozession erfolgt nur noch spärlich. Vielerorts kommt es zu Sympathiebekundungen für den reformierten Glauben. Pfarrer verändern eigenmächtig die Liturgie, Laienprediger lehren die verbotenen Lieder. Der in Teltow versammelte Adel sieht sich genötigt, ein Zeichen zu setzen.
Übereinstimmend unterzeichnet man einen Revers. Die Anwesenden verpflichten sich feierlich, der Reformationsstimmung ihrer Dörfer nachzugeben. Widerstrebende Geistliche sind zu entlassen.
Schon ein halbes Jahr später wird selbst Seine Kurfürstliche Hoheit (Joachim II.) das evangelische Abendmahl nicht mehr verweigern können.

GROSSBEEREN

● Maiskörner und roter Mohn

Wer der RUHLSDORFER STRASSE folgt, wandert an drei Friedhöfen vorbei. Vielleicht doch nicht nur vorbei? Da ist der alte und der neue Dorffriedhof, da sind die Massengräber auf dem Grunde der einstigen Kiesgrube. Ein Denkmal läßt die Toten zum Zählappell antreten: 340 Russen, 334 Polen, 182 Franzosen, 99 Tschechen und Slowaken, 97 Deutsche, 40 Belgier, 28 Italiener, 28 Jugoslawen, 18 Holländer, 8 Spanier, 8 Bulgaren, 5 Griechen, 4 Dänen, 4 Ungarn, 2 Türken, 1 Engländer.
Das dazugehörige Barackenlager befand sich in nordwestlicher Richtung an der Bahnlinie, ein bis zwei Kilometer entfernt. Gras ist darüber gewachsen, doch die Aufzeichnungen des Häftlings und späteren Schriftstellers Peter Edel lichten das Gestrüpp.
„Die 'Zugänge', angesichts der friedlichen Nachbarschaft von Feldern und Waldstücken unter einem leuchtenden Pastellhimmel, sollten sich nicht etwa einfallen lassen, ihnen werde ein Kuraufenthalt zuteil. Da durfte es keinen Zweifel geben. Mit von weitem schon belehrend erhobenem Zeigefinger schritt der straff Uniformierte auf mich zu ... Er trampelte mir die Stiefel in den Leib."

Ein Empfang nach Art des Hauses. *„Arbeitserziehungslager"* nennt die Gestapo ihr Etablissement hinter dem Stacheldraht, vorzugsweise für renitente Fremdarbeiter eingerichtet. Deren Widerstandsgeist soll durch schwere Erdarbeiten des Bahndamm- und Gleisbaus gebrochen werden. Unter den wenigen deutschen Gefangenen befindet sich auch der populäre Ringkämpfer und Kommunist Werner Seelenbinder (1904–1944). Bei der Berliner Olympiade hatte er den vierten Platz errungen, bei Siegerehrungen den geforderten Hitlergruß verweigert. *„Wir leben hier alle nur auf Abruf ... Hauptsache, daß jeder weiß: Neben mir ist einer, der mich nicht vor die Hunde gehen lassen will, der tun wird, was möglich ist. Heute er, morgen ich ... Hand drauf?"*
Hand drauf! Als Feldarbeiter schmuggelt Seelenbinder abends Maiskörner und Mohnkapseln ins Lager zurück. Der grobe Mais und der sämige Mohn, mit etwas Zucker gemischt, ein Festmahl für die Ausgehungerten.

● Preußische Landwehr gegen Napoleon

Napoleons *Grande Armeé,* in Rußland zur Umkehr gezwungen, bedroht im Sommer 1813 Berlin. Schwedens Kronprinz Bernadotte, Oberkommandierender der schwedisch-preußischen Koalitionstruppen, spielt mit dem Gedanken eines strategischen Rückzugs. Die preußische Hauptstadt ist für ihn nicht mehr als ein geographischer Ort, ein emotionsloser Punkt auf der Landkarte.
Ganz anders empfindet Friedrich Wilhelm von Bülow. Der General will die Schmach einer erneuten französischen Besetzung unter allen Umständen vermeiden, selbst um den Preis des eigenen Lebens: *„Unsere Knochen sollen vor Berlin bleichen, nicht rückwärts."*
Eine feldsteinerne Pyramide hat ihm die Nachwelt errichtet, auf dem WINDMÜHLENBERG am **Ruhlsdorfer Weg,** wo die Kämpfe heftig tobten. Kein richtiger Berg, ein bescheidener Hügel nur, doch für Windmühlenflügel oder auch Kanonen von begehrtem Vorteil. Am Anfang des Gemetzels steht auf seiner Kuppe die französische Artillerie, am Ende die preußische; in der Zwischenzeit böllernde Duelle aus den Rohren der schweren Sechs- und Zwölfpfünder.
Nahkämpfe Mann gegen Mann entbrennen auf dem FRIEDHOF an der **Dorfkirche.** Seit Stunden schon weint der Himmel auf die Erde hernieder, und seine Tränen haben das Schießpulver feucht werden lassen. Kaum noch ein Schuß löst sich aus den Gewehrläufen. Schritt für Schritt im aufgeweichten Boden der Gräber einsinkend, rückt die preußische Landwehr vor. Mit aufgepflanzten Bajonetten und Gewehrkolbenstößen drängt sie den Feind Meter um Meter zurück.
Manch Getöteter mag gleich an Ort und Stelle begraben liegen. Neben der Kirchentür ragt ein gewidmeter Marmorstein ins Auge: *„Den Tapferen des Colbergschen Regiments, die am 23. August 1813 diesen Kirchhof mit stürmender Hand nahmen."* Kunsthistorisch bedeutsamer ist der von Schinkel entworfene gußeiserne Obelisk. *„Die gefallenen Helden ehrt dankbar König und Vaterland."* Würdevoll und wohlfeil.
Nicht an einen Helden, wohl aber an ein Jahrzehnte späteres Kriegsopfer erinnert ein einfacher Grabstein: *„Hier ruht der beim Umbau des Schlacht-Denkmals am 20. Octbr. 1855 verunglückte Steinmetz Carl August Schlicht, geboren den 25. Septbr. 1824, betrauert von Mutter, Frau, Geschwistern."*
Einundzwanzig Jahre ... gestorben für ein Krieger-denk-mal.

● Heimatmuseum:

Im 1913 (Hundertjahrfeier) errichteten **Gedenkturm**

Von der Aussichtsplattform blickt der Besucher weit über blutgetränkte Schlachtfelder, die bald wieder zu Korn, Rüben- und Kartoffelfeldern geworden sind. 4000 Soldaten sanken hier zu Boden. Mehrheitlich jedoch keineswegs Franzosen, wie die eingemeißelte Inschrift suggeriert, sondern mit Napoleon verbündete Sachsen.

● Der streitlustige Geist von Beeren

„Er war ein kleiner, schmächtiger, lebhafter Mann, witzig, sarkastisch, hämisch. Zwietracht anstiften, zanken, streiten und opponieren war seine Lust. Von seinen unzähligen Schnurren, Injurien und Prozessen lebt noch einzelnes in der Erinnerung des Volkes, und ich erzähle, was ich davon erfahren konnte.“

Fontane hat sein Herrenhaus an der Dorfstraße, die heute **BERLINER STRASSE** heißt, schräg gegenüber der Kirche noch in gutem Zustand vorgefunden. Hans Heinrich Arnold v. Beeren (1747–1812), stolzer Gutsherr über Groß- und Kleinbeeren, möchte den Namen seines Adelsgeschlechts ergänzen. *„Geist“* erscheint ihm ein passender Zusatz, und der um Zustimmung ersuchte König spielt launig mit. *Geist von Beeren* darf sich der Quälgeist fortan nennen, der auch die Namen anderer gern verfremdet. Besonders die Autorität preußischer Behörden reizt seinen Spott; so auch das Berliner Kammergericht, in zahlreichen Eingaben stets als *„hochpreisliches Jammergericht“* adressiert.

Eines Tages führt Gutsnachbar Herr von Hake auf Genshagen Klage über eine schadhafte Brücke, für deren Instandhaltung unser Schalk die Zuständigkeit besitzt. Fontane überliefert die Antwort des Beschuldigten: *„Über die Brücke würden täglich sechsundzwanzig seiner schwersten Ochsen getrieben, und niemals habe er gehört, daß einer derselben Schaden genommen. Es sei zumindest eine auffallende Erscheinung, daß gerade Herr von Hake mit seinem Justitiarius durchgebrochen ist.“* Zwecks Beweisführung scheut die verfolgte Unschuld keine Mühe. Kurzerhand wird das Corpus delicti aus der Verankerung gerissen, auf einen Pferdewagen gewuchtet und vor das Kammergericht transportiert. Sollen sich doch die Herren Richter durch *Okularinspektion* selbst von der Stabilität des Brückensteges überzeugen.

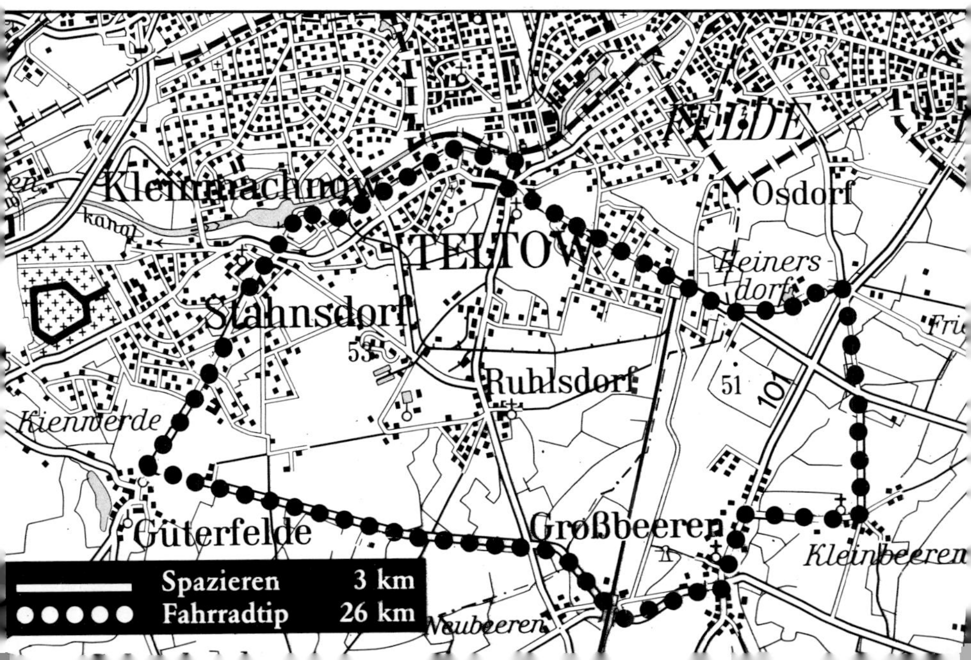

Hotel York
HANS YORK v. WARTENBURG
PREUßISCHER HEERFÜHRER
UND PATRIOT
IN DIESEM HAUS

3.

General Yorck widersetzt sich dem König

– Mittenwalde –

Ein preußischer Offizier, der zu DDR-Zeiten hoch geehrt wurde, ist schon etwas Besonderes. In der **Yorckstraße 45** stehe ich vor seinem Haus. Eine goldbeschriftete Gedenktafel verweist auf den geschätzten Bewohner, und dessen steinerne Büste über der Eingangstür mustert mich Ungedienten mit kritischem Blick. Theodor Fontane, der auch einmal des Wegs gekommen ist, durfte als einjähriger Gardegrenadier sicherlich auf mehr Wohlwollen rechnen. Seinerseits monierte der märkische Wanderer den pietätlosen Geschäftsgeist *(„wie billig")* eines späteren Hauseigentümers, richtete doch dieser Koofmichel eine Gastwirtschaft ein mit dem noch immer unübersehbaren Namen *„Hotel Yorck"!*

Hans David Ludwig Graf Yorck v. Wartenburg (1759–1830) hat in seinem Soldatenleben mehrmals einen ureigenen Kopf bewiesen. Als idealistisch gesinnter junger Leutnant wendet sich der Neunzehnjährige im Bayrischen Erbfolgekrieg 1778/79 gegen die persönliche Bereicherung eines Vorgesetzten – und erntet keinen Dank. *„Geplündert ist nicht gestohlen", soll der König gesagt haben, „der Yorck kann sich zum Teufel scheren!"* Zuvor aber muß er noch ein Jahr Festungshaft absitzen, wegen *Insubordination.*

Erst nach dem Tode Friedrichs II. kehrt der Ausgestoßene ins preußische Heer zurück. Zunächst als Capitain eines Füsilierbataillons im schlesischen Namslau, 1799 als Kommandeur des *Jäger-Regiments* zu Mittenwalde.
„Ein sehr interessantes Corps" sagt der König in seinem Ernennungsschreiben vielsagend über die betreffende Truppe. Sehr wahr!

Nicht das übliche zwangsrekrutierte Kanonenfutter, nur durch Sold und Korporalsstock bei der Fahne gehalten, sondern Freiwillige; und zwar ausnahmslos Forstleute, Jägerburschen, Förstersöhne. Gleichwohl ein wilder und mit den Jahren verwahrloster Haufen. *Exerzieren, Disziplin* – unbekannte Fremdwörter! Um so lieber gehen sie heimlich auf die Jagd und ergänzen die karge Speisekarte. Als wieder einmal Klagen kommen von den adeligen Gütern der Umgebung und die Forderung, ertappte Wilddiebe aus dem Regiment zu entlassen, entgegnet Yorck trocken: *„Der König würde seine besten Leute verlieren."*

Nicht parademäßiger Drill in Reih und Glied ist das Anliegen des neuen Befehlshabers. Im Gleichschritt marsch mit Paukenschlag und Tschingderassassa – darauf kann er guten Gewissens verzichten. Ebenso auf das senkrechte Paradieren der Büchsen; mochte man sie einfach über der Schulter oder nach Försterart am Riemen tragen. *„Die Waffe ist nicht zum Exerciren gemacht und die Bestimmung des Jägers ist nicht, zu exerciren."*

Entscheidend kommt es ihm auf die besondere Gefechtsweise an. Nicht in dicht gedrängten, fest gefügten Formationen sollen seine Männer dem Feind entgegentreten, sondern in aufgelöster Linie. Unter geschickter Ausnutzung natürlicher Gegebenheiten in kleinen Gruppen operieren, sich heranpirschen, Kundschafterdienste leisten, Hinterhalte aushecken. Wenn auch Mittenwalde schon längst nicht mehr *„mitten im Walde"* liegt, Gehölze wie der Fliegenhorst, der Frauenbusch oder die Nasse Heide dienen dieser Taktik als vorzügliches Übungsgelände.

„Messieurs" redet der Oberstleutnant seine einfachen Soldaten an und bezeugt Respekt vor der Leistung jedes einzelnen. Andererseits glaubt ein etwas gemächlich gewordener Hauptmann auf ebenso gemächlicher Mähre seinen Ohren nicht zu trauen, als er den Wutentbrannten brüllen hört: *„Reiten Sie, so reiten Sie doch. Brechen Sie sich den Hals, wenn es nicht anders gehen will!"*

Am 30. Dezember 1812 geht der zum Generalleutnant avancierte Yorck in die Geschichtsbücher ein. Keine siegreiche Schlacht hat er an jenem Tag geschlagen, kein gegnerisches Heer vernichtet. Lediglich ein Papier unterzeichnet! Doch mit dieser Unterschrift – gegen den Willen seines Königs – springt der markige Militär über den eigenen Schatten.

Im Jahre 1806 hatte Napoleon das besiegte Preußen besetzt und in seine Gefolgschaft gezwungen. Als 1812 die Grande Armée in der

Weite des russischen Winters scheitert, drängen ungestüme Offiziere des preußischen Hilfskorps auf einen Bruch der Zwangskoalition. *„Ihr habt gut reden, ihr jungen Leute"*, entgegnet Yorck und weist auf die zaudernde Haltung des Königs. *„Mir Altem aber wackelt der Kopf auf den Schultern!"*
Nach heftigem inneren Ringen handelt der Zwiespältige dann doch in eigener Verantwortung. Am 30. Dezember 1812 schließt er mit dem Repräsentanten Rußlands Graf v. Diebitsch die Konvention von Tauroggen: Die preußischen Truppen werden für neutral erklärt! Überliefert sind aufrüttelnde Worte an seine Soldaten: *„Meine Herren, das französische Heer ist durch Gottes strafende Hand vernichtet. Es ist der Zeitpunkt gekommen, wo wir unsere Selbständigkeit wieder gewinnen können, wenn wir uns jetzt mit dem russischen Heer vereinigen. Wer so denkt wie ich, sein Leben für das Vaterland und die Freiheit hinzugeben, der schließe sich mir an; wer dies nicht will, der bleibe zurück. Der Ausgang unserer heiligen Sache mag sein, wie er will, ich werde auch den stets achten und ehren, der nicht meine Meinung teilt und zurückbleibt. Geht unser Vorhaben gut, so wird der König mir meinen Schritt vielleicht vergeben; geht es mißlich, so ist mein Kopf verloren. In diesem Fall bitte ich meine Freunde, sich meiner Frau und Kinder anzunehmen."*

Friedrich Wilhelm III. in Berlin bebt vor Zorn, als ihn die Nachricht von der eigenmächtigen Entscheidung seines Generals erreicht. Kündigt diesem Amtsenthebung an und Kriegsgericht, beteuert Napoleon fortdauernde Loyalität!
Doch die Sympathien des Volkes sind auf Seiten des patriotischen Haudegens; schon wenige Wochen später sieht sich der König genötigt, ebenfalls die Front zu wechseln. Preußen erklärt der französischen Fremdherrschaft den Krieg.
Wenn auch Yorck im nun entfesselten Freiheitskampf manch siegreiches Gefecht ausficht, der Monarch wird ihm den wohlbegründeten Ungehorsam – die *„Insurrektion"* von Tauroggen – nie verzeihen.

● Der Galgen auf dem Salzmarkt

„Mit Zangen gezwickt und gebrannt, gestreckt und eingeschraubt“ haben die kurfürstlichen Folterknechte den Unglücklichen. Paul Stolz ist sein trefflicher Name, von Kumpanen gern mit dem Spitznamen *„Pfaff“* bedacht, Pastorensohn aus dem unweit gelegenen Friedersdorf. Ein reuiges Geständnis wollen die Gerichtsräte von ihm hören... daß er teilgenommen habe an den Überfällen und Brandschatzungen des Hans Kohlhase (→ S. 81). Wer war dabei in jener Schreckensnacht von Marzahna? Zum feigen Verräter wollen sie ihn pressen: Wo verbirgt sich der gejagte Räuberhauptmann? Wie heißen seine Gefolgsleute und Helfershelfer? Was führen sie als nächstes im Schilde? Der *„Räuberhauptmann“* ist für Paul Stolz ein ehrenwerter Rächer. Ein beherzter Bürger, der auf den groben Klotz adeliger Willkür einen groben Keil zu setzen versteht! So denken auch viele Mittenwalder, und ein vernehmliches Murren geht durch die Gassen. Trotz aller Tortur, kein Sterbenswörtchen kommt über die Lippen des Gemarterten.

Die Lippen zwar bleiben fest verschlossen, aber die Gedanken wandern zurück. Marzahna! In der Nacht zum 8. November 1538 hatte sich Kohlhase mit vierzig Getreuen jener sächsischen Zollstation genähert. In kleinen Gruppen und auf heimlichen Wegen war die Streitmacht unbemerkt herangerückt. Wenn schon die verhaßte Person des Kurfürsten unerreichbar blieb, so sollten es wenigstens seine Büttel und Schranzen büßen. Namentlich Pfarrherr Balthasar, ein eifriger Denunziant, sowie der behördliche Bluttäter Hayn. Nach einem Trommelsignal waren die Angreifer von allen Seiten gegen die ausgekundschafteten Häuser vorgegangen, lodernde Brandfackeln in den Fäusten.

Treten wir auf dem **SALZMARKT** neben die knorrige Eiche. Hier dürfte am 13. Juni 1539 der Galgen gestanden haben. Der Henker geht eilig zu Werke, knüpft mit geübter Hand die Schlinge, während Landsknechte die Menge in Schach halten. Aus ihren Hakenbüchsen feuern sie gegen die Anstürmenden – bis das Urteil vollstreckt ist.

● Paul Gerhardt unerschütterlich

Wenn ein Propst das Zeitliche segnet, so pflegt dessen bisheriger Stellvertreter die vakante Position einzunehmen. Nicht so 1651 in Mittenwalde. Als Propst Göde stirbt, ignorieren die Ratsherren den natürlichen Nachfolger. Endlich können sie es Diakon Alborn heimzahlen, hat er doch Bürgermeister Hertzberg wegen Zinswuchers öffentlich gescholten. Im Gottesdienst vor versammelter Gemeinde abgekanzelt!
Rache ist süß, und so forscht man nach einem auswärtigen Propst. Ein Schurkenstück! Was immer sie dem Übergangenen vorwerfen mögen, in schweren Zeiten von Plünderung und Hungersnot, von Feuersbrunst und Pestilenz hat er dem Städtchen die Treue gehalten.
Das Berliner Konsistorium empfiehlt eine Person, *„die eines ehr- und friedliebenden Gemütes und christlich untadeligen Lebens ist, daher auch bei Hohen und Niedrigen ... lieb und wert gehalten wird."* All diese Vorzüge wird der hochlöblich Gepriesene in der vergifteten Atmosphäre des neuen Amtes äußerst gut gebrauchen können.
Ohne eigenes Verschulden, seine erste Pfarrstelle gleicht einer Geißel Gottes! *„Maria Elsbeth – Pauli Gerhardts, damaligen Probstes allhier zu Mittenwalde und Anna Bertholds erstgebohrnes, herzliebes Töchterlein, so zur Welt kommen d. 19. Mai Anno 1656 und wieder abgeschieden d. 14. Januar Anno 1657, hat allhier ihr Ruhebettlein und dieses Täfflein von ihren lieben Eltern."* An der seitlichen Wand des Kirchenschiffs von **ST. MORITZ** hängt selbige Gedenktafel und gleich daneben ein Portrait des Trauernden. Paul Gerhardt (1607–1676), Liederdichter und aufrechter Lutheraner, ist von 1651 bis 1657 hiesiger Propst gewesen. Eine düstere Zeit. Sein Kind stirbt, seine Frau krankt an Schwermut, die Wunden des Dreißigjährigen Krieges liegen schmerzhaft offen. Unbedingtes und grenzenloses Gottvertrauen fließt in die kräftigenden Verse: *„Befiehl du deine Wege / Und was dein Herze kränkt / Der allertreusten Pflege / Des, der den Himmel lenkt / Der Wolken, Luft und Winden / Gibt Wege, Lauf und Bahn / Der wird auch Wege finden / Da dein Fuß gehen kann."*

Sein eigener Lebensweg führt 1657 nach Berlin, zehn Jahre wird er an der Nikolaikirche predigen. Bis zur Suspendierung durch Friedrich Wilhelm höchstselbst! Standhaft weist der Pastor die kurfürstlichen Eingriffe in Glauben und kirchliches Leben zurück. *„Befiehl du deine Wege ..."*

GROSS MACHNOW

● Schmied, Stallknecht und Pastor

Die Wetterfahne auf dem **Gutsturm** trägt als Erbauungsjahr die Zahl 1815. Gewiß ein beachtliches Alter, aber für die Personen unserer Überschrift längst nicht alt genug. Wer ihnen begegnen möchte, muß tief ins 16. Jahrhundert zurück. Einzig der massige **KIRCHTURM** mit dem rankenden Wein kann sich an jene Zeit erinnern. Lauschen wir, was sein Glockenklang zu erzählen weiß: Den Namen des Pastoren hat er vergessen. Über Jakob Tylicke ist herauszuhören, daß er neunzehn Jahre alt war und als Stallknecht auf dem Gutshof fronte. Georg Nagelschmidt, der dritte im Bunde, schwang den schweren Schmiedehammer. Drei Männer, deren Lebensbahnen sich in Groß Machnow kreuzen: Gemeinsam unterstützen sie die gute Sache des geächteten Hans Kohlhase (→ S. 81). Der Geistliche bietet im **PFARRHAUS** verschwiegenes Nachtlager, Nagelschmidt und Tylicke schließen sich dem Verfolgten an. In den unwegsamen Wäldern verschwindend, ahnt niemand von ihnen, welch schweres Schicksal auf sie wartet.

Wer Kleists *Michael Kohlhaas* liest, findet Nagelschmidt in ein düsteres Licht getaucht. Ein *„nichtsnutziger Kerl"*, ein *„Mordbrenner"*, ein Galgenvogel, *„zu allen Schandtaten aufgelegt"*. Solch harsches Urteil basiert nicht auf den überlieferten Akten der Staatskanzlei. Es dürfte sich vielmehr um einen Kunstgriff dichterischer Freiheit handeln, auf daß der Stern des Helden Kohlhaas um so heller strahle.
Sicher ist, daß die unvergessenen Ereignisse eines Februartages im Jahre 1540 auf Georg Nagelschmidt zurückgehen. Von ihm nämlich stammt der Plan, einem kurfürstlichen Silbertransport aus dem Mansfeldischen aufzulauern. An der hölzernen Bäkebrücke (die heute als Steinbrücke über den Teltowkanal führt), daher der Name *„Kohlhasenbrück"*.
Von einem Zerwürfnis, von *„Todfeindschaft"* gar, kann keine Rede sein. Den letzten Weg gehen Kohlhase und Nagelschmidt gemeinsam. Als *„gleiche Brüder"* bezeichnen sie sich auf dem Blutgerüst und wollen *„gleiche Kappen"* tragen. Unbeugsam sterben beide unter dem zermalmenden Rad.

● „Wiewohl zwei Tage in der Woche ...

hier Landeinsamkeit lacht (und ich bin so froh mit der unbefleckten Erde, in meinem Garten, mit meinen Tieren und Bienen), muß ich doch nach Berlin durchtraben. Allerdings sehe ich kaum das Börsentum der Literatöre. Aber der Taumel der Menge ... macht so müde und gramzerfurcht.“

Paul Zech (1881–1946), Lyriker und Schriftsteller, bewohnt die große Stadt mit Widerwillen. Verdient dort das Brot als Bibliothekar, Redakteur, Dramaturg. Eigentliches Anliegen sind ihm seine brotlosen Gedichtbände *(Das schwarze Revier, Der Wald)*, Novellen, Romane, Dramen. Wer aber will schon Verse lesen, geschweige denn kaufen, in denen *„Geschwächte“, „Irre“, „Verfemte“* die Hauptrollen besetzen; der *„blasse Krüppel“*, der *„blinde Harmonika-Spieler“*, das *„Barmädchen“*, die *„Wasserleiche“*, die *„Bettler vor dem windigen Portal“*. Und die Boheme? *„Alles nur Betrug und Schein / Die Geige lügt, die Kellner gehn gemein.“* Das literarische Café erscheint ebenso verkommen wie die umgebende städtische Steinwüstenei. *„Zwiegespalten steh ich vor dem Tor / Eines höllenhaft gedrehten Turmes / Meine Augen saugen sich wie eines Wurmes / Weiße Fühler zaghaft vor / Und begreifen nicht, daß Baum an Baum / Vor dem Häuserturm verkrüppeln müssen / Daß sich Kinder schon mit Zungen küssen / Und die Sonne hinwelkt in der Galle Schaum.“*

Eine Gemeinschaft der Liebe, die Verbrüderung aller Menschen bewegt des Dichters Seele. Können Verse Herzen versetzen? Politiker müssen scheitern: *„Solange der einzelne noch verstrickt ist im Bösen, in der Macht, im Materiellen, ist auch von der Summe der einzelnen nicht mehr zu erwarten als Böses, Macht und Materialität. Dies kann durch keine Staatsreform, durch keinen Verein und durch keine Beschlüsse hinweggezaubert werden.“*

Der Landliebende (?) lebte nur drei Jahre (1919–1922) in Bestensee. Der weitere Weg führt über Berlin, wo 1933 seine Bücher verbrannt werden, über Prag und Paris ins ferne argentinische Exil. Buenos Aires.

Helene Zech jedoch blieb bis an ihr Lebensende (1962). Auf dem **FRIEDHOF**, am Hauptweg zur Kapelle, ein schlichter Stein.

KÖNIGS WUSTERHAUSEN

● Hofnarr unter höfischen Narren

Wendisch-Wusterhausen wurde zu *„Königs"*Wusterhausen, seit Wilhelm I. in den Jahren 1717/18 die alte Wasserburg zu seinem **JAGDSCHLOSS** umbauen ließ. Hier tagte (richtiger: nächtigte) das berühmte *Tabakskollegium*. Bis in die frühen Morgenstunden hockte der *Soldatenkönig* im Kreise seiner Offiziere und Minister. Rauchend, zechend, schwadronierend. Erinnern möchte ich an einen Gelehrten, geistvoll und sensibel, der inmitten dieser rauhbeinigen Runde Höllenqualen litt.

Jakob Paul Gundling (1673–1731), stellungsloser Professor der Rechts- und Geschichtswissenschaft, ist anfangs heilfroh gewesen über seine Berufung zum *„königlichen Zeitungsvorleser"*. Wenn schon keine anspruchsvolle Aufgabe, denkt er sich, so doch wenigstens eine abgesicherte Position. Zeitunglesen, Konversation treiben, das wird ein leicht verdientes Auskommen. Weit gefehlt! Denn Konversation im Tabakskollegium nimmt meist die Form von Schnurren und frivolen Zoten an, von schallendem Gelächter und derbem Schenkel- und Schulterklopfen. Auch rauferisches Kräftemessen gehört zur preußisch höfischen Etikette! Der entsetzte Akademiker versucht sich mit feinsinnigem Witz zu behaupten, mit hintersinniger Ironie. Und erntet nur lautstark lärmendes Unverständnis, wenn nicht gar landesväterliche Rippenstöße, Kopfnüsse, Maulschellen. Gänzlich zum Narren deklariert, gewinnt der Verhöhnte ein Mindestmaß an Narrenfreiheit. Fortan gestattet er sich, den krakeelenden königlichen Raucherklub nur noch in voller Trunkenheit zu ertragen. Prosit, Majestät!

1731 wird der Weinselige in einem Weinfaß zu Grabe getragen (→ S. 203). Ärzte entdeckten bei der Obduktion ein Löchlein im Magen. Die bittere Lebensbilanz: *„Ich habe mir viel Mühe gegeben, um in der Welt mein Glück zu machen, und es ist mir herzlich sauer geworden, ein Stückchen Brot zu finden ... Daß ich so behandelt werde, fällt auf den, der es tut."*

● Schlupfwinkel und Geiselversteck

Wer vom Bahnhof über den **Kirchsteig** in den Ortsteil **NEUE MÜHLE** wandert, wird eine Mühle vergeblich suchen. Nur bis 1900 ist sie in Betrieb gewesen; an der heutigen **Schleuse,** die den Höhenunterschied zwischen Dahme und Krimnicksee überwindet. Im Jahre 1538 hat sich der Müller frohgemut die Hände gerieben. Hans Kohlhase, der vor adeligen Richtern kein Recht bekommen konnte (→ S. 81), schreitet in seinem Rachefeldzug voran. Herrenhäuser gehen in Flammen auf, der nordsächsische und märkische Landadel zeigt Besorgnis. Im aufflackernden Kleinkrieg wird die Wassermühle zum willkommenen Unterschlupf. Am 26. Juli erscheint der landauf landab Gesuchte in Begleitung eines prominenten Gefangenen. Es ist der wohlhabende und einflußreiche Seidenhändler Georg Reiche, ein lebendes Faustpfand, um dem selbstgerechten Kurfürsten doch noch Zugeständnisse abzuringen.

Auf der Landstraße von Jüterbog nach Wittenberg haben Kohlhase und vier seiner Gefährten zugegriffen. Der Ackerknecht Stefan Meiße *(„Muckbart“),* der Handwerksgeselle Tobias Großmann, der Pastorensohn Paul Stolz, der Pferdepfleger und Späher Simon Madelwitz. Aus verbergendem Gebüsch waren sie im rechten Augenblick hervorgetreten, um das Fuhrwerk zum Stehen zu bringen. Die Kaufmannsgehilfen leisteten keine Gegenwehr, die Frau Gemahlin fiel in Ohnmacht.

Eine Botschaft an den kurfürstlichen Sekretär Johann Weinleben, naher Verwandter des Entführten, benennt Ziel und Zweck des räuberischen Überfalls. *„Ich habe ihn deshalb aufgegriffen, daß durch ihn meine Sache ohne weitere Rechtfertigung zu Vertrag und Sühne kommen soll, hoffe daher auch, daß Ihr mein Schreiben, versehen mit Eurer Fürbitte, schleunigst an die höheren Orte gelangen lassen werdet, damit sich die Händel in Güte ergeben und mir gänzliche Wiedergutmachung erstattet wird . . . Da Ihr es begehrt, will ich Euern Schwager in gelindem Gefängnis halten, doch in sicherem Gewahrsam, damit er uns nicht entlaufe.“* Eine Rechnung die nie aufgeht.

Der Kurfürst lenkt nicht ein, im Gegenteil. Seine Häscher schwärmen aus in großer Zahl. Am 12. August gelingt es einer Landsknechtsrotte, die Gejagten auf dem Schmöckwitzer Werder zu stellen. Die Geisel wird befreit, Stefan Meiße gefangengenommen, Kohlhase kann mit knapper Not entreiten.

● Gustav Gründgens im Zwielicht

„Es hat vor 1933 nur wenige kommunistische Schauspieler gegeben, und es hat nach 1933 nicht viele faschistische Schauspieler gegeben. Im Vordergrund hat für den Schauspieler die Kunst gestanden oder, besser gesagt, die gute Rolle, die interessante schauspielerische Aufgabe."

Diese Worte von Gustav Gründgens (1899–1963), nach Kriegsende niedergeschrieben, gelten auch für die eigene Person. Klaus Mann hat ihn in seinem Roman *Mephisto* an den Pranger gestellt. Als künstlerischen Opportunisten, der es 1934 bis zum Intendanten bringt und das NS-Regime mit einer respektablen Kulturfassade bemäntelt.

Das Schauspielhaus am Berliner Gendarmenmarkt ist seine Welt. Eine *„Insel"* hat man es genannt, denn auf dem klassischen Spielplan findet das Dritte Reich nicht statt. *König Lear, Hamlet, Egmont, Emilia Galotti, Die Räuber, Wie es euch gefällt, Iphigenie auf Tauris* und immer wieder *Faust.* In der Maske des Mephisto erntet der *„Geist, der stets verneint"*, nicht endende Publikumsovationen. Eine diabolische Balance: Wer einen guten Draht zu Göring besitzt, kann mancher Goebbelschen Teufelei entgegentreten. *„Jüdisch Versippte"*, d. h. Schauspieler mit jüdischen Ehefrauen, sind in seinem Ensemble sicher. Theo Lingen, Erich Ziegel, Paul Henckels, Wolfgang Kühne. Der verhaftete Sänger Ernst Busch (KPD): *„In dieser furchtbaren und aussichtslosen Lage fand ich nur bei einem früheren Kollegen in Berlin Verständnis und Mitgefühl ... Gründgens hat sich nicht gescheut, dem Kammergericht eine schriftliche Erklärung einzureichen, in der er mich wahrheitswidrig als völlig unpolitisch hingestellt hat."*

Eine Fluchtburg, sechzig Autominuten vom Schauspielhaus entfernt, erwarb der Umlagerte im Jahre 1935: das **SCHLÖSSCHEN** an der Zeesener **Dorfaue.** Hier kann der Großstädter die selbstgewählte Rolle eines Landedelmannes spielen. Die großzügige Freitreppe signalisiert Grandeur, drei irische Setter durchstreifen den Park. Wie befreiend, nach einem zehrenden Theatertag mit ein paar kräftigen Stößen in den See hinauszuschwimmen. (Zur Nachahmung sehr empfohlen!)

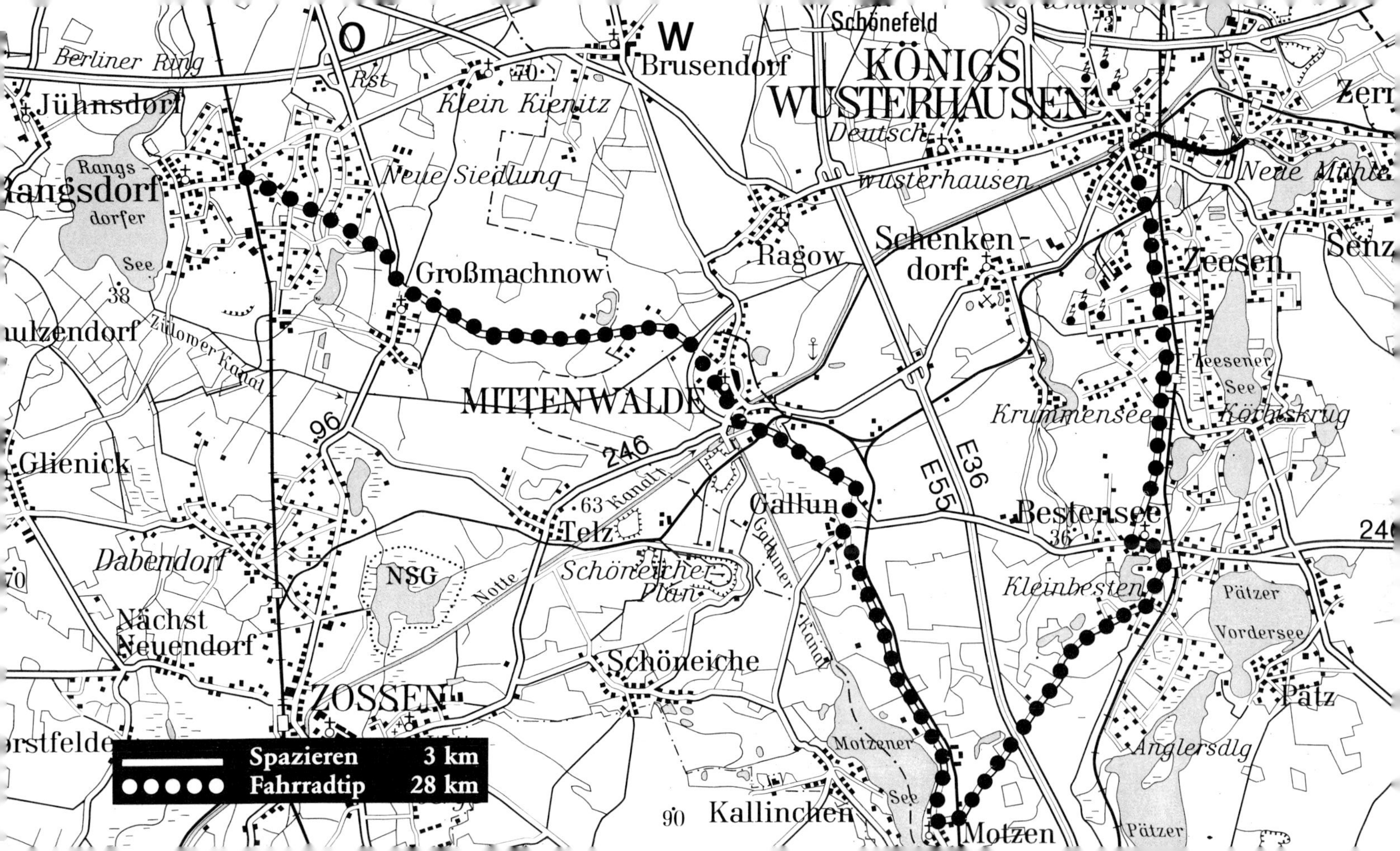

O
W
Berliner Ring
Brusendorf
Schönefeld
KÖNIGS WUSTERHAUSEN
Deutsch-
wusterhausen
Zeesen
Senz
Neue Mühle
Jühnsdorf
Rangsdorfer See
Rangsdorf
Rst
Klein Kienitz
Neue Siedlung
Großmachnow
Ragow
Schenkendorf
Zeesener See
Körbiskrug
Krummensee
MITTENWALDE
Zülower Kanal
96
246
E55
E36
Glienick
Gallun
Bestensee
Telz
Kanal
63
Dabendorf
NSG
Notte
Schöneicher Plan
Galluner Kanal
Kleinbesten
Pätzer Vordersee
Nächst Neuendorf
Schöneiche
Pätz
ZOSSEN
Motzener See
Anglersdlg
Pätzer
Kallinchen
Motzen
Spazieren 3 km
Fahrradtip 28 km

Der Fläming

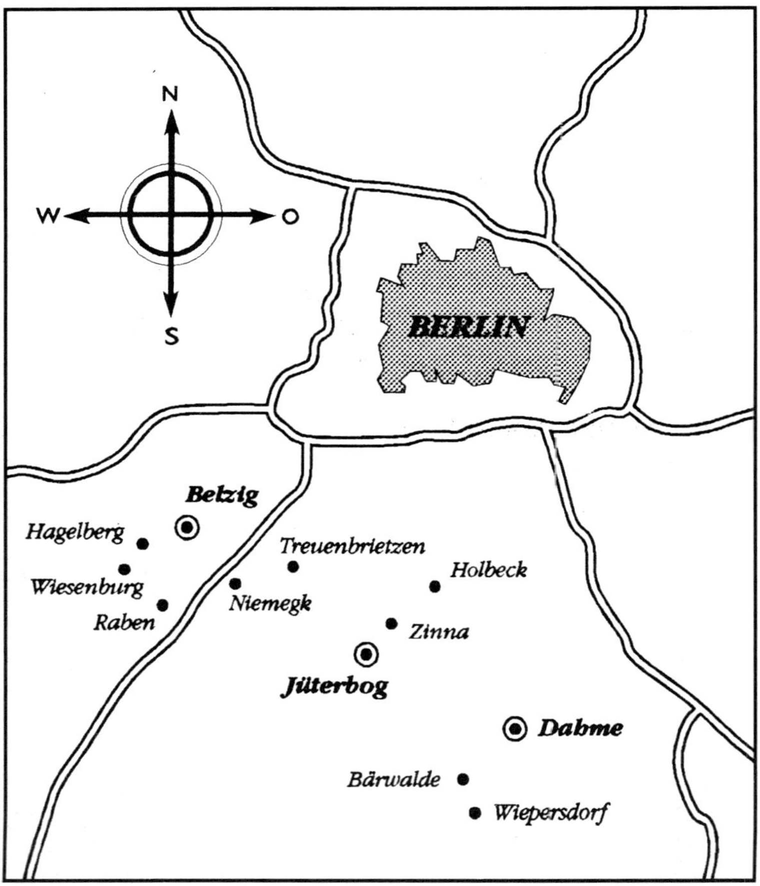
N
W
O
S
BERLIN
Belzig
Hagelberg
Wiesenburg
Raben
Treuenbrietzen
Niemegk
Holbeck
Zinna
Jüterbog
Dahme
Bärwalde
Wiepersdorf

Die Gletscher der Eiszeit, mit skandinavischem Geröll im Gepäck, haben die Bergrücken einstmals aufgehäuft.
Und Niederländer, Flamen sind es gewesen, die dieser Region den Namen hinterließen. Im 12. Jahrhundert von Markgraf und Erzbischof als Siedler gerufen, schufen sie sich fern ihrer flutbedrohten Heimat eine neue Existenz.
„Ländeken, Ländeken, was bist du für ein Sändeken“, kommentierte Martin Luther im 16. Jahrhundert den Sandboden weit und breit. Vom Evangelium verstand der Reformator gewiß mehr als von der Landwirtschaft; die fruchtbare Lößschicht hat er schlicht übersehen.
„Arm an Born, reich an Korn“, sagen die Bauern hier von alters her. Wenn sie darauf achten, nicht zu tief zu pflügen, so lassen sich gute Roggenernten erzielen. Nur muß genügend Regen fallen auf die wasserarmen Felder.
Kiefernwälder kilometerweise, teils auch Eichen und Buchen, wachsen aus dem Erdreich hervor. Blaubeeren und Pilze verlocken zu ausschweifenden Wanderungen. Lassen wir Füßen und Gedanken freien Lauf. Bald schon werden sie vor unseren Augen erscheinen, die Vergangenen und Verwehten, die Gestalten dieses Hügellandes.
Thomas Müntzer, feuriger Prediger in der Jüterboger Nikolai-Kirche. Wittenberg ist nah, und schnell haben die Ketzereien der Reformation den Fläming erreicht. Da muß Ablaßhändler Tetzel mißmutig von dannen ziehen. Martin Chemnitz aus Treuenbrietzen mausert sich zum „zweiten Martin“, Georg Witzel geht auf bewegte Glaubensirrfahrt.
Von Hagelberg dringt Schlachtenlärm herüber; preußische Landwehrmänner in einfachem Tuch und zerschlissenem Schuhwerk, oft nur mit Beil und Pike bewaffnet, schlagen die napoleonischen Besatzungstruppen in die Flucht.
Fritz Reuter, gefangener Burschenschaftler, verbringt im Goldenen Stern zu Belzig eine unvergeßliche Nacht.
Martin Anton Niendorf harrt nicht in Niemegk aus, als das 48er Jahr Berlin erschüttert. „Horch, die Glocken ...“

HIER
WURDE DER DICHTER u. SCHRIFTSTELLER
MARTIN ANTON NIENDORF
GEB. 24.2.1826. GEST. 12.6.1878
IN NIEDER-LÖSSNITZ. BEGR. AUF DEN
FR. WERDERSCHEN KIRCHHOF zu BERLIN
P MATZDORF

4.

„Es sah sein Geist der Zukunft Morgenrot“

– Niemegk –

„*. . . doch vor dem Siege streckt' ihn hin der Tod.*“ So werden es Freunde 1878 in seinen Grabstein einmeißeln lassen.
Bis dahin liegen noch dreißig Lebensjahre politischer und literarischer Leidenschaft vor ihm. „*Gezogen durch den dunklen Reiz, den kämpfende Gewalten auf jegliches Gemüt üben, und der nicht Lust am Verderben, sondern Rechtsgefühl und Sympathien für die Partei der Unterdrückten ist, eilte ich von der friedlichen Beschäftigung des Lehrers in die donnernde Brandung des Volksgeistes.*“
Berlin, 18. März 1848. Bürger, Handwerker, Arbeiter haben sich gegen den König erhoben. „*Horch, die Glocken von den Thürmen / Hörst du's stürmen, Knabe, hörst du's stürmen / Mach das Buch zu, ist zum Lernen jetzt nicht Zeit / Wenn da draußen tobt der große Streit.*“ Barrikaden sperren die Straßen, von den Dächern hageln Steine und Kugeln auf die anrückenden Truppen hinunter. Mit blankgezogenem Degen in der Faust verteidigt er eine Dachbodentreppe, der zweiundzwanzigjährige Pädagoge, bis ihn die Grenadier-Übermacht überwältigt. Gewehrkolbenstöße und Stunden der Gefangenschaft im königlichen Schloßkeller graben sich unauslöschlich in sein Gedächtnis ein.
„*Komm' und siehe sie hier im Schlummer / Deine Gefangenen alle / Mutlos sind sie und voll Kummer / In der schaurigen Halle / Zucken und zittern auf feuchtem Steine / Zucken und zittern von Todesbildern / Breiten die Hände nach ihren Lieben aus / Die vergeblich harren im öden Haus / Und droben schreitet dein Fuß / Dein schwerer Königsfuß / Über die stummen Nacken.*“
Martin Anton Niendorf (1826–1878), Sohn eines verarmten Land- und Gastwirts aus Niemegk. Sein Geburtshaus in der **Groß-**

straße 74 trägt eine bedachtsam modellierte Gedenktafel. Symbolik lädt zu schauendem Verweilen. Das Eichenblatt, die spitze Feder des Poeten, das Morgenrot der aufgehenden Sonne.
Wißbegier zeigt der kränkliche Junge und will es bis zum Schulmeister bringen. Auf Ermutigung des Pfarrers besucht er die Präparandenanstalt in Potsdam, sodann das Lehrerseminar. Ein stürmisch aufbrausender, scharfzüngiger Student ist bald aus ihm geworden, von seinen Kameraden mit dem Spitznamen *„Marc Anton"* beschenkt. Und wie es sich für einen römischen Feldherrn gehört, bescheinigt das Seminarzeugnis dem Absolventen *„geringe Gefügigkeit"*. So einer paßt ins 48er Jahr!
Die kurze Kerkerhaft im Schloßkeller hat den Revoluzzer nicht von seinem Weg abbringen können. *„Unter Banden, Kolbenschlag und Schwert / Wird die Wahrheit erst des Preises werth / Unter Schmach und niederträcht'ger Beugung / Wird sie starr' und feste Überzeugung."* Mögen auch die Waffen der Aufständischen unterlegen gewesen sein, Niendorfs Gedichte (1849) führen den Kampf fort. Mahnende, warnende Gesänge, dem triumphierenden Monarchen zu Gehör gebrüllt: *„Fürst, bedenke, was Du thust / Stürme nicht weiter in Deiner Wuth / Öffne die Augen, blicke zur Erde / Blick' in den tiefen schwarzen Abgrund / Blick' in den gierigen, gähnenden Schlund / Drüben das Volk, Du hier allein . . . / Drei Tage geb' ich Dir Frist, drei Tage zum Frohlocken / Am vierten hat der Dolch Dich sicher getroffen / Am vierten hat das Gift Dein Herz zerfressen / Am vierten haben Dich Skorpione zerstochen / Und wär' es nur Dein eigen Gewissen."*

Berlins
Revolutionszeit
in Gedichten.

Nebst einer
Pfingstreise durch die Hölle
im Jahre 1848

Von
M. Ant. Niendorf.

Zweite Auflage der „Stunden der Andacht."

Berlin.
Verlag von G. Hempel.
1849.

Solche Verse bleiben nicht ohne Folgen. Das hohe Provinzialschulkollegium untersagt die Lehrtätigkeit, der Berliner Polizeipräsident verfügt die Ausweisung. Alles noch glimpflich. An einem frühen Morgen aber stehen Gendarmen vor dem Elternhaus, der Gesuchte in den Federn glaubt zu träumen. Wenn es doch bloß ein Alptraum wäre! Verhaftung aus dem Bett heraus, Schwurgerichtsprozeß, Verurteilung wegen *„Ehrfurchtsverletzung gegen den Monarchen"*.

Sechs zermürbende Monate muß der Dichter durch die Gitter der Berliner Stadtvogtei blicken, wo er *„in schlimmen Stunden mit dem Kopf an die Zellenwand hätte rennen mögen."* Dann fliehen seine Träume zu den heimatlichen Höhen des Fläming hin. *„Steig' immer wieder hinauf zur Heide / Der treuen Gesellin in Leid und Weh / Und lege Dein Ohr an die struppige Reide / An die Krüppelkiefer auf nackter Höh' / Dort jammert der Wind um den Blumensamen / Den er vergebens gesät auf Sand / Es hadern die Fichten, daß sie bekamen / Vom Säer Wind den verlassenen Stand."*
Von märkischer Naturpoesie *(Die Hegler Mühle)*, von Bauernromanen *(Der Schulzenhof zu Raben)*, von *Liedern der Liebe* ist schlecht leben. Zumal, wenn man seine geliebte Emilie endlich über die Schwelle tragen möchte. Die väterlichen Fußstapfen führen den Berufslosen in die Landwirtschaft. Im Sommer ackern, im Winter dichten – das 1854 gepachtete Gut Raßdorf macht's (un)möglich. *„Ich bin ein Landwirt, ein richtiger Landwirt / Der hinterm Pflug so recht zur Schand wird / Kommt so ein Städter mir zu Besuch / Sieht brav mich schaffen und spricht gar klug / Schad um den Dichter! Er schüfe viel/ Tauscht' er die Forke mit dem Federkiel."*

Trotz bronzener Gedenktafel ein ganz und gar vergessener Poet. Seine Verse, seine Klagen, seine aufgewühlten Gefühle – vorbei, vergebens, vorüber; von den Stürmen der Zeit verweht. Nachbarn in der Niemegker Großstraße schütteln den Kopf, kennen von ihm nicht eine einzige gereimte Zeile. Nur *Brümmers Deutsches Dichterlexikon*, Erscheinungsjahr 1877, nennt seinen Namen. Und seine gesammelten Werke? Vier Bände erblickten das Licht der Öffentlichkeit, die weiteren riß der Tod mit ins Grab. Kaum eine Bibliothek bewahrt das lückenhafte Erbe. Um so glücklicher der Zufallsfund eines melancholischen Seufzers:
„Freiheit! Wer bist Du, hohe strahlengleiche / Die dem Jahrhundert ist der Stein der Weisen / Der Feuerglauben in des Volkes Kreisen / Die Furcht der Macht, die blinde, die schreckensbleiche!
Und doch ist mir zur Zeit, als ob's mit leisen / Geheimen Stimmen mir das Ohr beschleiche / Die Märchenbraut bist Du, die rätselreiche / Und Deine Freier fallen unterm Eisen.
Wo sind die Völker hin, die zu Dir gingen / Vergessen ein's, sein Leib zerfetzt in Stücken / Ein anderes sank zum Grab im grausen Ringen / Mit seinem Henker, starb vor unseren Blicken / Lang liegt ein drittes todeswund im Sterben / Und eins, ach, geht noch sicher ins Verderben."
Polen, Ungarn, Frankreich, Deutschland ...

NIEMEGK

● Katholisch, evangelisch, katholisch

ST. JOHANNIS, die neugotische Kirche mit ihrer dreischiffigen Emporenhalle und dem achteckigen Turm, ist noch jung. Erst 1853 nach einem Entwurf von Friedrich August Stüler errichtet, hat sie den Platz ihrer Vorgängerin gleichen Namens eingenommen. Dieses durch Feuer und Schwert zermürbten Gotteshauses gedenke ich auf einer der schattigen Bänke. Gemäuer mag architektonisch reizvoll sein, zu leben beginnt es erst durch Personen, die darinnen gewirkt haben. Georg Witzel (1501–1563) kommt mir sogleich vor Augen. Die Rechtschreibung schwankt, und so finden wir ihn auch unter dem Namen Wicelius, Wicel, Wiczel, Wietzel, Wiesel, Wesel in Kirchenbüchern verzeichnet. Fest steht: Er ist 1526–1530 der erste evangelische Pastor von Niemegk gewesen. Und was für einer! Seine strengen Predigten versetzten die Gemeinde bald in Peinlichkeit und Schrecken, übten sie doch namentliche Kritik an der Sittenlosigkeit und den Ausschweifungen einzelner Gemeindemitglieder. Ein gefürchteter Verkünder!

Georg Witzels geistiges Leben war eine Wanderung zwischen den streitenden Konfessionen. Magister eines Klosterkonvents, Student in Wittenberg, katholische Priesterweihe, Heirat, evangelischer Pastor. *„Es zog mich zu eurer Partei jener große Beifall der Welt, es lockte mich die voreilige Zustimmung der Gelehrten, es reizte mich die Neuheit, wie wir meist von Natur aus geneigt sind, der Begierde nach dem Neuen uns hinzugeben. Es trieb mich dazu die traurige Gestalt der Kirche, vor allem begeisterte mich die große Hoffnung, daß alles viel christlicher werden möge."*

Im thüringischen Bauernkrieg gefangengenommen und zum Tode verurteilt, durch die Fürbitte Martin Luthers begnadigt, tritt der Umgetriebene seine hiesige Pfarrstelle an. Es wird nur eine Zwischenstation sein. Als er 1529 den holländischen Häretiker Campanus bei sich beherbergt, ist das lutherische Maß voll. Kerkerhaft auf Burg Belzig, Verhöre.

Die Glaubenswanderung führt den Sucher in die römische Kirche zurück. Ein wirres Leben, ja, in einem verwirrenden Zeitalter!

● „Mäusedoktor" Robert Koch

„Es geht uns ungeheuer schlecht, wir müssen uns furchtbar einschränken und dabei noch sorgen, ob wir durchkommen. Ich berede Robert immer, von hier fortzugehen, denn es muß doch bessere Stellen geben, aber Robert hat allen Glauben daran verloren." Ein Notruf der geplagten Ehefrau an ihre Eltern.

Am 19. August 1868 hat sich ein junger Arzt voller Elan und Optimismus in Niemegk niedergelassen. *„Der hiesige Ort ist ein nettes reinliches Städtchen, hat noch etwas Altväterliches und ist nicht zuviel von der Cultur beleckt."* So war es, und so ist es. Das Haus in der **Großstraße 69**, mit Blick zum Marktplatz hinüber, hat sein Gesicht in den vergangenen 120 Jahren wenig verändert. Eine Gedenktafel ist hinzugekommen. Sie erinnert an jenen Niemand, der in den oberen Räumen wohnte und parterre seine Praxis eröffnete. Als *„Arzt, Wundarzt und Geburtshelfer"* annonciert Dr. med. Koch im *Zauch Belziger Kreisblatt* sein künftiges Wirken. Viermal wird seine Anzeige wiederholt, jedoch ohne nennenswerte Resonanz. Noch ein zweiter Mediziner, alt und eingesessen, preist seine Künste an. Da wird der Markt eng in einem 2000-Seelen-Flecken, zumal überhaupt nur wenige Kranke je einen studierten Doktor konsultieren. Es fehlt an Geld, schlimmer noch, es fehlt an Zutrauen. Die Bauern und die Holzfäller, sie gehen mit Leiden und Gebrechen lieber zum Bader, zum Schäfer, zur weisen Frau. Mikroskop und Stethoskop haben ihren Siegeszug noch nicht angetreten; Heilkräuter, Salben und Beschwörungen gelten als die bessere Medizin!

Der Beargwöhnte sucht die menschliche Kluft zu überwinden. Ermutigt sich selber mit den Worten, *„daß hier eine ganze Anzahl Familien sind, die eines gemütlichen Umgangs gewähren."* An Vereinsmeierei (Turn-, Sänger-, Kegelverein) mangelt es nicht. Letzterem tritt er bei . . . und beim Kegelschieben mächtig ins Fettnäpfchen. Wie es zu dem schallenden Eklat gekommen ist, weiß hinterher niemand so genau zu sagen. *„Mäusedoktor"* (wegen Tierversuchen?) soll der feucht-fröhliche Bürgermeister gerufen haben, eine Ohrfeige soll die handgreifliche Antwort gewesen sein. Im August 1869 packt der Medicus die Koffer.

Robert Koch (1843–1910), Entdecker des Milzbrand-Erregers, Entdecker des Cholera-Erregers, Entdecker des Tuberkel-Bazillus! 1939 haben ihn die Niemegker doch noch mit einer Bronzetafel zu würdigen gewußt.

TREUENBRIETZEN

● Der zweite Martin

Vor dem Eingangsportal von **ST. MARIEN** steht eine mächtige, prächtige Linde. Eisenbänder halten den auseinanderbrechenden Leib zusammen, Krücken stützen die altersschwachen Glieder. „*Lutherlinde*", soll doch einst der Reformator unter ihrem Blätterdach gepredigt haben. Unter Gottes freiem Himmel, da ihm der Zutritt zur Kirche von einem altgläubigen Kaplan verwehrt worden war.
Faktum oder fromme Legende? Die Anzahl der Bäume landauf landab, von denen ähnliches behauptet wird, macht stutzig. Gesichert ist, daß Treuenbrietzen 1537 als erste märkische Stadt einen evangelischen Vikar einstellte; sehr zum Unwillen des Kurfürsten.
Ebenfalls kein Zweifel besteht, daß Treuenbrietzen einen eigenen Reformator hervorgebracht hat. „*Si Martinus Chemnicus non fuisset, Martinus Lutherus vix stetisset . . . Wäre Martin Chemnitz nicht gewesen, hätte Martin Luther wohl kaum überdauert.*" Seine theologischen Kontrahenten, die Jesuiten, haben ihm hohen Respekt gezollt. Ein **Findlingsstein** seitlich vom Kirchenschiff gedenkt des gelehrten Glaubensstreiters. Martin Chemnitz (1522–1586). Einem Tuchmachersohn ist höhere Bildung nicht in die Wiege gelegt; erst recht keinem, welcher stottert, seit er in die kühlen Wasser der Nieplitz gefallen ist. „*Haben mich hernach meine Verwandten und Altersgenossen oft damit vexiret, daß ich nicht hätte wollen mit andern Kindern auf den Gassen spielen, sondern wäre still und für mich hin gewesen, etwa in ein Winkelchen mich gesetzet und mein eigen Spiel gehabt, daneben melancholisieret.*" Dank eines fördernden Schulmeisters geht der Eigenbrötler seinen Weg. Über die Lateinschulen von Wittenberg und Magdeburg bis an die Universitäten Frankfurt und Königsberg. Aus dem stotternden Knaben ist ein wortgewaltiger Verkünder protestantischen Glaubens geworden.

● Heimatmuseum: Großstraße 1

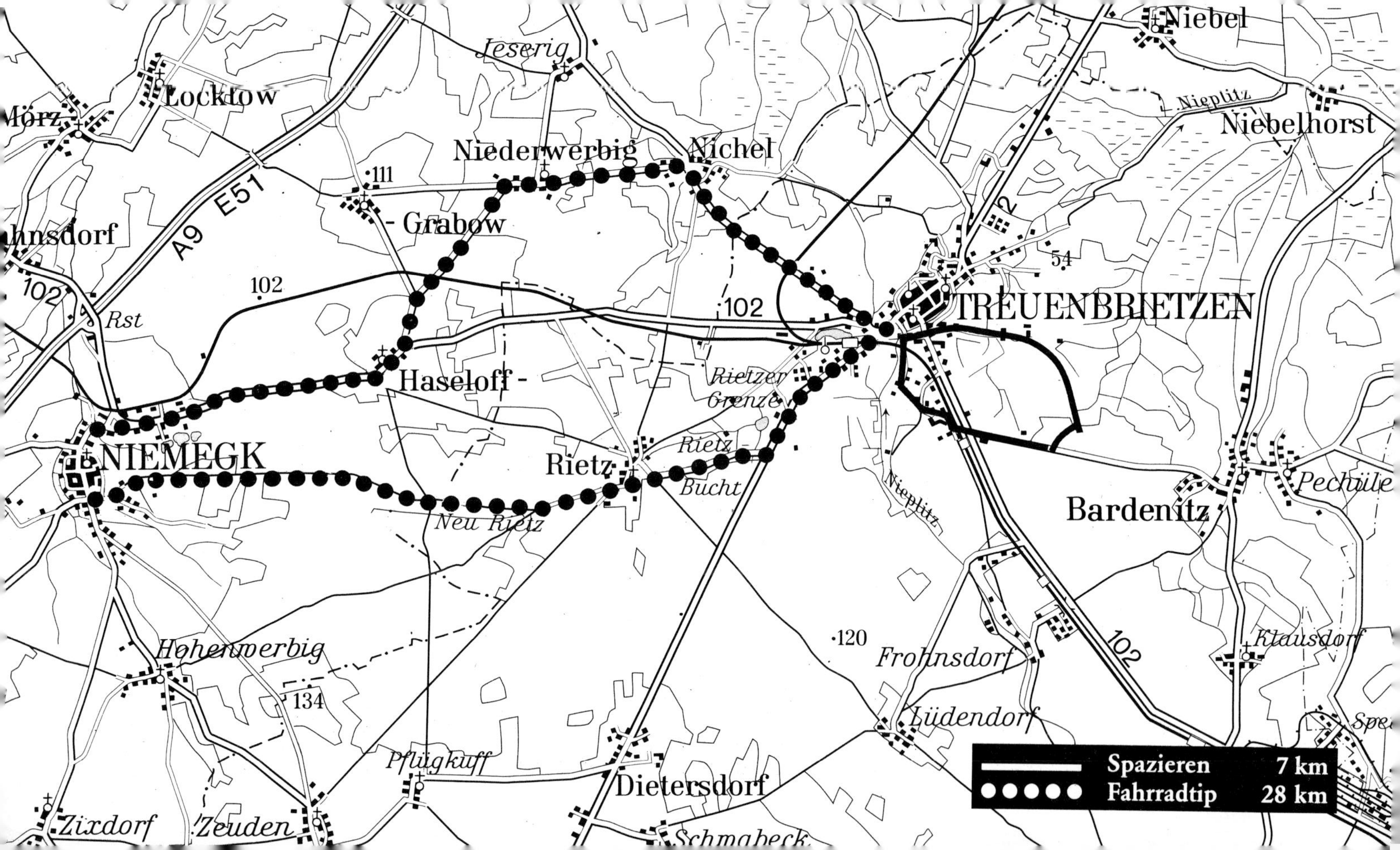
Niebel
Lockdow
Mörz
Jeserig
Niebelhorst
Nieplitz
Niederwerbig
Nichel
Grabow
A9 E51
hnsdorf
54
TREUENBRIETZEN
102
Rst
Haseloff
Rietzer Grenze
NIEMEGK
Rietz
Bucht
Pechüle
Bardenitz
Neu Rietz
Hohenwerbig
120
Frohnsdorf
Klausdorf
134
Lüdendorf
Pflügkuff
Dietersdorf
Zixdorf
Zeuden
Schmabeck
Spazieren 7 km
Fahrradtip 28 km

5.

Freies Geleit für Hans Kohlhase

– *Jüterbog* –

Wenn **Rathaus**besucher die Treppenstufen zum ersten Stockwerk hinaufsteigen, dann gehen sie in den Fußstapfen eines unbeugsamen Mannes. Am Sonntag, dem 6. Dezember 1534 hat der gefürchtete und bewunderte Rächer eben diesen Weg genommen und ist durch die schnitzereiverzierte Prunktür ins **Fürstenzimmer** getreten. Wenn auch ein kurfürstlicher Schutzbrief freies Geleit zusicherte, der obrigkeitlich Geächtete kommt ungern allein. Es begleiten ihn annähernd fünfzig seiner verwegenen Gefährten; Ackerknechte, Stallburschen, Tagelöhner, Handwerksgesellen – allesamt von so niederem Stande, daß die Amtsschreiber sie nicht einmal ins Protokoll aufnehmen wollen. Um so diensteifriger protokollieren sie Rang und Namen der adeligen Gegenpartei. Ein offiziell anberaumter *Rechtstag* nimmt soeben seinen Anfang; eine schwelende Fehde, ausgetragen mit Feuer und Flamme, soll friedlich schiedlich beendet werden.

Begonnen hatte der unversöhnliche Streit am 1. Oktober 1532. Einem unbescholtenen Cöllner Kaufmann namens Hans Kohlhase war auf dem Weg zur Leipziger Michaelismesse grobes Unrecht widerfahren. Bitter seine vorgetragene Klage, *„daß mir Günther von Zaschwitz' Untersassen zu Wellaune und Schnaditz auf Befehl ihres obengenannten Junkers zu Michaelis Anno 32 wider Recht, Ehr' und alle Billigkeit auf fürstlich freier Straße zwei Kläpper mit Gewalt genommen.“* Erst nach Monaten erhielt der Beraubte seine beiden Pferde zurück, in abgemagertem Zustand, sollte obendrein noch den verfütterten Hafer erstatten. Als ihm gerichtliche Eingaben, ja Bittschriften, nicht zu seinem Recht verhelfen konnten, griff der Gedemütigte zum Mittel der Fehde. *„Ich will sein Gottes und aller Welt Freund, allein Günther v. Zaschwitz und dem Land Sachsen abgesagter Feind. Wo ich sie bekomme, werde ich sie an Händen und Füßen lähmen, auch rauben, brennen, sie hinwegführen und schatzen."*

Nun sitzen sich die Kontrahenten Aug' in Auge gegenüber. Im repräsentativen Jüterboger *Fürstenzimmer*, dessen Sternengewölbe auf einer sandsteinern gedrehten Säule ruht. Sophia v. Zaschwitz läßt durch ihren Rechtsbeistand alle Forderungen nach Schadensersatz brüsk zurückweisen. Gerichtsrat Hans von Metzsch dringt auf Vertagung. Ganz im Sinne seines Dienstherrn, dem sächsischen Kurfürsten; will jener doch nur Zeit gewinnen, um den bürgerlichen Empörer bei passender Gelegenheit in Ketten zu legen. Kohlhase aber fordert einen Schiedsspruch an Ort und Stelle. *„Ich habe nichts denn meinen Leib und mein Leben, die will ich daransetzen."* Die Richter weichen zurück. Eine öffentliche Ehrenerklärung sagen sie dem Kläger notgedrungen zu sowie eine Entschädigungszahlung in Höhe von 600 Florin. Der Streit scheint beigelegt ... bis Kurfürst Johann Friedrich von Sachsen *(„der Großmütige")* den Urteilsspruch drei Wochen später annulliert.

Als im Sommer 1537 ein weiterer Jüterboger Rechtstag scheitert, hat Kohlhase allen Glauben an die adelige Gerichtsbarkeit verloren. Ein hochwohlgeborener Strauchdieb gilt seinen Standesgenossen allemal mehr als ein einfacher Kaufmann. Aber sie sollen noch zu spüren bekommen, wozu ein aufrechter Handelsmann fähig ist, wenn er das Recht in eigene Hände nimmt!

Ein regelrechter Kleinkrieg beginnt. Die Adelsgeschlechter im sächsisch-brandenburgischen Grenzgebiet sehen sich einer Serie von Überfällen, Plünderungen und Brandschatzungen ausgesetzt. Und die wohlorganisierten Freischärler sind schwer zu fassen. In kleinen Gruppen ziehen sie über Land, abgesichert durch Vorhut und Nachhut, durch Kundschafter und Kuriere. Von tausend unsichtbaren Augen und Ohren rechtzeitig gewarnt, lassen sie die fürstlichen Verfolger ins Leere laufen. Locken die genarrten Landsknechte auf falsche Fährte, stehlen ihnen bei Nacht die Waffen, nehmen einmal sogar ihren Sold in Empfang.

Über mangelnden Zulauf kann sich Hans Kohlhase nicht beklagen. So mancher arme Mann in der Mark hat mit den hohen Herrschaften ein Hühnchen zu rupfen. Da kommen Georg und Silvester Schuller aus Treuenbrietzen, die Schneidergesellen Caspar Fischer und Jakob Berndt, die Golßener Knechte Zinran und Borkwitz, der Bauernjunge Otto Birkeler. Zwei Söldner, Bastian Tritt und Joachim Rung, haben die Fronten gewechselt. Der fünfzehnjährige Hans Herzberg aus Gransee gibt als Pfeifer geheime Signale, sein Vater schlägt die Trommel.

Eine behördliche Untersuchung registriert in den Jahren 1538/39 nicht weniger als einhundertfünfzig Ortschaften, in denen heimliche Helfer vermutet werden. Trebbins Amtmann Dietrich Flanns steht unter Verdacht, die Gejagten zu begünstigen. In Liebenwalde soll Richter Paul Klest Anklageverfahren nach allen Regeln der Juristerei hintertreiben. Desgleichen sein Amtskollege in Beelitz, der einen Beschuldigten lieber entweichen läßt, als ihn der sächsischen Justiz auszuliefern. Der Brandenburger Bäckergeselle Peter Krüger scheint sich als Anwerber zu betätigen. Vom Gastwirt in Groß Köris wird gemunkelt, er stelle Proviant und Quartier zur Verfügung; bereitwilligen Unterschlupf bieten auch der *Körbiskrug* sowie die *Mittelmühle* am Tornower See. Der Teupitzer Amtmann Merten Krug schreitet nicht einmal ein, wenn steckbrieflich Gesuchte auf seinem Marktplatz promenieren. Und selbst zwanzig evangelische Geistliche, unter ihnen der Friedersdorfer Pastor Stolz, werden namentlich beschuldigt, mit den Räubern im Bunde zu sein. Ein aufrührerisches Netz, dessen Maschen täglich fester werden ...

Warum Kohlhase im Jahre 1540 heimlich nach Berlin zurückgekehrt ist – kein Chronist weiß es mit Sicherheit zu sagen.

Im Hause des Küsters von St. Nikolai entdecken ihn kurfürstliche Schergen in einer Truhe verborgen. Um die Mittagszeit des 22. März muß der „*Räuberhauptmann*" gemeinsam mit Hufschmied Georg Nagelschmidt das Blutgerüst besteigen. „*Sind wir gleiche Brüder, so ziemen uns auch gleiche Kappen.*" Mit letzten Worten weist er den leichteren Tod durch das Schwert zurück und stirbt, wie sein engster Weggefährte, auf das Rad geflochten.

JÜTERBOG

● „Wenn das Geld im Kasten klingt ...

die Seele aus dem Fegefeuer in den Himmel springt." Der Dominikanermönch Johannes Tetzel ist im Oktober 1517 nach Jüterbog gekommen, um Ablaßhandel zu betreiben. Auf dem Vorplatz von **ST. NIKOLAI** bietet er Sündenerlaß gegen bares Geld – es herrscht Nachfrage.
Im nahegelegenen Wittenberg plagt sich ein Augustinermönch namens Martin Luther mit argen Glaubenszweifeln an der verweltlichten Kirche. Jetzt ist für ihn das Maß voll! Seine fünfundneunzig Reformationsthesen, in aller Öffentlichkeit an die Schloßkirche geschlagen, treten dem Ablaßhändler scharf entgegen: Nur göttliche Gnade selbst und tiefe innere Reue können Vergebung der Sünden erwirken!
So ohne weiteres will Tetzel von seinem Geschäft nicht lassen. Im Gegenzug errichtet er auf dem **MARKTPLATZ** einen Scheiterhaufen und wirft die Thesen Luthers ins Feuer. Eine flammende Botschaft an das herbeigelaufene Volk, so werde es letztlich auch den Ketzern selbst ergehen. Vergeblich! Der Sündenhandel ist rückläufig geworden, und noch im November verläßt der Gescheiterte die Stadt.
Die Reformation schreitet voran. 1519 erhält St. Nikolai seinen ersten lutherischen Pastoren, den Baccalaureus Franz Günther. Schon bald wird der unerschrockene Prediger vor den noch immer mächtigen Franziskaner-Konvent zitiert: Er habe seine Gemeinde aufgefordert, weder zu beichten noch die Heiligen anzurufen; die erworbenen Ablaßbriefe seien in seinen Augen gänzlich nutzlos – Suspendierung!
Übrigens: In der Nikolaikirche steht bis auf den heutigen Tag eine altertümliche eisenbeschlagene Truhe. Vom Volksmund „*Tetzelkasten*" genannt, soll sie einstmals die gesammelten Ablaßgelder geborgen haben. Tetzels (un)tragbarer Tresor. Ein vorsichtiger Zweifel sei erlaubt, prädestinieren ihre wuchtigen Ausmaße sie nicht gerade zum geeigneten Reisegepäck.

● Thomas Müntzers Kanzelkrieg

Der seines Amtes enthobene Lutheraner Franz Günther hat einen würdigen Nachfolger gefunden. Das zeigt sich bereits bei der Antrittspredigt. Thomas Müntzer (1489–1525), Magister artium, besteigt am 24. April 1519 die Kanzel von **ST. MARIEN**. Es ist Ostersonntag, und die harten Kirchenbänke sind bis auf den letzten Platz gefüllt. Da hallen ketzerische Worte durch den Raum der damals dreischiffigen kreuzförmigen Basilika: Weder die Fürsprache der Heiligen noch gottgefällige Werklein können zur Sündenvergebung führen, allein der Glaube an die unermeßliche göttliche Gnade. Eine folgenschwere Behauptung, unterminiert sie doch den Sinn der Klöster sowie die kirchliche und priesterliche Autorität. Damit nicht genug; der junge Feuerkopf erdreistet sich, den hochwürdigen Guardian des Franziskanerkonvents persönlich anzugreifen. Er schließt mit dem spöttisch-lästerlichen Aufruf: *„Bittet also Gott für diesen Menschen, der so erbärmlich irrt, daß Gott in seiner unendlichen Barmherzigkeit ihn erleuchten möge, damit er in seinem Irrtum nicht zuschanden werde."*

Am 25. April führt Franziskaner Berhard Dappen in der **MÖNCHENKIRCHE** den geistlichen Gegenschlag. *„Ich bin völlig sicher, wenn ein Runkarius, ein Lehrer der böhmischen Ketzerei, in diesen Ort käme und seine Irrlehren predigte und sagte, seine Predigt sei das Evangelium Christi, dann würden wahrhaft manche die Ohren aufsperren."*

Am 26. April ist der Protestant wieder an der Reihe. Diesmal wendet er sich gegen die gesamte Kirchenhierarchie. Aus guten bischöflichen Hirten seien selbstsüchtige Tyrannen geworden, die nur sich selber weiden wollten. Es müßten *„sehr viele ihre Hälse hinhalten."*

Schon im Mai hat der Wortgewaltige, unter franziskanischem Druck, seine Pfarrstelle geräumt. Der weitere Lebensweg führt ihn über Zwickau, Allstedt und Mühlhausen auf das Schlachtfeld von Frankenhausen. Anders als Luther, der es mit den evangelischen Fürsten hält, will Müntzer die Reformation sozial und revolutionär verstanden wissen. *„Die Gewalt soll gegeben werden dem gemeinen Volk."*

An der Spitze eines unerfahrenen Bauernheeres zieht er 1525 in die vernichtende Niederlage. Gespießt und gerädert. Den Überlebenden bleibt ein Lied: *„Geschlagen ziehen wir nach Haus, die Enkel fechten's besser aus."*

● Jüterbog, oh Jammerbog

Die Ortsnamen **Altes Lager** (1870) und **Neues Lager** (1889) sind wortwörtlichen Ursprungs: Barackenlager für Soldaten. Zur *„Hebung der traurigen Wirtschaftslage"* hatte Landrat Hauschteck schon 1832 das Gesuch eingereicht, eine Garnison in die Stadt zu legen.

Dem Gesuch wurde stattgegeben, und eine Artillerie-Brigade hielt Einzug. Zunächst bei den Bürgern zur Untermiete. Auf der Birkheide entstand derweil ein riesiges Militärgelände; mit Eisenbahnanschluß nach Berlin (*„Kanonenbahn"*). Kasernen, Schießplatz, Exerzierplatz. *„Oh Jammerbog! Wie eng ist mir mein Waffenrock"*, stöhnte so mancher Rekrut, der sich das Soldatenleben lustiger vorgestellt hatte.

Im Ortsteil **JÜTERBOG II** an der **Brückenstraße** errichtete man 1890 die Kasernen der Artillerieschule. Rote Backsteinbauten mit repräsentativen Ziergiebeln, die selbst Rathäusern oder Kirchen gut zu Gesicht stünden. Eine architektonische Demonstration: das Militär als staatsbestimmende Macht im Kaiserreich. Ganz anders im Dritten Reich!

Am 30. Mai 1938 findet in diesen Räumlichkeiten eine folgenreiche Geheimbesprechung statt. Zwischen dem Oberkommando der Wehrmacht und Reichskanzler Hitler. Der Führer und baldige Feldherr instruiert die Generalität über die Modalitäten von *„Operation Grün"*. Hinter solch gefälligem Codewort verbirgt sich der baldige Einmarsch in die Tschechoslowakei. Gestandene Offiziere wagen keinen Widerspruch, als der Gefreite des Ersten Weltkriegs seine Sandkastenstrategie vorträgt: in zwei Tagen bis Prag! Einen gibt es dann doch, der sich widersetzt, Generaloberst Ludwig Beck (1880–1944). *„Der Oberbefehlshaber des Heeres mit seinen höchsten führenden Generalen bedauert, die Verantwortung für die Führung eines derartigen Krieges nicht übernehmen zu können, ohne sich vor dem Volk und der Geschichte mitschuldig zu machen."* Beck hat die Rücktrittserklärung des Generalstabs bereits formuliert, doch seine Offizierskollegen versagen die Zustimmung. Konsequent vollzieht er diesen Schritt allein . . . und wirkungslos. Sechs Jahre später wird er zu den scheiternden Verschwörern des 20. Juli gehören!

● Heimatmuseum: Planeberg 9

● Der betrogene Betrüger

Hören wir den Dichter Joachim Riedel: „*Hans Tetzel zog des Wegs entlang / Mit schwerem Geld und leichtem Sinn / Und dachte froh an den Gewinn / Der stets für jeden Ablaßbrief / In seine eigene Tasche lief.*
Da sprengte brausend und verwegen / Ein Reitertrupp ihm schnell entgegen / Und seinen Leuten weit voran / Ein brandenburg'scher Edelmann.
Der sprang vom Pferd und lachte frisch / Du hast mir einen Ablaßwisch / Erst gestern früh für teures Geld / Und fromme Worte zugestellt / Danach kann ich Vergebung finden / Für eine meiner Zukunftssünden.
Und diese Sünde will ich nun / In aller Demut an dir tun / Her mit den blanken Ablaßgulden / Ich brauche sie, ich habe Schulden!"
Gemeinhin freut sich der kleine Mann, wenn ein hoher Herr das Nachsehen hat. Beträchtlich größer noch ist seine Freude, wenn er sie mit anderen teilen kann. Mehr als vier Jahrhunderte sind die Menschen nicht müde geworden, die Geschichte vom Mißgeschick des Johannes Tetzel weiterzureichen. Bis in unsere Tage hinein.
In einer Novembernacht des Jahres 1517 soll es geschehen sein, als der einschlägig bekannte Ablaßhändler (→ S. 84) durch die Lande reist. Nahe beim Dörflein Holbeck kommen die Räder seines Planwagens abrupt zum Stehen. Hans v. Hake aus dem benachbarten Stülpe blockiert mit einigen Waffenknechten den verschneiten Hohlweg. Ehe an Gegenwehr zu denken ist, haben sie schon die ergaunerten Ablaßgelder an sich gerissen. Auf wenig fromme Verwünschungen weiß der davonreitende Ritter höhnische Erwiderung: „*Erinnert euch nur, teurer Freund. Gestern in Jüterbog verkauftet ihr mir einen Ablaßbrief ... für eine Sünde, die ich noch zu begehen trachtete!*"

Vielleicht ist die schadenfrohe Geschichte nur eine fröhliche Legende. So oder so, für Dichter ein gefundenes Fressen. Willibald Alexis hat sie seinem *Werwolf*-Roman einverleibt, Albert Emil Brachvogel brachte sie im *Deutschen Michael* ausgiebig zur Geltung. Womöglich verspürt auch der eine oder andere Leser die Lust auf ein vergnügliches Weitererzählen. Wohlan!

Auf das Rad geflochten

15. November 1538. Für Jakob Berndt und Caspar Fischer kommt es in der Scheune eines Jänickendorfer Bauern zu bösem Erwachen. Kurfürstliche Landsknechte stehen urplötzlich an ihrem Nachtlager und zerren die verschlafenen Schneidergesellen ohne viel Federlesens in das Verlies von KLOSTER ZINNA. Unter dem Verdacht, als Spießgesellen des Hans Kohlhase das sächsische Dorf Marzahna überfallen zu haben (→ S. 62). Zwecks gerichtlicher Wahrheitsfindung verfügt Abt Valerian die Tortur. Wie das Folterprotokoll überliefert, sind die Beschuldigten auch unter Höllenqualen wortkarg geblieben. Ohne einen Schuldbeweis erleiden sie am 22. November den schweren Tod durch das Rad. Warum solch kurzer Prozeß? Der zeitgenössische Chronist Peter Hafftiz, Rektor der Berliner Nikolaischule, weiß um pekuniäre

Gründe: *„Es war damahls der gottlose Gebrauch im Closter, wenn einer daselbst gerechtfertiget (gerichtet) ward, so muste in allen Dörffern zum Closter gehörig, jeder Hüfner ein Ey und jeder Costet (Kossät) 6 Pfennige geben, welches eine grosse Summe trug. Das Geld bekam der Voigt, und um solches Geldes willen habe ich manchen daselbst sehen richten, deme zu viel geschah.“*
Kohlhase hat die Todesurteile nicht auf sich beruhen lassen. Im Dunkel der Nacht erscheint der Gefürchtete an der Richtstätte und rollt die Räder den Hügel hinunter. Bei Sonnenaufgang finden die Mönche ein Papier, mit Hufnägeln an einen Galgenstiel genagelt, darauf die düster drohende Mahnung: *„O filii hominum ... O Menschensöhne, wenn ihr richten wollt, so richtet gerecht, auf daß nicht ihr gerichtet werdet!“*
Noch Jahr und Tag erzählte man sich in den Wirtshäusern und Spinnstuben des Fläming, Kohlhase habe die Leichen der Geräderten in eine Kiste gebettet – und an den Kurfürsten übersandt! Ob Faktum oder Legende, dem märkischen Robin Hood war es zuzutrauen.

Klostermuseum: In der Neuen Abtei

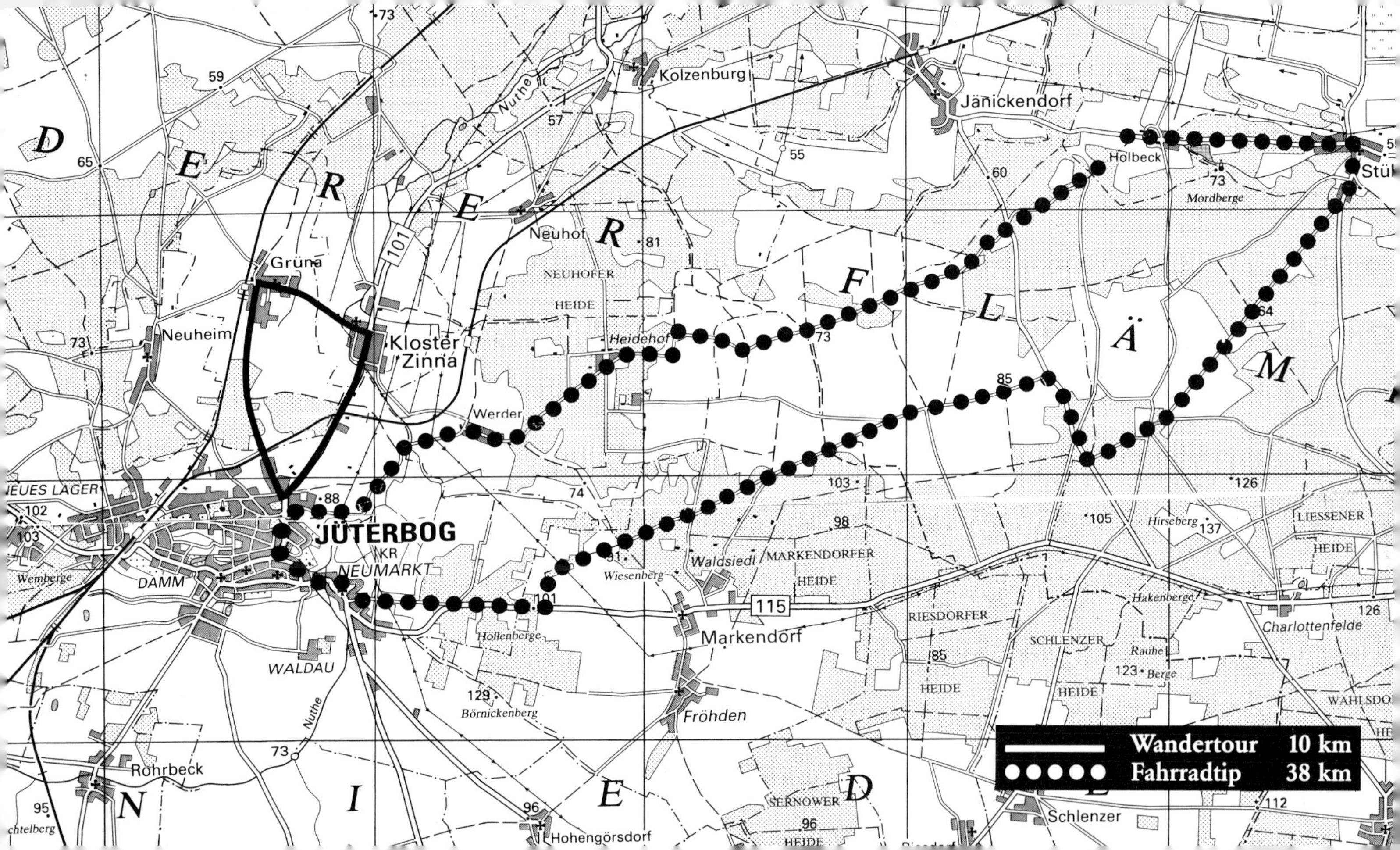
Kolzenburg
Jänickendorf
Holbeck
Mordberge
Neuhof
NEUHOFER
HEIDE
Heidehof
Grüna
Neuheim
Kloster Zinna
Werder
JÜTERBOG
KR
NEUMARKT
DAMM
WALDAU
Wiesenberg
Waldsiedl
MARKENDORFER
HEIDE
Markendorf
Höllenberge
Börnickenberg
Fröhden
Rohrbeck
Hohengörsdorf
Nuthe
Hirseberg
LIESSENER
HEIDE
Hakenberge
Charlottenfelde
RIESDORFER
SCHLENZER
Rauhe Berge
HEIDE
WAHLSDO
SERNOWER
Schlenzer
Wemberge
NEUES LAGER
D E R
E R
F L Ä M
N I E D
Wandertour 10 km
Fahrradtip 38 km

1832
Zum Goldnen Stern
In dieser ehem. Gaststätte „Goldner Stern"
weilte am 26. 3.–27. 3. 1837
der mecklenburgische Heimatdichter,
Fritz Reuter
auf dem Wege in die Festungshaft.

6.

Fritz Reuters Nacht im Goldenen Stern

– Belzig –

„Die Reise nach Magdeburg nahm ihren Anfang. Wiederum kahle Felder und schauderhaftes Wetter. Immer von Landratsamt zu Landratsamt, manchmal auch nur zum Herrn Bürgermeister. Mal ein Fußgendarm mit Gewehr und Seitengewehr im Wagen, mal ein Gendarm zu Pferde mit Schleppsäbel und Pistolen neben dem Wagen. Wenn mich dies letztere Glück traf, bot mir das viel Vergnügen und eine Augenweide. Wenn dann nämlich mein Berittener mal rechts, mal links von dem alten Planwagen dahertrabte, in dem sie mich als abschreckendes Beispiel durch die Lande herumkarrten, und der Fuhrmann im Leichenwagenschritt durch die Dörfer und Städte hindurchparadierte und schließlich beim Wirtshaus anhielt, dann drängte sich alles um uns herum und betrachtete mich staunend, so daß ich mir selbst gefährlich und grauenerregend vorkam."

Der Jura-Student Fritz Reuter (1810–1874) gilt im Preußen Friedrich Wilhelms III. als hochrangiger Staatsfeind. Wenig genug hat er dafür getan. Es reichte im Jahre 1833 schon, Mitglied einer Burschenschaft zu sein und für ein freiheitlich verfaßtes, einiges Deutschland einzutreten. Die königliche Justiz war mit dem strafwürdigen Stempel *„Demagoge"* schnell zur Hand. Mitgliedschaft in einer *„hochverräterischen Vereinigung"* warf sie ihm vor sowie die Propagierung umstürzlerischer Ziele. Beweisen aber konnte man dem Angeklagten lediglich, daß er auf einer Versammlung das Lied *Fürsten zum Land hinaus* mitgesungen hatte. Nur wegen der mitreißenden Melodie, rechtfertigte sich jener wenig überzeugend, und die zweite Strophe *(„Erst hängt den Kaiser Franz / dann den im Siegerkranz / auf auf")* sei ihm völlig unbekannt. Das Gericht verhängte als Warnung an die Studentenschaft ein drakonisches Urteil:

Todesstrafe mit Begnadigung zu dreißigjähriger Festungshaft. Die erwiesene Gnade hatte in der schlesischen Festung Silberberg ihren Anfang genommen, sich in Groß-Glogau fortgesetzt, und nun soll sie den Gefangenen in die Mauern Magdeburgs führen. Über Land mit Pferd und Wagen.

„So trafen wir denn, gerade am ersten Ostertag 1837, in der kleinen Stadt Belzig ein. Und nachdem ich die Ehre genossen, mit dem Herrn Kreissekretär Bekanntschaft zu machen, genoß ich das Vergnügen, daß mich eine ansehnliche Menge von netten kleinen Straßenjungen zum Wirtshaus zurückbrachte, wo ich dann wieder von meiner üblichen Wachmannschaft ins Gebet genommen wurde."

Besagte Herberge trägt den himmlischen Namen **Zum Goldenen Stern** und befindet sich in der **Wiesenburger Straße 11.** Was ihm in diesen Räumlichkeiten passiert, wird der justiziell Herumgestoßene sein Lebtag nicht vergessen.

„Der Wirt, ein großer Mensch mit einem freundlichen Gesicht, Stier hieß er, kam auf meine Stube und lud mich ein, den Abend mit seiner Familie zu verbringen ... Da saß ich nun also nach langer Zeit zum erstenmal wieder in einer Familie mit am runden Tisch."

Die amtlichen Bewacher haben sich unterdessen vom Wirt mit ein paar Flaschen Bier begütigen lassen und treten nicht weiter in Erscheinung. In seinen Lebenserinnerungen *Ut mine Festungstid* (der plattdeutsche Originaltext sei zum besseren Verständnis ins Hochdeutsche übertragen) wird Fritz Reuter viele Jahre später die behaglichen Stunden zurückrufen. *„Die Musik war es nicht, was mir heute so warm ums Herz werden ließ. Es war auch nicht der warme Ofen – ich hatte ja immer noch, zumindest des Abends, einen warmen Ofen gehabt. Es waren all die wärmenden Strahlen, die im Kreise um solch einen runden Tisch zusammenschießen. Für mich war es an diesem Abend die Erinnerung an die süße, glückliche Zeit, als der alte Herr Amtshauptmann Weber mit meiner lieben Mutter an solch einem Tisch Tee trank. Und zugleich war dieser Abend für mich freundliche Gegenwart, weil ich rings um mich her solch ehrliches und nicht zudringliches Mitgefühl spürte, das mir allerwegen entgegenschlug, ohne mich zu verletzen. Es war, wie wenn ein Soldat, der jahrelang im Biwak gelegen hat, sich zum erstenmal wieder in ein Daunenbett legen kann."*

Gerade eine kleine, unscheinbare Geste ist es, die unauslöschlich im Gedächtnis haften bleibt. *„Gott segne auch das gute Mädchen, das mir an diesem Abend die Kartoffeln pellte! Darüber mag mancher lächeln, denn ich hätte es doch selber tun können. Ich hatte ja auch meine Stiefel* *selber geputzt, mein Bett selber gemacht und meine Stube selber ausgefegt; ich hätte ja auch meine Kartoffeln selber abgepellt, was war schon weiter dabei! Dies mußten auch bessere Leute, als ich es war, alles verrichten. Doch daß mir hier zum erstenmal eine freundliche Mädchenhand auf diese Weise zu Hilfe kam, das war's! Zum erstenmal nach so langer Zeit . . . Und ich in dieser Gesellschaft? Natürlich so unbeholfen wie möglich. Ein Jenaer Student ist für die menschliche Gesellschaft schon ein sehr unverdaulicher Happen, und wenn er dazu noch drei und ein halbes Jahr auf preußischen Festungen eingepökelt wird, dann mag er wohl, zumal für die Damen, sich ein bißchen zäh angefühlt haben. So war es denn wohl auch diesmal, und viel Vergnügen haben die Damen nicht an mir gehabt. Doch ich desto mehr an ihnen, und als ich gegen elf zu meinen alten Herren heraufgekommen und zu Bett gegangen war, da sagte ich recht glücklich zu mir: Unser alter Herrgott lebt."*

Mehr als drei Jahre noch wird Fritz Reuter bis zur wirklichen Begnadigung hinter Gittern sitzen und seine Gesundheit ruinieren. 1840 wieder in Freiheit, entwickelt er sich zum großen Mundartdichter seiner mecklenburgischen Heimat.

Am Ostersonntag 1992 bin ich, allerdings ohne begleitende Gendarmen, nach Belzig gefahren und habe meine Schritte in die Wiesenburger Straße gelenkt. Im *Goldenen Stern* wollte ich auf einen Festtagsbraten einkehren und mir gegebenenfalls von zarter Hand die Kartoffeln pellen lassen. Es mußte beim Vorsatz bleiben, denn ein Gasthaus gibt es hier längst nicht mehr; nur eine Gedenktafel und einen dunklen Torbogen. Gehen wir auf dem alten Kopfsteinpflaster hindurch zum Hof, wo die bröckelnden Stallgebäude noch ein Stück Vergangenheit bergen. Und denken wir mal an jenen Wirt, der genügend Courage besaß, einen rechtskräftig verurteilten Umstürzler an seinen Familientisch zu laden.

BELZIG

● Martin Luther auf Visite

Fünf Stunden ist der von Pferden gezogene Planwagen aus Wittenberg unterwegs gewesen, als er am 13. Januar 1530 durch das Stadttor rollt. Auf den Strohsäcken in dicke Pelze gehüllt sitzen vier Männer: Johann v. Taubenheim, kurfürstlicher Landrentmeister, der rechtskundige Benedikt Pauli, der Geistliche Justus Jonas. Und jener ehemalige Mönch, der es mit seinen 95 Thesen gewagt hat, Papst und Kaiser herauszufordern. Mühsam mahlen sich die Räder durch den Sand der ungepflasterten Straßen zur **Burg Eisenhardt** hinauf. Dort oben wird die Kommission ein warmes Bad und ein Nachtlager bereitet finden.

Am Morgen des 14. Januar formiert sich auf dem Marktplatz ein Festzug. An der Spitze die hochgeehrten Besucher in Begleitung der Ratsherren, gefolgt von Handwerkszünften und Stadtpfeifern. Ziel ist die **MARIENKIRCHE**, deren Turm die strohgedeckten Häuser aus Lehmfachwerk wuchtig überragt. Martin Luther steigt auf die Kanzel und hält die feierliche Festtagspredigt. Was der wortmächtige Reformator sagte, ist nicht überliefert; möge er sich an seine guten Vorsätze gehalten haben. *„Das ist ein närrischer Prediger, der da meint, er will alles sagen, was ihm einfällt. Ein Prediger soll bei der Proposition bleiben und das verrichten, was er vorhat, auf daß man dasselbige wohl verstehe ... Wenn ich in meiner Predigt sollte Philippum Melanchthon und andere Doktores ansehen, so machte ich nichts Gutes; sondern ich predige aufs einfältigste den Ungelehrten, und es gefällt allen.“* Sechste und vielleicht wichtigste Grundregel, die auch von langgedienten Pfarrern häufig im Eifer mißachtet wird: *„Zum sechsten soll er wissen aufzuhören!“*

Erst wenige Jahre zuvor ist die Belziger Pfarre evangelisch geworden, und nun wollen die Visitatoren die neuen Glaubensverhältnisse festigen. Mit Pastor Johann Boldewan, ehemaliger Abt des pommerschen Klosters Belbuck, besprechen sie die veränderte Gottesdienstordnung, klären die Einkünfte der kirchlichen Hospitäler und versäumen es nicht, die Schulmeister einer eingehenden Prüfung zu unterziehen.

● Ein Kundschafter läuft über

Noch immer haben die Justizbehörden den geschädigten Kaufmann Kohlhase, der sein gutes Recht auf eigene Faust erzwingen will (→ S. 81), nicht gefaßt. Mittels klingender Münze dingen sie einen Ackerknecht aus Beelitz, das Versteck des Gesuchten aufzuspüren.
Auf verschlungenen Wegen, über Mittelsmänner und Kuriere, findet Hans Voit zu der verfemten Schar. Wie Schuppen fällt es ihm plötzlich von den Augen: Zwar nicht das kurfürstliche Gesetz, wohl aber das einfache menschliche Recht ist auf des Kohlhasen Seite. Das Herz spricht eine deutliche Sprache! Was scheren ihn noch seine Auftraggeber, flugs schließt er sich den gesetzlosen Rächern an.
27. Mai 1535, eine Frühlingsnacht. Gestalten mit rußgeschwärzten Gesichtern haben hinter Treuenbrietzen die sächsische Grenze überquert. Ihr Ziel, die herrschaftliche Mühle von Gömnigk. Der schlaftrunkene Müller weiß nicht recht, wie ihm geschieht, da züngeln die Flammen schon am trockenen Gebälk. Windstöße fahren in die Flügel. So weit auch der Feuerschein ins Land hinein leuchtet, kein Bauer eilt herbei zum Löschen. Mag doch der Adelsherr selber Wasser schöpfen!
Im Juli 1535 fällt Hans Voit der Obrigkeit in die Hände. Gerichtliche Folterknechte gehen an ihr grausiges Handwerk; wollen mit bewährten Methoden erreichen, was die gezahlten Silberlinge nicht vermochten. Auf dem Streckbett dehnen sie seinen Leib, mit glühenden Eisen sengen sie die Haut, in Daumenschrauben zerquetschen sie Finger und Zehen. Seine Zunge aber, die lösen sie nicht. Der Geschundene bleibt stumm, nicht einen einzigen Namen geben die versteinerten Lippen preis. Vor seinen geschlossenen Augen ziehen noch einmal die vogelfreien Gefährten vorbei. Der Schneidergeselle Jakob Politz aus Gransee, der Stallknecht Jakob Tylicke aus Groß Machnow, der Beelitzer Tagelöhner Hans Heß, der Ackerknecht Hans Borkwitz aus Golßen, der Pastorensohn Paul Stolz. Auf dem **MARKTPLATZ** besteigt der kaum Zwanzigjährige das Schafott. Mit einem Wagenrad hat ihm der Henker vor gaffender Menge die Knochen zerschlagen.

● Heimatmuseum: Burg Eisenhardt

HAGELBERG

● „Die Macht des Gemütes …

ist es, welche den Sieg erringt!" Ein Satz General Scharnhorsts, der sich am 27. August 1813 in der Schlacht von Hagelberg als richtig erweist. Im Gegensatz zu den professionellen Linientruppen besteht die preußische *Landwehr* aus Zivilisten: Zu den Waffen gerufene Handwerker und Bauern zwischen dem siebzehnten und dem vierzigsten Lebensjahr. Oft nur mit Beil und Pike bewaffnet, in einfachem Tuch und zerschlissenem Schuhwerk, aber mit standfester Kampfmoral.
„Patriot, schlag ihn tot / Bonaparte, den Erzkujon / Mit der Pike ins Genicke / Daß er kriegt die Schwerenot." Vor vier Tagen sind die napoleonischen Besatzungsheere bei Großbeeren (→ S. 56) in die Flucht geschlagen worden, und nun unterliegen sie im Hügelland des Flämings ein zweites Mal.

Hagelberg, schon der Name klingt martialisch nach Donner- und Hagelschlag. Das Dorf heißt wie der Berg, und der ist nicht irgendwer. Wir stehen hier auf dem höchsten Punkt der Mark Brandenburg, sage und schreibe 201 Meter über dem Meeresspiegel, und merken es kaum! Wahrlich kein berauschender Gipfel, gerade mal ein Feldherrn*„hügel"*. Hinauf und hinab wogt das Gefechtsgetümmel, hin und her stoßen die feindlichen Angriffskeile, von Lübnitz bis Klein-Glien, dringen vor und werden wieder zurückgeworfen. Bis hinzureitende russische Kosaken in der Flanke schließlich die Entscheidung bringen. (Für Hobby-Strategen nachzuerleben im zinnsoldatischen Diorama des Heimatmuseums Belzig). Auf dem **WINDMÜHLENBERG**, auch nicht viel von einem Berg, erinnern Denkmalsreste aus dem Jahre 1849 an die opfermütige Landwehr. Auf bröckligem Sockel, anstelle der verschollenen Borussia, ein Findlingsstein; seitlich der siegreiche General.
Am südlichen Dorfrand beschwört Denkmalsgemäuer jüngeren Datums (1955) die *„deutsch-russische Waffenbrüderschaft"*. Eine unscharfe Formulierung aus (un)seligen DDR-Zeiten. *Preußisch*-russische Waffenbrüderschaft müßte es historisch korrekt heißen, kämpften doch in den französischen Reihen nicht wenige Sachsen, Thüringer und Westfalen.

WIESENBURG

● Wenn ein Bildhauer auf Rache sinnt

Dem Schloßturm sieht man es noch an, daß er einmal ein wehrhafter Bergfried war; im übrigen ist die alte Burg gegen Ende des 16. Jahrhunderts zu einem Renaissanceschloß umgestaltet worden. Wesentlichen Anteil daran soll der niederländische Bildhauer Alexander Colins gehabt haben, von dessen Wirken die Leute eine hämische Geschichte erzählen. Sein architektonisches Meisterstück, der spielerisch verzierte Hofbrunnen, gefiel zwar dem feinsinnigen Grafen, nicht aber dem grobschlächtigen Schloßhauptmann Mende. Firlefanz! Eines Nachts, als Colins von einer Wanderung nach Wittenberg zurückkehrt und Einlaß begehrt, läßt jener ihn buchstäblich im Regen stehen. Erst nach Sonnenaufgang senkt sich die hölzerne Zugbrücke. Der Künstler weiß seinen Zorn zu verbergen und geht sogleich an die Arbeit.

AUF DEM TOR vor der Schloßbrücke überdauert das Werk die Zeiten: Ein klägliches Männeken mit Lanze und Schild, unverkennbar der alte Mende. Gewütet hat dieser und getobt, aber Graf Benno hat schallend gelacht. Und der Bildhauer ist wohlgemut von dannen gezogen.

● Hermann Boßdorf? Nie gehört

„Die Heimatstadt ihrem großen Sohn", diese Worte auf dem Findlingsstein vor seinem **Geburtshaus, KIRCHSTRASSE 1**, sind wörtlich zu nehmen. Nur zehn Kinderjahre hat Hermann Boßdorf (1877–1921) hier gelebt. *„Min Vaderhuus in Wiesenborg up den hogen Fläming liggt in den Schadden von an ole Kark un to Föten von en olt Slott."* Im fernen Hamburg macht der Auswanderer als niederdeutscher Mundartdichter sein Glück.

Bahnmeester Dood. Ob es noch eine Bühne aufführt, das Erfolgsdrama vom betrogenen Bahnwärter, den Eifersucht zum Mörder und Gewissensnot zum Selbstmörder werden lassen? Oder *De Fährkrog*, ein böses Gleichnis dieser Welt aus Habgier, Wollust, Tod ... und Rettung.

RABEN

● Die Scheune von Burg Rabenstein

Ein Viertelstündchen vom Dorf ragt auf dem 153 Meter hohen *Steilen Hagen* ein Burggemäuer, wie es im Buche steht. Schon seit dem 13. Jahrhundert schaut der Bergfried aus grobem Feldgestein ins Land hinaus, läßt die fern vorbeiführende Handelsstraße von Wittenberg nach Belzig nicht aus dem begehrlichen Auge. Ein idealer Ausgangsort für die Erhebung von Straßenzoll oder auch für formlosen Straßenraub; für betroffene Kaufleute oft kein wesentlicher Unterschied.
Besondere Aufmerksamkeit verdient die Vorburg mit ihrer altertümlichen VORRATSSCHEUNE. Das tonnenförmige Bohlensparrendach birgt gewaltigen Stauraum und ist den Dörflern stets ein Dorn gewesen; bis ins 19. Jahrhundert hinein hatten sie den adligen Burgherren Abgaben zu leisten, in Zins und Naturalien. Dazu kamen Hand- und Spanndienste sowie die Treiberpflicht bei herrschaftlicher Hasenjagd. Und wehe, zur Sommerszeit versiegte der fünfundsiebzig Meter tiefe Burgbrunnen, dann hieß es auch noch Wasser schleppen.
Die *Weidgerechtsame* in den umliegenden Eichenwäldern gehörte exklusiv dem Gutsherrn. Allein seine Schweine waren befugt, sich an den nahrhaften Eicheln zu mästen. Die Flämingbauern haben das nie eingesehen, läßt doch der liebe Gott die Bäume für alle wachsen. Und vielleicht stammt ja auch die rettende Idee von ihm: Wenn man schon nicht die Tiere zum Futter ins Gehölz treiben durfte, dann trug man eben das Futter zu den Tieren. Herbstliches Eichelnsammeln entwickelte sich zu einem bewährten Brauch, nur durfte sich niemand erwischen lassen. Und just solches passiert im Dezember 1748 einigen Einwohnern von Groß-Marzehns. Die Brüder Peter und Erdmann Schüler, des letzteren Weib samt Magd, Andree Höpners Frau, die arme Kossätin Krügerin sowie die Paulin laufen mit ihren vollen Kiepen direkt in die Arme des gestrengen Waldhüters. Ludwig Maximilian Böseke auf Rabenstein möchte nicht eine einzige Eichel missen und verklagt die Übeltäter beim Belziger Amtmann. Auf Zahlung empfindlicher Geldbußen.

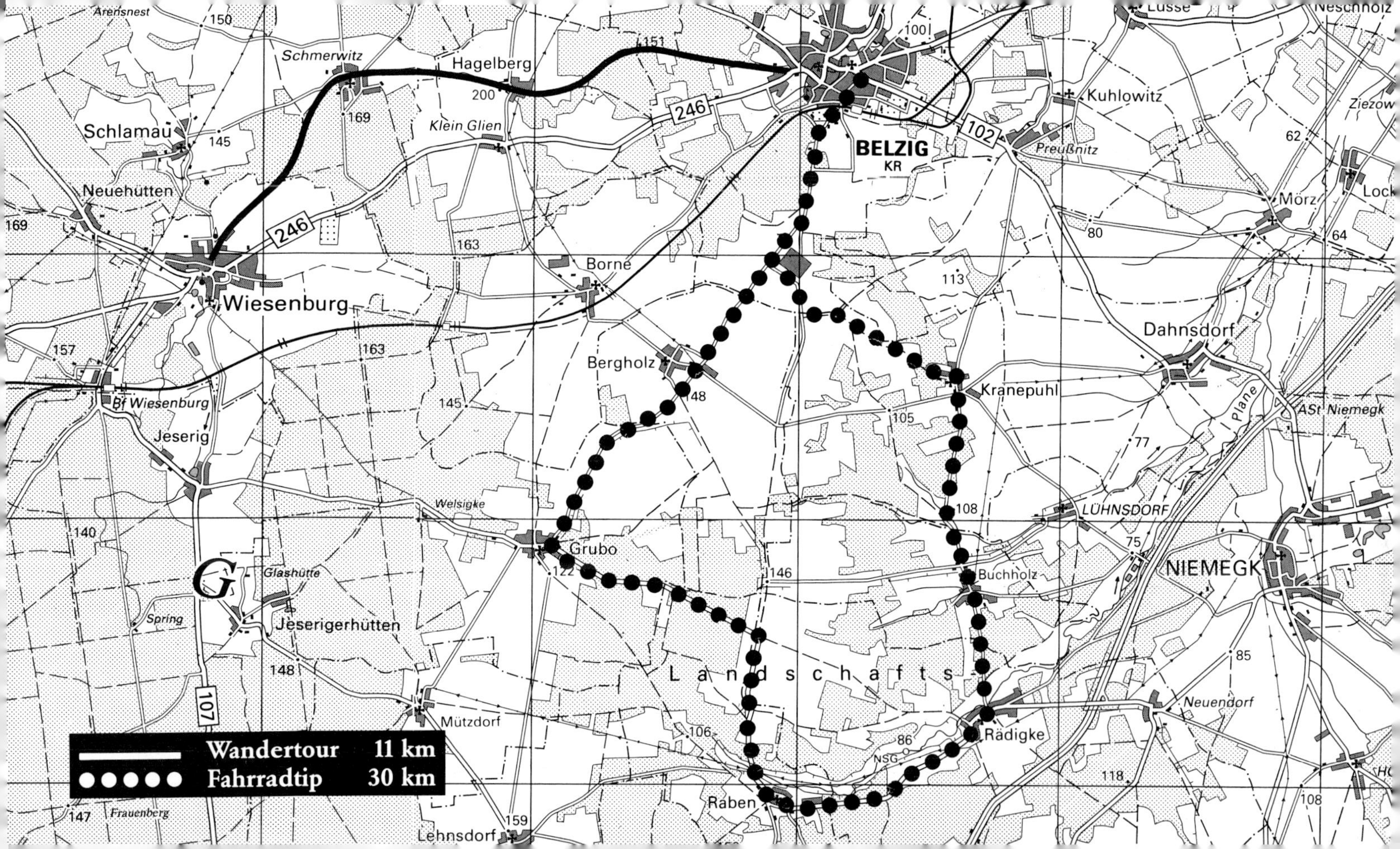
Wandertour 11 km
Fahrradtip 30 km
BELZIG
KR
Wiesenburg
NIEMEGK
Schlamau
Neuehütten
Schmerwitz
Hagelberg
Klein Glien
Borne
Bergholz
Kranepuhl
Dahnsdorf
Kuhlowitz
Preußnitz
Mörz
Lock
Ziezow
Lusse
Neschholz
LÜHNSDORF
Buchholz
Rädigke
Raben
Neuendorf
Grubo
Welsigke
Glashütte
Jeserigerhütten
Jeserig
Bf Wiesenburg
Mützdorf
Lehnsdorf
Spring
Frauenberg
Arensnest
ASt Niemegk
Plane
Landschafts
NSG
246
102
107

▲ *Schloß Wiepersdorf*
▼ *Ruine Bärwalde*

7.

Bettina v. Arnims „innere Tanzmusik“

– *Wiepersdorf / Bärwalde* –

„Dem Leben, wie sie's litten / Auf's Grab der Blume Lohn / Für Achim Margeriten / Und für Bettina Mohn.“
Es mag ein warmer Augusttag gewesen sein, als der Dichter Günter Eich an den Gräbern der großen Vorgänger verharrte. Wieder ist nun Sommer, und ich habe seinen Rat befolgt. Feuerrot flammte die Blume des Rausches am Wegesrand nach **Wiepersdorf.** Feuerrot leuchtet ein Sträußchen auf der steinernen Grabplatte.
Neben der turmlosen Dorfkirche ruhen hinter einfriedendem Gitter drei Generationen derer v. Arnim. Im Schutze stattlicher Lindenbäume. Ob sie wirklichen Frieden gefunden hat, die heiß und ekstatisch Empfindende, die *„Menschensüchtige“?*
„Meine Seele ist eine leidenschaftliche Tänzerin, sie springt herum nach einer inneren Tanzmusik, die nur ich höre und die anderen nicht“, vertraute Bettina Brentano (1785–1859) als Fünfzehnjährige ihrem Bruder Clemens an. Einen Kobold hat man sie genannt, eine Sibylle, eine *„Hohepriesterin der Liebe“.* Verwickelte doch die Zweiundzwanzigjährige den schon gereiften Goethe in verehrungsvolle, schwärmerische Briefwechsel.

Im Jahre 1811 heiratet die großbürgerliche Kaufmannstochter den Dichter Achim v. Arnim. Brotarmer Romantiker und Herr über ein heruntergewirtschaftetes, verschuldetes Gut in der ländlichen Abgeschiedenheit des Fläming.
„Hier in Wiepersdorf ist es so still, so abgeschnitten von allem Weltlärm, daß, wenn etwas rumpelt in der Ferne wie ein Wagen, so glaubt man eher, es sei ein Geist, als daß man darauf rechnet, daß Menschen zu einem kommen.“ Diese gespenstische Stille, vom Froschkonzert im Enten-

teich einmal abgesehen, wirkt bis heute fort, wenn man gedankenverloren die steinerne Götterwelt des Gutsparks durchwandelt. Nur glaube niemand, so ästhetisch fein sei der Anblick schon dazumal gewesen. Die Barockstatuen entstammen dem Kunstsinn eines wohlhabenderen Enkels, und das Schlößchen, es war *„inwendig ziemlich verfallen."*

Besucher Wilhelm Grimm, Professor und Märchensammler, schildert im Juni 1816 die mißliche Situation der Gastgeberin: *„Bettine führt die Haushaltung selbst, hat alles Schwere, z. B. gutes Kochen, leicht erlernt, hat aber keine Lust an diesem Wesen, daher wird ihr alles sauer und ist doch in Unordnung."*

Mit anfänglichem Elan hatte sie sich in die neuen Hausfrauen- und Mutterpflichten gestürzt. *„Ich webe jetzt Leinwand zu Wischtüchern für Gundel, dafür soll sie mir bunte Wolle und Garn kaufen, wovon ich wieder Röcke und Kleider wirken kann."* Doch bald enthalten ihre Wiepersdorfer Briefe zunehmend beschwerlichere Untertöne. Verhaltene Klagerufe aus den Niederungen des Alltags. Vom kärglichen Abendessen, von Kartoffeln und sauren Gurken, von zerschlissenen Hosenträgern, sogar von einem selbstgefertigten Abtrittsdeckel. *„Das Schreiben vergeht einem hier, wo den ganzen Tag, das ganze Jahr, das ganze liebe lange Leben nichts vorfällt, weswegen man ein Bein oder einen Arm aufheben möchte."* Was ist bloß geworden aus jenem lebenshungrigen jungen Wesen, welches sich stets hüten wollte *„vor dem Mottenfraß der Häuslichkeit"*. Wie hatte sie doch einstens proklamiert: *„Ich weiß, was ich bedarf: Ich bedarf, daß ich meine Freiheit behalte. Zu was? Dazu, daß ich ausrichte und vollende, was eine innere Stimme mir aufgibt zu tun."* Und nun? Schwangerschaften, Kinderkrankheiten, Geldsorgen, Haushaltstrott.

Zeitsprung, Schauplatzwechsel. Durch Kossin und Weißen bin ich nach **Bärwalde** hinübergeradelt. Eine Kastanienallee führt vom Dörfchen zum verschwundenen Schloß. Nur der mittelalterliche

Burgfried, aus dessen grobschlächtigem Gemäuer eine Birke sprießt, hat die volkseigenen Abbrucharbeiten des Jahres 1947 überdauert. Seine feldsteinernen Brocken mögen den Baumaterialisten zu klobig erschienen sein. Fledermäuse schätzen die intakten Kellergewölbe als Winterquartier.
„Heute morgen fiel mir zum wenigsten die ganze Bodentreppe mit den korntragenden Knechten über meinem noch schlafenden Haupte ein, welches nicht anders lautete, als wenn eine Festung gestürmt würde.“
Bereits im November 1839 steht es mit den Baulichkeiten nicht zum Besten. Bettina und ihre Kinder, kürzlich in diesen unverpachteten Familienbesitz übergesiedelt, lauschen dem Herbstwind, *„der seit ein paar Tagen sich hartnäckig Eingang durch die losen Fenster und Türen zu schaffen sucht.“*
Es gibt ein probates, in Adelskreisen wenig gebräuchliches Gegenmittel: *„Wir lachen uns warm und singen uns warm, was mir nicht schlecht gelingt; denn meine Stimme ist voll Feuer vermöge der Energie, die sich in meinem Herzen regt, seitdem es sich erkühnt, seine Stimme laut werden zu lassen.“*
Wir begegnen hier einer Frau, die zu den Jugendträumen eines freien Eigenlebens zurückgefunden hat. Belebte Berliner Jahre liegen inzwischen hinter ihr, ein renommierter literarischer Salon. Frequentiert von so brillianten Zeitgeistern wie Heinrich Heine, Christian Daniel Rauch, Alexander und Wilhelm v. Humboldt, Ferdinand Lassalle, Leopold v. Ranke.
Nun ist die Eigenwillige erneut aufs Land gezogen und verfaßt eine Publikation mit unerhörtem Titel: *„Dieses Buch gehört dem König.“* Ein Gewitter von Gedankenblitzen, eine Kanonade von Reformideen, freiheitlich und egalitär. Friedrich Wilhelm quasi ins Stammbuch geschrieben. *„Bauen Euer Majestät den Dom nicht in den Lustgarten“*, appelliert sie angesichts des Weberelends, *„bauen Sie ihn in zerstreuten Hütten auf, dort in Schlesien.“* Dem prassenden Adel ruft die Mitleidende zu: *„So mach er statt Luxusanlagen von Tempeln und Grotten und tanzenden Wassern Anlagen für Heimatlose, und sein Sommerplaisir, die english cottage mach er zur deutschen Hütte, worin deutsche Armut sich erholt. Den englischen Rasen teil er aus zu Feldern für Kartoffeln und Brot.“*
Bettina ergreift als eine der ersten Frauen ihres Jahrhunderts das politische Wort. Für die entlassenen Göttinger Professoren, für Hoffmann v. Fallersleben, für den eingekerkerten 48er Gottfried Kinkel. Klinge es dem König in den Ohren! *„Revolutionen sind keine Verbrechen, sondern die Folge von Verbrechen . . .“*

DAHME

● Zum Abendmahl nach Sachsen

Nach seinem Geburtshaus fahnde ich in den Gassen vergeblich. Im Heimatmuseum, wo ein farbiges Pastell-Portrait von der Wand blickt, erklärt man mir den Grund. Die Feuersbrunst vom 27. Juni 1666 verzehrte, mit Ausnahme des Schlosses sowie dreier Bürger- und zweier Hirtenhäuser, die gesamte Stadt. Alle Akten sind verbrannt, der Standort seines Elternhauses ist vergessen. Nur der BUCHHOLZERWEG, seitlich der Marienkirche, erinnert an den mutigen Reformator.

Georg Buchholzer (1503–1566), Ratsherrensohn, wanderte in das zwei Tagesmärsche entfernte Wittenberg, um dort die neuen Lehren Luthers zu studieren. Im sächsischen **Schöna** übernimmt der junge protestantische Prediger seine erste Pfarrstelle. Auch wenn noch Scheiterhaufen drohen, er scheut sich nicht, das Abendmahl *„in beiderlei Gestalt"* darzureichen: Brot und Wein. Nicht nur ordinierte Priester, nein, auch einfache Christen werden nun des Blutes Jesu für würdig befunden! Manch ein Bürger des (noch) katholischen Dahme schlüpft sonntags auf verbotenen Wegen über die Grenze. Vorsicht ist geboten, wacht doch der papistisch gesinnte Burghauptmann Kaspar v. Lindemann über den alten Glauben. Ich habe es den Grenzgängern nachgetan, allerdings hoch zu Stahlroß und auf der heutigen Landstraße. Eine Angstschweiß treibende Grenze gibt es längst nicht mehr. Stattdessen raubt in den Kolpiener Bergen, kurz vor Schöna, eine unvermutet starke Steigung den Atem. Atemschöpfend vor der Dorfkirche angelangt, muß der Radler von einer freundlichen Küstersfrau erfahren, daß das Gemäuer gar nicht aus Buchholzers Zeiten stammt. Der verheerende Brand von 1777... da half nur Neubau von Grund auf.

Höhepunkt jenes Theologenlebens für einen erneuerten Glauben ist die Berufung nach Berlin. Am 14. September 1539 hält der Bekenner im Dom den ersten evangelischen Gottesdienst; in Gegenwart des prunkgewohnten Kurfürsten. *„Hat Euer Herr an einem Chorrock nicht genug, so ziehet ihrer dreie an"*, Martin Luther rät zum Kleiderkompromiß.

● Festungshaft für eine Unterschrift

Gehen Sie doch mal ins Trauzimmer des Rathauses! Auch ohne eheliche Absichten finden Interessierte bereitwillig Einlaß. An der Wand hängt ein Gemälde der alten Nikolaikirche, die bis zu ihrem Abbruch (1893) an eben dieser Stelle stand und als **RATHAUS** diente.

3. April 1848. Empörte Bürger, geführt von Webermeister Gottlieb Buhl, stehen vor der Tür. Kaum hat Bürgermeister Kluge den Sitzungssaal geöffnet, da prasseln auch schon Beschimpfungen und Beschuldigungen auf ihn hernieder: Unterschlagung, Mißwirtschaft, Trunksucht. Der Stadtverordnete Kniesche fordert ordentliche Zahlungsbelege für die Feueropfer vom Töpfermarkt. *„Et stimmt nich, Ihre Sache is nischt, wir wollen Sie nich"*, ruft Kürschner Carus in die Runde und trifft haargenau die Stimmung der Versammelten. *„Es ist schändlich"*, tobt Kaufmann Seiffert über die Höhe der Gewerbesteuer und spuckt verächtlich auf den Boden. *„Es gibt hier Spione, die der Regierung anzeigen, wer noch etwas geben kann. Herunter mit den Verrätern!"* Lautes Hurra und bekräftigendes Trommeln auf den Tischplatten. Tags darauf haben sich die Bürger erneut im Rathaus versammelt, und ihre Erregung ist hitziger als je zuvor. Eine Proklamation, von Hand zu Hand gereicht, findet begeisterten Zuspruch: Zweihundertfünfzehn Unterschriften entheben den Bürgermeister seines Postens! Mit sofortiger Wirkung.

6. April 1848. Nach drei Tagen ist der Volkszorn verraucht, und die Stadtverordneten haben Angst vor der eigenen Courage bekommen. Um regierungsamtliche Sanktionen abzuwenden, formuliert die Mehrheit einen reuigen Kotau: *„Bei heutiger Stadtverordneten-Versammlung kam zur Sprache, wie sie am 4. April etwas notgedrungen und im Interesse der öffentlichen Sicherheit getan habe, was ihr nicht zustand. Sie erklärt auf das feierlichste, daß sie die provisorische Verwaltung nur einrichtete, um die Aufregung der Bürger zu beschwichtigen... Wir bitten deshalb, das Geschehene nicht als eine strafbare Gesetzwidrigkeit ansehen zu wollen. In tiefster Ergebenheit."*

Der Kniefall hat nichts genützt, für 196 Unterzeichner folgt ein gerichtliches Nachspiel. 637 Monate Festungshaft und 365 Monate Gefängnis wird die Justiz im *„Aufruhrprozeß"* vergeben, zwei bis achtzehn Monate pro Delinquent. Die preußische Moral von der Geschicht': Einen Bürgermeister jagen Bürger (ungestraft) aus dem Amte ... nicht!

● Otto (Un)verdorben

Im Eckhaus, HAUPTSTRASSE 46, ist er 1806 geboren und siebenundsechzig Jahre später auch gestorben. Am **Hauptweg zur Friedhofskapelle** haben sie ihn in die Erde gesenkt, den Kaufmann und nichtrauchenden Zigarrenfabrikanten, den Chemiker und Erfinder des Anilins. *„Arm kriegen sie mich doch nicht"*, pflegte er zu sagen, wenn Buchhalter und Kommis heimliche Tauschgeschäfte (Tabak gegen Schinken) mit der benachbarten Schlächterei betrieben.
Am 25. Juli 1850 verfaßt der Stadtverordneten-Vorsteher ein Gnadengesuch an den König, zugunsten seiner 196 wegen *„Aufruhr"* verurteilten Mitbürger. Er selbst, ebenfalls Unterzeichner der sträflichen Amtsenthebung des Bürgermeisters, gehört zu den Freigesprochenen. Wie kann so etwas sein? Kaufmannskollege Seiffert geißelt in einem Leserbrief an den Dahmer *Öffentlichen Anzeiger* das wenig rühmliche Verhalten. *„Hört! Hört! Wie sich aus den Akten ergeben, hat Herr Unverdorben seine Unterschrift deshalb wieder zurückgenommen, weil er zum Unterschreiben gezwungen worden sei. Ich habe neben ihm gestanden und gesehen, wie er ganz bedächtig das Protokoll durchgelesen, selbst die Feder ins Tintenfaß getaucht und so freiwillig seine Unterschrift vollzogen hat. Bekanntlich ist dieser Herr später als Zeuge gegen die übrigen Angeklagten vernommen worden! Gesetzt, es hätte jeder von uns dasselbe getan, dann gäbe es ja nur Zeugen und keine Verurteilten."* Verdorbener Feigling oder verschmitzter Schwejk?

Zum letzten Mal erhebt sich lärmender Bürgerzorn. Eine kleine Nachtmusik, eine *„Katzenmusik"*, erklingt vor den Fenstern von Bürgermeister Kluge, Kämmerer Schulze, Richter Vogel, Superintendent Ende und jenes Schlaumeiers, der seinen Kopf noch aus der Schlinge gezogen hat. Schrille Töne lassen gar einige Fensterscheiben zerspringen.
Die Stadtobrigkeit schreitet zum Gegenschlag. Eine amtliche Untersuchung des Krawalls wird eingeleitet, wer waren die respektlosen Radaubrüder? Verhör folgt auf Verhör, Akte türmt sich schon auf Akte: Da steigt eine nächtlich graue Gestalt durch das Amtsstubenfenster und nimmt die Protokolle mit. Alle weiteren Ermittlungen verlaufen im märkischen Sande.

● Heimatmuseum: Töpferstraße 16

● Verse eines Schmiedegesellen

In der HAUPTSTRASSE 61 stand im vergangenen Jahrhundert eine Schmiede, das Geburtshaus von Friedrich Wilhelm Kullrich (1821–1887). *„Bedeutender Münzmedailleur“* kündet seine Gedenktafel, und tatsächlich hat er die Prägestempel ungezählter Münzen geschnitten.

Am 6. Juli 1848 veröffentlicht der Schmiedegeselle und Kunststudent im lokalen Wochenblatt eine freiheitsdurstige Ode auf die im Berliner Friedrichshain ruhenden Barrikadenkämpfer der Märzrevolution. Gedenktafellesern bleiben solche Zeilen leider verborgen.

„Nacht ist's! Helle Sterne glänzen / Ruhe deckt den Hain; es rauschen nur / Die Zypressen und die Trauerweiden / Auf der stillen düstern Todtenflur // Und ich sitze an dem Riesengrabe / Einsam. Die Gedanken drängen sich / Mir zum Herzen. Der Gefall'nen Schatten / Steigen aus dem Grab, umringen mich // Eine Schaar, dreihundert Heldenseelen / Steh'n vor meinem Auge, blutbefleckt / Hohl die Wangen und im Antlitz Grausen / Hat die Mitternacht sie aufgeweckt // Ihre Blicke schauen von dem Hügel / Nach der theuern Vaterstadt / Suchen nach der Fahne Freiheit / Die ihr Heldenblut besiegelt hat // Da erfaßt's mich und durch mein Gebeine / Rieseln Schauer. Mächtig klopft das Herz / Seh' dann jeden seine Hand erheben / Rings im Kreis, die Blicke himmelwärts // mir däucht's, sie schwören ew'ge Rache / Jeder Knechtschaft, jeder Tyrannei / Schwören beizustehn dem Unterdrückten / Und der Unschuld, wer's auch sei // Unvermerkt hatt' ich die Hand erhoben / Als die Geister diesen Schwur gethan / Ich gelobte, immerdar zu streiten / Für die Freiheit, so ich es nur kann // Für die Geistesfreiheit denn vor allem / Für die Bildung, welche uns befreit / Aus der Dummheit und des Wahnsinns Banden / Ihr sei stets mein Kopf und Herz geweiht // Der Tyrannenmacht und dem Erob'rer / Droht mein Arm, ihm droht mein Schwert / Tod und Rache, jegliches Verderben / Sterne! Ihr habt meinen Schwur gehört.“

Auch König Wilhelm I. scheinen diese Verse entgangen zu sein. Ahnungslos beruft er im Jahre 1861 den talentierten und mittlerweile erfahrenen Kunsthandwerker zu seinem Hof-Medailleur. Dessen Medaillen *(„Westentaschendenkmale“)* zeigen mit Vorliebe Personen, Ereignisse, Feierlichkeiten des aufstrebenden Bürgertums. Und eines wird der Freisinnige zeitlebens vermeiden: Nie wird er eine Medaille zu Ehren von Reichskanzler Bismarck ausprägen ... das ist er den Gefallenen im Friedrichshain schuldig.

● Heimatforscher und Weltverbesserer

Wer seine GRABSTÄTTE sucht, der halte nach zwei Tannen Ausschau, die sie links und rechts flankieren. „*Heimatforscher*" lesen wir auf dem schlichten schwarzen Stein. Max Wald (1869–1945), Schulmeister und Leiter des Heimatmuseums, Bewahrer und Veränderer.

„Der Deutsche glaubt, daß zur Zierde eines Platzes oder Hügels unbedingt ein Denkmal gehört. Sind überhaupt Denkmäler nötig? Gewiß, doch nicht gar so geschmacklos und in solch großer Zahl, daß man von einer Steinkrankheit reden kann . . . Blühende Bäume sind besser als starre Steine."

Ein zweites Wort hätte der friedhöfliche Steinmetz einmeißeln sollen: „*Weltverbesserer*". Nicht nur die Heimat, auch die große weite Welt lag dem Gedankenvollen am Herzen. „*Das Ziel müssen die Vereinigten Staaten von Europa sein. Man denke sich unseren Erdteil in Kantone eingeteilt, die sich fröhlich selbst regieren, jedoch vieles gemeinsam besäßen, z. B. Münzen, Maße, Gewichte, neben der Landessprache eine Weltsprache.*" Esperanto scheint ihm grammatisch zu kompliziert, und so bietet er eine eigene an, das Pan-kel. Pan = Welt (griechisch), Kel = Sprache (estnisch). Bubi broto e biro ne, die Knaben aßen Brot und tranken kein Bier.

Vorschläge zu Vereinfachungen und Verbesserungen lautet der Titel seines in drei Auflagen gedruckten Heftchens. Ein kunterbuntes Ideen-Arsenal.

Vorschläge
zu Vereinfachungen
und Verbesserungen.
Von Max Wald.
2. Auflage. (Die 1. Auflage erschien 1924).
17. Fläminghеft.

„*Werden in einer Stadt neue Straßen angelegt, so führe man sie nicht schnurgerade, sondern in leichten Bogen, wie es unsere Vorväter machten . . . Schon Goethe meinte, die gerade Linie sei der Tod alles Schönen.*" Ästhetik und Ökologie gehen schon 1924 Hand in Hand: „*Fort mit solchem Polizeigebot, wonach das Gras auf den Bürgersteigen zwischen den Steinen weggekratzt werden muß. Man hege im Gegenteil diese niedrige Grasnarbe, weil sie die Staubbildung hindert, Stiefelsohlen schont und durch das Grün das Auge mehr erfreut als der graue Sand.*" Der städtische Schilderwald ist ihm ein Greuel. „*Fort auch mit allen Warnungstafeln an Ecken und Anlagen . . . Ein Gesitteter pflückt mit oder ohne Polizeiverbot im öffentlichen Parke keine Blumen ab. Er wirft ja auch keine Fensterscheiben ein, trotzdem am Hause Warnungstafeln fehlen.*"

Wohl aus leidvoller Schulpraxis erwächst dem Pädagogen eine beißende Maßnahme: „*Vätern, die ihre Kinder verwahrlosen lassen, muß man die Ermäßigung der Steuern entziehen, dann würden sie sich mehr um die Kinder kümmern. Statt Verwahrlosung der Jugend kann es oft wohl Verwahrlosung der Eltern heißen.*"

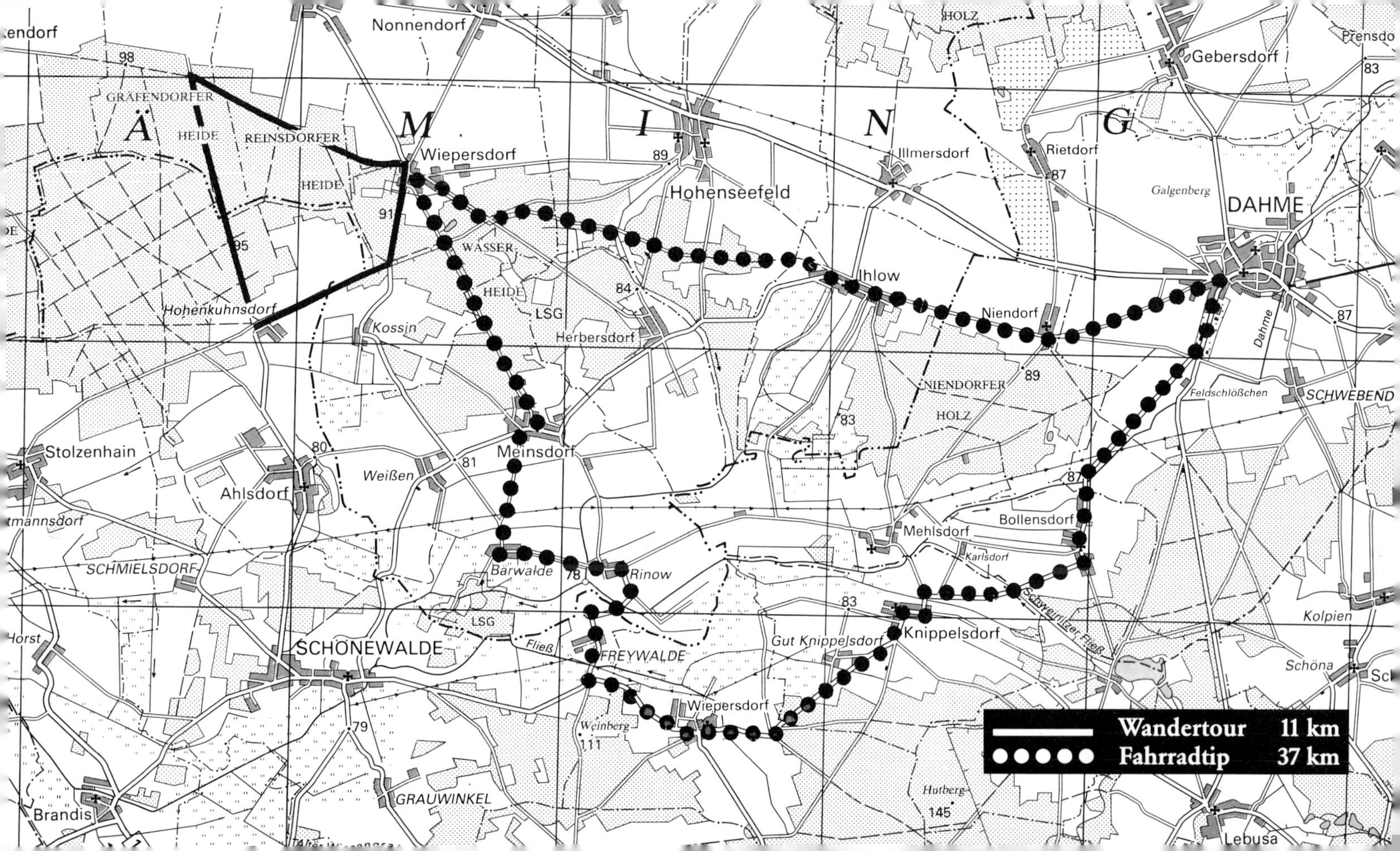
Wandertour 11 km
Fahrradtip 37 km
DAHME
Gebersdorf
Rietdorf
Illmersdorf
Hohenseefeld
Wiepersdorf
Nonnendorf
Ihlow
Niendorf
Galgenberg
Herbersdorf
Kossin
Hohenkuhnsdorf
Meinsdorf
Weißen
Ahlsdorf
Stolzenhain
SCHMIELSDORF
Bärwalde
Rinow
SCHÖNEWALDE
FREYWALDE
Wiepersdorf
Weinberg
Gut Knippelsdorf
Knippelsdorf
Mehlsdorf
Karlsdorf
Bollensdorf
Feldschlößchen
SCHWEBEND
Kolpien
Schöna
Lebusa
Brandis
GRAUWINKEL
Hutberg
NIENDORFER
HOLZ
GRÄFENDORFER
HEIDE
REINSDORFER
HEIDE
WASSER
HEIDE
LSG
LSG
Fließ
Schweinitzer Fließ
Dahme
Ä M I N G

Die Niederlausitz

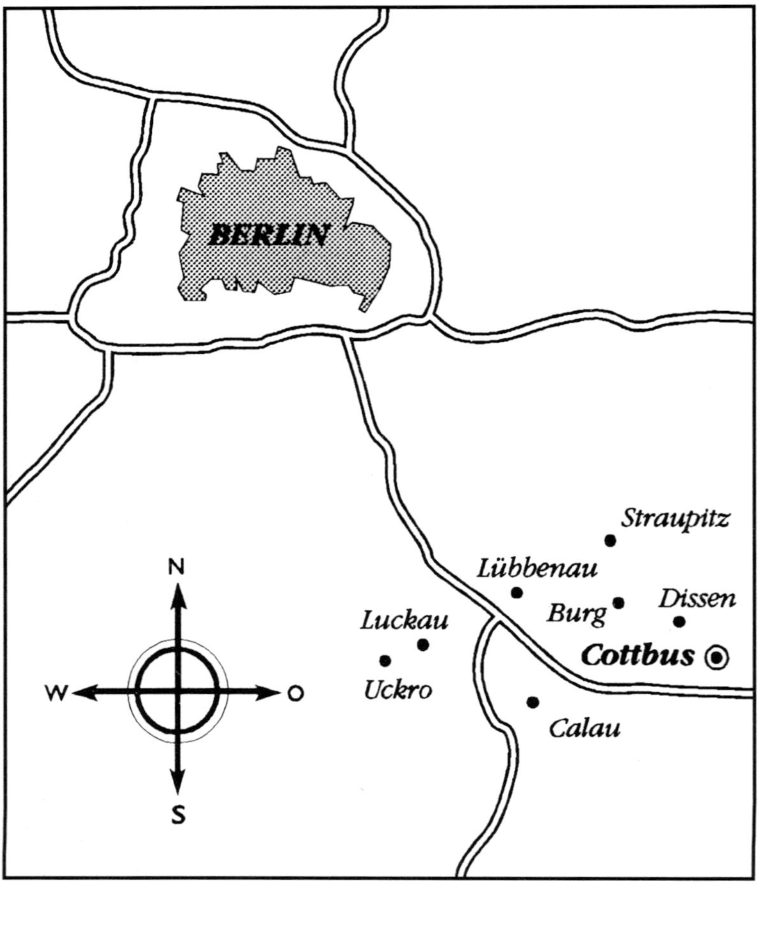

Die „Indianer“ der Mark Brandenburg; mit Waffengewalt unterworfen, ihres Landes und ihrer heimischen Götter beraubt. Auch die Muttersprache wollte man ihnen entreißen ... und hat es beinahe geschafft!

Die Geschichte der Wenden, das sind tausend Jahre Unterdrückung und Erniedrigung. Den germanischen Ritterheeren folgten bäuerliche Siedler auf dem Fuße, begleitet von missionshungrigen Mönchen.

Nach der kriegerischen Niederwerfung die wirtschaftliche Verdrängung. Die fruchtbarsten Böden, die einträglichsten Gewerbe nahmen die Sieger in Besitz. Und suchten auch die geistige Identität, das Selbstbewußtsein der Besiegten zu zerstören. In jahrhundertelangem Ansturm.

Wer will in der heutigen Mark noch Wende sein? Ja, zwischen Neiße, Dahme und Schwarzer Elster gibt es eine Region, wo Menschen noch immer auf ihrer Herkunft bestehen. Auf ihren Traditionen, auf ihren Sitten. Es sind die Sorben der Niederlausitz. „Luciza“, das bedeutet Sumpfland; im schwer zugänglichen Spreewald, in den feuchten Niederungen der Urstromtäler, da konnten sie sich behaupten.

Ich habe mich auf die Suche gemacht nach jenen Namhaften und ungezählten Namenlosen, die stritten ... und litten für ihr Leben aus den eigenen Wurzeln.

Sie sollen nicht vergessen sein, die Bauern von Uckro, Paserin und Pitschen, die sich „Könige“ wählten.

Bedrohlicher Unmut gärte in den Gassen Luckaus, bis auch die sorbischen Bürger Zugang erhielten zu den Innungen der Bäcker, der Fleischer, Schneider und Kaufleute.

Die Pastoren Albin Moller in Straupitz, Christian Knittel in Calau, Jan Chojnan und Kito Fryco Stempel in Lübbenau, mit langem Atem bewahrten sie die bedrängte Sprache.

Bogomil Swjela, Gründer der Domowina, auf daß sich die Rinnsale „zu einem mächtigen Strom vereinen.“

„Da nun der Frühling kam, erwach doch, lebe / Aus Todesschlaf die Flügel hebe“, ruft Mina Witkojc ihrem Volke zu.

8.

Als sorbische Bauern „Könige“ kürten

– Luckau / Uckro –

„Luckau hat eine hohe Pfarrkirche und ein baufälliges Schloß hinter der Lateinschule, es hat ein Stadttor, ist mit Mauern, Türmen und Wasser befestigt“, konstatiert 1530 ein Mönch namens Arnold und fügt bedeutsam hinzu, *„es hat um sich viel wendisches Volk.“* Und nicht nur um sich herum, auch in der Stadt selbst sind zwei ganze Viertel von den Sorben besiedelt.

Seit Jahr und Tag herrscht Zwietracht in den Häusern und Gassen, in den Werkstätten und Marktbuden. Nur bei den niederen Zünften der Töpfer und Leineweber finden wendische Handwerker Aufnahme; die angesehenen Innungen der Bäcker, Fleischer, Schneider und Kaufleute aber bleiben ihnen verwehrt. Ebenso die *Braugerechtsame,* das einträgliche Recht des Bierbrauens. Das macht trockene Kehlen und böses Blut.

Auch unter den deutschen Bürgern gibt es etliche, die der schändlichen Rechtlosigkeit ein Ende setzen wollen; Handwerksgeselle Jacob Eberhard beispielsweise, den man 1546 in aller Öffentlichkeit das *„windische Scheltlied derer von Uckro“* singen hört.

Der (leider nicht überlieferte) Text muß in den Ohren des Stadtrats äußerst anstößig geklungen haben, denn er läßt ein scharfes Bußgeld über den Sänger verhängen.

Bevor die beiderseitigen Emotionen den Siedepunkt erreichen, verfügt Landvogt Graf Albrecht Schlick kraft seines Amtes zugunsten der Benachteiligten: *„das von nun an und alspalt burger und Handtwerksleute in der stad Luckau, so wendischer geburt und abkunft sein von vater oder mutter... zugleich den Teutschen ire handwercken sambt andere burgerliche narungen und gewerben, auch mit bierbrauen und schenken, keufen und verkeufen, handeln und wandeln, nichts ausge-*

nommen, ein jeder nach seinem besten vermugen treiben, pflegen und gebrauchen sollen und mugen, von dem radt und Deutzschen, auch sonst von menniglich doran ungehindert.“

Die alte Stadtmauer, teils aus Backstein, teils aus unbehauenen Feldsteinen, steht heute wie Anno dazumal. Anno 1548 ist es gewesen, da hat der Rat die Torwachen verstärkt, und mancher Luckauer blickte von den Zinnen besorgt ins Land hinaus. Ob sie wohl kommen werden, um ihn zu holen?
Von den sorbischen Bauern umliegender Dörfer ist die Rede sowie von ihrem vermaledeiten Gutsherrn Franz v. Minckwitz. In arger Bedrängnis und allerhöchster Not hatte sich jener hinter das schützende Mauerwerk geflüchtet.
Ich wandere eine gute Wegstunde ins Zentrum des Aufstandes ... nach **Uckro.** *„Nasse Aue“* kündet sein slawischer Name und weist auf die einst sumpfigere Niederung. Vom alten Herrenhaus, im 16. Jahrhundert eine befestigte Burg, ist kein Stein auf dem anderen geblieben; dennoch fällt der ehemalige Standort sofort ins Auge. Noch immer steht das Wasser im umgebenden Graben, und ein leicht erhöhtes Plateau markiert den Grundriß der Fundamente. Kellergewölbe befinden sich darunter, nun ein winterlicher Unterschlupf für Mäuse und Fledermäuse. Dort mögen ehedem die Weinflaschen des Franz v. Minckwitz gelagert haben. Ein Gutsherr ohne Gespür und Augenmaß, der in grenzenloser Gier den Bogen überspannt. Immer höher getriebene Abgaben, immer häufigere Hand- und Spanndienste auf den herrschaftlichen Ländereien: Den Lehensabhängigen bleibt weniger und weniger Zeit für die eigenen Felder.

Untertänige Bitten um Minderung der Fron fruchten nicht, und Verweigerung führt zu harten Zwangsmaßnahmen des Fronherrn: *„Ich habe die Schafe abpfänden lassen, vermeint, sie dadurch zu Gehorsam zu bringen.“* Doch das genaue Gegenteil geschieht. Den Bauern

die Schafe wegnehmen, das heißt, Öl in flackernde Flammen zu gießen; denn ohne den alljährlichen Wollverkauf nach Luckau reicht das täglich Brot nicht zum Leben.
Die Antwort der Beraubten ist offener gewalttätiger Aufruhr, wie Minckwitz voller Zorn und Entsetzen feststellt. Ungeheuerlich! *„Hat sich einer unter ihnen aufgeworfen, welcher sich den Namen Keyser und ein anderer König gegeben, und berathschlagt, sie sollten alle vor einen Mann stehen und eine Rede führen, sie wollten je einen losen Edelmann zu Recht bringen, dazu sich der so zum König erwehlet worden, hören lan, er wolle mich schon zu Recht bringen, daß ich ihm holden (huldigen) müsse."*
Da wagen es doch einfache Bauerntölpel, das Haupt gegen ihren Lehensherrn zu erheben. Nicht nur in Uckro selbst, auch in den Nachbardörfern Paserin und Pitschen, in Pelkwitz, Zieckau, Kreblitz, Goßmar, Beesdau, Riedebeck. Unheimlich und bedrohlich zugleich – sie wählen keine einfachen Anführer, nein, jedes Dorf kürt einen *„Kral"*; niemand Geringeren als einen *„König"!* Drei dieser Sorbenkönige sind im Uckroer Schloßregister namentlich verzeichnet. Nowula-Borick, Lippack-Paulenz, Mischka-Traba. Weder dem Gutsherrn noch dem Landvogt noch dem böhmischen König wollen sie mehr untertan sein; allein Kaiser Karl V. findet als oberste Reichsautorität ihre Anerkennung.
Bald ist Luckau im Westen, Norden und Süden mit aufständischen Dörfern konfrontiert. Sogar die deutschen Bauern von Gießmannsdorf und Waltersdorf haben sich den Rebellierenden angeschlossen. Geflüchtete Adelsherren, mittlerweile schon mehrere an der Zahl, liegen ihren Standesgenossen laut in den Ohren: Ein Landsknechtsheer soll den Spuk beenden!
„So hat der Landvogt endlich die schwere Hand darauf geleget und diese Wendischen After-Könige greiffen lassen . . . und mithin die ganze revolte in ihrer Blüthe ersticket." Auf ihrem blühenden Höhepunkt? In ihrem Blute? Beide Übersetzungen dürften zutreffen. Derselbe Graf Schlick, der sorbischen Handwerkern die Zünfte öffnete, belegt die sorbischen Bauern mit seiner schweren Hand.

Die gerichteten Könige leben viele Menschenalter in der Erinnerung weiter (→ S. 136). Als glimmender Hoffnungsschimmer auf ein künftiges Reich des Rechts. Noch zweihundert Jahre später registriert ein Chronist die *„ernstliche Rede und beständige Tradition von einem heimlichen Wendischen Könige . . . hernach als ein Geheimnis beibehalten und von Geschlecht zu Geschlecht fortgetragen."*

● Merkwürdiges am Roten Turm

Ein nasser Novembertag des Jahres 1991, die *„abgewickelte"* DDR steckt in Wendewut. Der Autor und sein Fotograf halten am östlichen Ortsausgang fröstelnd nach dem **Calauer Tor** Ausschau. Da nähert sich ein Radfahrer, sieht den Fotografen in der Innentasche seiner wattierten Jacke kramen, und blitzartig durchzuckt ihn eine Assoziation. Drei Worte ruft er uns im Vorbeifahren zu: *„Na, Pistole verloren?"*

Das Calauer Tor hat den Zahn der Zeit nicht überdauert, wohl aber der dazugehörige **ROTE TURM**. Nun glaube niemand, sein Name sei das Werk realsozialistischer Agitatoren. Nein, allein die roten Backsteine tragen die Verantwortung; und schön sehen sie aus im Kontrast zu den schwarzen Schieferziegeln. Zum eiligen Passanten spricht eine Gedenktafel, die ihre DDR-Herkunft nicht gänzlich verleugnen kann.

„Am 4. Juni 1813 besiegten vor diesem Tor preußische und russische Soldaten in treuer Waffenbrüderschaft die Napoleonischen Besatzungstruppen. Cottbuser freiwillige Jäger standen in vorderster Linie. Im Kampf um die Befreiung vom Napoleonischen Joch wurde damit der Vormarsch auf Berlin verhindert." Auch eine Wende-Zeit. Napoleons Stern ist im Sinken, seit ihn der russische Winter zurückgeworfen hat. Preußen wittert die Stunde der Befreiung. Des Nachts ist General v. Bülow mit 15 000 Bewaffneten in das Städchen eingezogen. Am Vormittag rücken die Truppen General Oudinots heran und berennen vom rechten Berste-Ufer die Stadtmauer. Der Handstreich mißlingt, nur die Hütten der ungesicherten Vorstädte fallen in Schutt und Asche. Dann der preußische Gegenstoß . . . glorios! Doch bei aller so verständlichen Siegesfreude, liebe Luckauer, es muß einmal gesagt werden: Eure Gedenktafel stapelt hoch. Nicht das hiesige Gefecht stoppte den französischen Vormarsch auf Berlin, solches geschah in der Schlacht von Großbeeren (→ S. 56).

● Heimatmuseum: Lange Straße 71

● Die Ungeduld der Gedrückten

Beim Stöbern im Archiv stoße ich auf einen Wahlaufruf des liberalen Bürgervereins, erschienen im *Luckauer Kreisblatt* vom 29. April 1848. Unüberhörbar gibt die Berliner Märzrevolution den Ton an. Sie hat, so scheint es einen kurzen Sommer lang, den Weg für demokratische Wahlen freigekämpft. Zeichner Adolph Menzel bringt die Wahlbürger zu Papier, in Debatten über die aktuellen Umwälzungen vertieft.

„Eine große Zeit ist gekommen, wie nie. Wir haben lange Zeit in Druck gelebt und in Schmach. Wir haben viel Steuern zahlen müssen, zu viel und zu ungleich verteilte. Die hohen Herren und Rittergutsbesitzer haben zu wenig Grund- und Klassensteuern bezahlt. Die niederen Stände haben um so viel mehr zahlen müssen und sind ihres Lebens nicht froh geworden wegen der Überlast. Die hohen Herren haben die Jagd und Fischerei gehabt, der gemeine Mann den Schaden. Sie haben sich versammeln können auf ihren kostspieligen Landtagen, wir für unsere Interessen nicht. Ja, sie haben ihre eigenen Richter gehabt, denen wir uns fügen mußten. Sie haben ihre Söhne im teuren Heer als Offiziere gehabt, während wir die Abgaben dazu geben und unsere Kinder meist als Gemeine dienen mußten. Und haben wir wegen unserer Lasten die Ehre gehabt? Mitnichten. Die Großen, Adligen und Bürokraten haben unsere Gesetze gemacht. Sie haben gepfiffen, und wir haben getanzt. Wir Handwerker und Landleute, wenn wir uns auch selbst geachtet haben, sind doch nicht für mündig gehalten worden. Sie nennen das alles ihr überkommenes Recht. Und so war es bisher rechtens. Aber sagt, ist ein langes Unrecht, auch wenn es Jahrhunderte dauerte, darum ein Recht, und tut es darum den Gedrückten weniger weh?"

Trotz der blutigen Berliner Märzkämpfe steht Friedrich Wilhelm IV. wieder in hohem Ansehen. Die Bürger glauben (erst im Oktober wird man klüger sein) an einen monarchischen Gesinnungswandel. *„Unser hochherziger König, auf den wir alle halten müssen, hat, da er die Entschlossenheit und Berechtigung des Volkes erkannte, den bisherigen Großen und Stolzen den Rücken gewendet. Er stützt sich von nun an auf sein Volk."*

Ein konstitutionell gebundenes Königtum scheint die ideale Staatsordnung. Das Herz der neuen Verfassung: Ein vom Volk gewähltes Parlament. *„Mitbürger, wir sollen nun allein uns die Gesetze machen, nach denen wir leben wollen im Lande ... Wählt Euch freisinnige Männer, die ein Herz für Euch, die Mut und Entschiedenheit haben, die die gehörige Klugheit besitzen."*

● Hartlebens juristische Durststrecke

„Jetzt hast du nun eine zehnmonatige Zeit vor dir, während welcher du dich ausschließlich mit dem Materiellsten einer Wissenschaft befassen mußt, welche dir bis jetzt innerlich ganz fremd war. Du mußt lernen und ochsen, ochsen und lernen.“ So seufzt im Jahre 1887 ein junger Mann, der sich ein Dichterleben erträumt, auf großväterliche Order aber ein Jura-Studium absolviert, in sein Tagebuch. Vor ihm liegt wie eine versklavende Galeere das zehnmonatige Referendariat in Luckau. *„Wer bürgt dir nun dafür, daß du nicht nach dieser Zeit allen deinen ehemaligen Interessen fremd geworden bist, daß du dich selber verloren hast, daß du nachher leer bist?“* Die Antwort gleich vorweg: Otto Erich Hartleben (1864–1905) selbst und sein literarisches Talent erzwingen den kommenden Erfolg als Lyriker, Erzähler und Dramatiker. Seine Tragödie *Rosenmontag* wird in den Konflikt von unstandesgemäßer Liebesheirat und gesellschaftlich gebotener Vernunftehe führen. Am Pranger stehen Doppelmoral und Kastengeist preußischer Offizierskreise.

Seine Skandalkomödie *Hanna Jagert* zeigt eine lebensmutige junge Frau zwischen den Mühlsteinen von Proletariat, Bürgertum und Adel. Zensoren reagieren mit einem sexual-politisch begründeten Verbot. *„In der Figur Hannas werden die Grundsätze von der freien Liebe, wie sie die Sozialdemokratie lehrt, verkörpert. Es soll gezeigt werden, daß es einem in materieller Beziehung unabhängig dastehenden Mädchen erlaubt, ja daß es ihr Recht sei, mit jedem Mann . . . ohne Rücksicht auf die herrschenden Ansichten von Sitte in Geschlechtsverkehr zu treten.“* Sozialdemokratie und freie Liebe – in den Augen der Sittenwächter ein und dasselbe!

Doch zurück auf die Luckauer Galeere. Im Hotel **Zum Goldenen Ring** am **Marktplatz** nimmt der Widerwillige Quartier; ins **AMTSGERICHT** (Abb.) sind es nur ein paar Schritte über die Straße. *„Man geht doch schneller um Luckau herum, als man um Berlin mit der Ringbahn fährt.“* Bereitwillig gewährter Zutritt zur *„feinsten, allerfeinsten Gesellschaft“* entschädigt wenig. *„Die Gesellschaft bestand aus einem jungen Mann, welcher leider Gehirnerweichung hat, einem jungen Mädchen von siebenundvierzig Jahren, Fräulein L., Mitglied des Frauenvereins, der Missionsgesellschaft und des deutschen Schulvereins, ferner ihrer Mutter, der Frau des Gehirnweichen, B., Kn., K. und – den letzten verbietet mir meine Bescheidenheit zu nennen.“*

● Hinter feuchten Zuchthausmauern

„Mein Transport ging sehr diskret vonstatten. 8 Uhr morgens vom Anhalter Bahnhof mit dem D-Zug bis Uckro (Richtung Dresden) wenig über eine Stunde, und in rund einer Viertelstunde in Luckau, wo die Strafanstalt etwa 10 Minuten vom Bahnhof in der Hauptstraße links gelegen ist (sofort erkennbares Gebäude).“

Frau Sophie, Tochter Vera sowie die Söhne Wilhelm und Robert werden den **roten Ziegelbau** bei ihren Besuchen nicht verfehlen.

Als einziger sozialdemokratischer Reichstagsabgeordneter hatte Karl Liebknecht (→ S. 201) im Dezember 1914 gegen die Bewilligung der Kriegskredite gestimmt. Am 1. Mai 1916 brachten ihn auf einer polizeilich verbotenen Demonstration acht Worte *(„Nieder mit dem Krieg! Nieder mit der Regierung!“)* für zweieinhalb Jahre ins Gefängnis.

„Der Spazierhof ist sehr groß; jenseits der Mauern sieht man Bäume und andere erfreuliche Dinge, auch eine merkwürdige backsteingotische Kirche mit Riesenschiff... Natürlich marschiere ich hier in der Kolonne.“

Luckau liegt auf sumpfigem Boden, und die Wände der Zellen im Erdgeschoß sind feucht. Tag und Nacht läßt der Eingekerkerte zur Durchlüftung das Fenster offen. Nur die Familie daheim nicht beunruhigen! *„Zelle geräumig mit Kachelofen, großes Fenster, das ich selbst öffnen kann. Tisch, Waschbecken, sogar Teller und Messer.“* Die Tage gehören der zugewiesenen Schusterarbeit, die Nächte dem Lesen und Schreiben. Wenn in der Zelle bloß eine Lampe stünde! *„Von einer Laterne draußen fällt ein schmaler Lichtschein schräg durchs Fenster, der durch das dichte Gittergeflecht und die Stäbe noch gehemmt wird.“* Trotz alledem entstehen hinter Gittern Analysen, Studien, Aufrufe, auch Gedichte. Nachts auf der Pritsche, wenn der Schlaf nicht kommen will: *„Heulen des Sturmes ist mir liebliche Melodie / Wenn wild er herabstürzt über die Mauern / In das Gedränge enger Gänge / Wenn er mit Gebrüll / Sie zu zersprengen sucht / Wenn sein flatternder Mantel / Gegen die Steine klatscht / Wenn er in rasender Wut / Stäbe und Gitter packt / Wenn sein kalt-heißer Atem / Durch Ritzen und Scheiben / Die Haut mir streift.“*

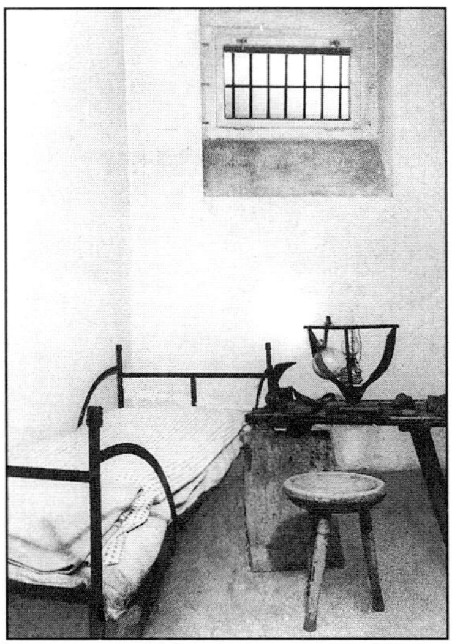

Am 16. Oktober 1918, die deutsche Front und das Kaiserreich stehen vor dem Zusammenbruch, wird Karl Liebknecht *„durch allerhöchste Order“* vorzeitig entlassen. Am 9. November proklamiert er vom Berliner Schloßbalkon (vergeblich) die *„freie sozialistische Republik“*.

● Die „Kuhlen“ des Bäckerfranz

„Aus dem Eisenbahnwaggon wurden etwa zwanzig Männer ausgeladen, die in zwei Reihen antraten und von einer Gruppe Schupos in die Mitte genommen wurden. Die Häftlinge hingen mit Ketten aneinander und marschierten durch die Stadt, von allen Leuten angestarrt. Die Politischen erkannte man daran, daß sie ... ihren Kopf hoch erhoben trugen.“ Ob es noch Luckauer gibt, die sich an dieses Bild aus dem Jahre 1943 erinnern?

Günther Weisenborn (1902–1969), Romancier und Dramatiker *(U-Boot S 4),* Widerstandskämpfer der *Roten Kapelle,* ist dem Todesurteil knapp entgangen. *„Dieser furchtbare Zuchthausmorgen. Es dämmert grau durch die vergitterten Fenster. Ringsum schnarchen die anderen. Du liegst auf deinem Strohsack unter zwei uralten, abgeschabten Wolldecken, zwischen die du deinen Anzug gelegt hast. Er soll dich wärmen, und er soll trocknen. Du frierst trotzdem sehr... Dann rasseln die Schlüssel, die Türen fliegen auf, und einer brüllt: 'Aufstehen!' Sofort beginnt das Durcheinanderwimmeln müder, schmutziger, verwahrloster Männer, die sich an ihren Tischen in Blechbecken oberflächlich waschen, kämmen und anziehen.“* Um Himmels willen nicht ins Lazarett! Wer krank ist, ist tot... warnen einander die Häftlinge. Wer eingeht, geht ein ... lassen die Wärter teilnahmslos verlauten.

„Ich hatte mir ein ungewöhnlich rasches Essen angewöhnt, da ich mit zweiundvierzig Mann zusammenlag. Es waren ziemlich alle Krankheiten unter ihnen vorhanden. Zum Waschen ihrer zweiundvierzig Eßnäpfe stand für alle ein schmutziger Eimer bereit, halb mit Wasser gefüllt. Wenn das erste Dutzend sein Eßgeschirr darin gespült hatte, stand in diesem Eimer eine unbeschreibliche Brühe. So gab es nur einen Weg: seine Suppe herunterzuschütten und als erster sein Geschirr zu waschen.“

Der Überlebenskampf bringt aus den Menschen das Schlechteste, aber auch das Beste hervor. Die einen greifen rücksichtslos nach dem eigenen kleinen Vorteil, die anderen – z. B. der Bäckerfranz: *„Er betrieb mit einem anderen Gefangenen die Bäckerei, ernst, energisch, rasch und sauber. Er war Kommunist und saß seit sechs Jahren wegen Hochverrat. Einer der kameradschaftlichsten Gefangenen, der seine Vorzugsstellung zu einer Unterstützungsorganisation für politische Gefangene ausgebaut hatte, denen er ständig 'Kuhlen' schickte, Tagesrationen Brot... daumendickes Brot... Wir fieberten vor Vergnügen, wenn wir die Kuhle im Kittel auf der nackten Brust verborgen fühlten.“*

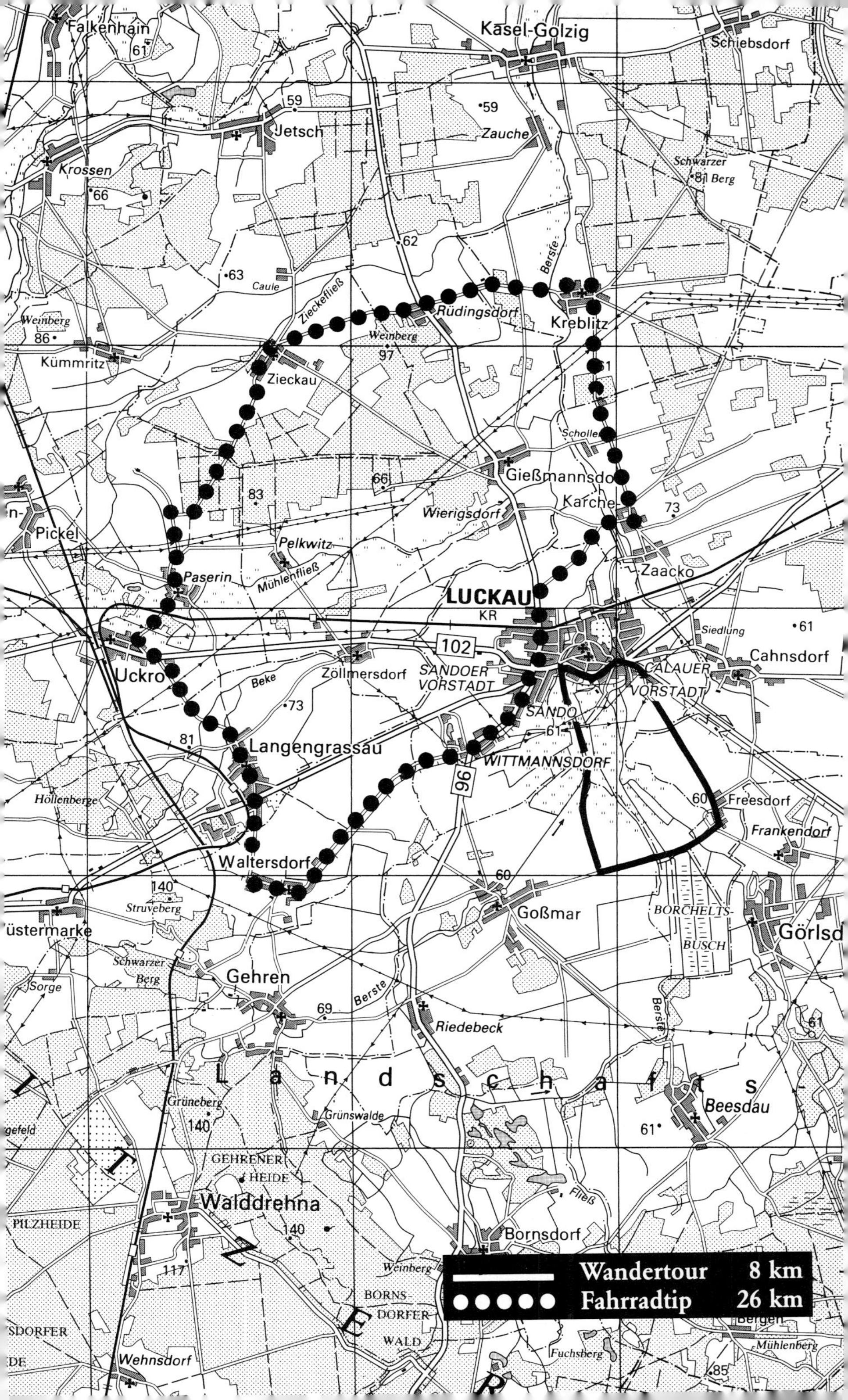
Falkenhain
Kasel-Golzig
Schiebsdorf
Jetsch
Zauche
Krossen
Schwarzer Berg
Caule
Zieckefließ
Rüdingsdorf
Kreblitz
Bersfe
Weinberg
Kümmritz
Zieckau
Scholle
Gießmannsdo
Karche-
Wierigsdorf
Pickel
Pelkwitz
Paserin
Mühlenfließ
LUCKAU
KR
Zaacko
Siedlung
Cahnsdorf
102
Uckro
Beke
Zöllmersdorf
SANDOER VORSTADT
CALAUER VORSTADT
SANDO
Langengrassau
WITTMANNSDORF
96
Hollenberge
Freesdorf
Frankendorf
Waltersdorf
Goßmar
BORCHELTS-BUSCH
Görlsd
üstermarke
Struveberg
Gehren
Sorge
Berste
Riedebeck
Landschafts
Beesdau
Grüneberg
Grünswalde
GEHRENER HEIDE
Walddrehna
PILZHEIDE
Fließ
Bornsdorf
Weinberg
BORNSDORFER WALD
Fuchsberg
Mühlenberg
Wehnsdorf
Wandertour 8 km
Fahrradtip 26 km

▲ *Schloß Lübbenau*
▼ *Das Fluchtfahrzeug . . .*

9.

Graf Lynar nimmt den Hinterausgang

– Lübbenau –

Sehr empfehlenswert! Ein Mittwochsspaziergang (Sonntags ist es zu voll) durch den **Schloßpark.** Wenn alte Eichen knarrend ihre Äste recken, wenn Hainbuchen und Roßkastanien vertraulich tuscheln, wenn verliebte Pfauen balzen.
Das klassizistische **Schloß** (1821) mit seinen zwei gespreizten Flügeln mag ein wenig monströs erscheinen, der Landschaftsgarten hält die ästhetische Balance. Auch die säulengetragene Orangerie, wo einst Apfelsinen- und Zitronenbäumchen überwinterten, erfreut das wandernde Auge. Auch der fachwerkene Seitenbau, auch die gewalmte gräfliche Gerichtskanzlei.
Eine Gedenktafel nur durchbricht das Idyll. Wilhelm Friedrich Graf zu Lynar, hingerichtet am 29. September 1944, Mitverschwörer Stauffenbergs gegen die braune Diktatur.
Keine Tafel erinnert an die dramatischen Ereignisse ein knappes Jahrhundert zuvor. Verständlicherweise. Dennoch sollten auch diese, mit Verlaub liebe Lynars, nicht in Vergessenheit geraten!

19. September 1848. Die Berliner Revolutionswellen schlagen spreeaufwärts bis nach Lübbenau. Auf dem **Kirchplatz** haben sich am Abend mehrere hundert Bürger versammelt. Handwerker, Bauern, Gutsgesinde, viele Tagelöhner. *„Holzgerechtigkeit!“ „Freiheit!“ „Konstitution!“* Hoch gehen die Worte von einer neuen Zeit, die jetzt allerorten angebrochen sei. Die drückende Grafenherrlichkeit, sie fahre dahin. Ewiglich!
„Auf zum Schloß“, erschallt der Ruf, nachdem man sich fehlenden Mut zugeprostet hat. Einige halten Knüppel in den Händen, andere tragen Flinten über der Schulter. So einen wilden, eigen-

mächtigen Haufen haben die Bediensteten ihr Lebtag nicht durchs Gutstor kommen sehen. Die wenigen Wächter, Schritt für Schritt weichen sie zurück. Der Weg ist frei.
Erstes Ziel der Eindringlinge: das **Kanzleigebäude,** Sitz des herrschaftlichen Patrimonialgerichts. Ein gefürchteter Ort. Wie kann dem einfachen Mann hier Gerechtigkeit widerfahren, wenn es doch gräfliche Richter sind, die über das Recht befinden? *„Wer das Kreuz in der Hand hat"*, sagt eine diesbezügliche Volksweisheit, *„der segnet sich selber zuerst!"*
Seit Generationen schon erhitzt schwelender Streit die Gemüter. Wem gehört der Bürgerwald? Das Jagdrecht, das Weiderecht, das Einschlagsrecht, alles heftig umkämpft. Wer zur Selbsthilfe greift und auf eigene Faust Feuerholz sammeln will, der gehe den amtlichen Grünröcken tunlichst aus dem Wege. Sonst droht als Schadensersatz die Pfändung, in schweren Fällen die Anklage. *Diebstahl!* Wenn adelige Jagdgsellschaften zum Halali blasen, dann ist das ein festliches Ereignis. Wenn der Bauer eine Schlinge legt oder der kleine Bürger einen Hasen schießt, dann lautet das Urteil *Wilderei.* Wohl den Delinquenten, die nur das Corpus delicti abgeben mußten! Wohl auch jenem Assessor Lehnert, der am Abend des Aufruhrs mit heiler Haut davonkommt! Die konfizierten Gewehre allerdings, die reicht er schleunigst zum Kanzleifenster heraus.

Der schnelle Anfangserfolg macht die Menge tatendurstig. Nur einen Steinwurf entfernt steht das Schloßgebäude. Schon klirren die ersten Fensterscheiben, schon knallen die ersten Schüsse in die Luft. Revolution, Revolution!
Hermann Rochus zu Lynar (1801–1878) hat das Hauspersonal strategisch an den Türen postiert. Jetzt nur nicht hinausgehen! Möge doch eine Abordnung der Belagerer hereinkommen, und da kommen sie schon: Horndrechslermeister Müller, Maurergeselle Wolf, Tagelöhner Hanisch und Tagelöhner Kleemann. Zwar mit Schmutz an

den Schuhen, aber sichtlich um manierliches Auftreten bemüht, erheben sie ihre Forderungen. Es sind die gleichen, die schon vor Monaten in einer Petition zu lesen waren; namentlich unterzeichnet von sechsundsiebzig verdrossenen Lübbenauern. In der erklärten Absicht, *„die letzten Spuren der Erbuntertänigkeit als freie Bürger des Staates zu verwischen."*

Niemand will es mehr zahlen, das *Schutzgeld,* das *Schloßwachegeld,* das *Pflastergeld,* das *Küchenholzgeld,* das *Topfgeld,* das *Pfeffergeld,* das *Branntweingeld.* Und niemand will mehr zu den *Erntehandtagen* herangezogen werden.

Stadtkämmerer Weißwang hatte vor aufgestautem Bürgerzorn rechtzeitig gewarnt: *„Wird ihm Abhülfe geradezu verweigert, oder werden seinen Anträgen Bedenklichkeiten, Schwierigkeiten oder gar das Fideikommissarische entgegengesetzt oder auch in der Form mit dem Gericht gedroht, so kann wohl niemand mit Gewißheit vorhersagen, welche traurigen Folgen daraus entstehen."*

Diese Folgen stehen Graf Lynar nun buchstäblich ins Haus. Was bleibt ihm anderes übrig als eine versöhnliche Miene gepaart mit konzessionsbereiten Worten. Wohlwollend wolle er alle Streitpunkte prüfen, alle offenen Fragen klären. Wenn die Menge nur von ihrem gesetzlosen Treiben abließe!

Die Worte zeigen Wirkung, dem Schloß bleiben weitere Heimsuchungen erspart. Nicht aber den benachbarten Wohnungen von Justizrat Frege, Amtsinspektor Ludwig, Rentenverwalter Hoffmann, Registrator Dietrich, Gefängniswärter Geisler und Förster Richter. Türen und Fensterläden werden eingeschlagen, die abgerissenen Gardinen wie Siegestrophäen an Stöcken geschwungen. Als der Graf am nächsten Morgen von den Verwüstungen erfährt, bekommt er noch nachträglich einen Schreck; womöglich kehren die Randalierer zurück. Eilige Abreise scheint dringend geboten. Auf Spreewälder Art! Vom Schloß zum Wasser sind es nur ein paar Schritte, und der Kahn liegt bereit.

Im sicheren Lübben glücklich angelandet, dirigiert der Geflüchtete den Gegenschlag. Ein Gardeschützenbataillon wird einmarschieren und die gestörte gräfliche Ordnung wiederherstellen.

Übrigens: Die alte Gerichtskanzlei beherbergt heute das Heimatmuseum. Warum bloß bleibt der Keller den Besuchern verschlossen? Fragen Sie doch einmal nach! Dort unten wartet im Verborgenen eine einprägsame Erfahrung: original erhaltene Arrestzellen! Einmal die Arme in die kühlen, schweren Eisenketten legen ...

LÜBBENAU

● Geistliche Grammatiker

„Männer und Frauen saßen getrennt, und nur die Frauen, soviel ich wahrnehmen konnte, trugen noch ihr spezielles Spreewaldkostüm." Fontane treibt auf den Kirchenbänken von **ST. NIKOLAI** Lokalstudien. Zu seinem Leidwesen hat er von der sorbischen Predigt weder Gottes- noch Menschenwort verstehen können. *„Eine kurze Pause tritt ein, während welcher der Geistliche langsam und sorglich in seinen Papieren blättert. Endlich hat er beisammen, was er braucht, und beginnt nun die Aufgebote, die Geburts- und Todesanzeigen zu lesen, alles in deutscher Sprache. Bemerkenswert genug. Die Predigt, die mehr dem Ideale dient, durfte noch wendisch sein; aber sowie festgestellt werden soll, was im Spreewald lebt und stirbt, wer darin heiratet und getauft wird, so geht es mit dem Wendischen nicht länger. Der Staat, der bloß mit deutschen Ohren hört und nicht die Zeit hat in aller Eile auch noch wendisch zu lernen, tritt mit der nüchternsten Geschäftsmiene dazwischen und verlangt deutsches Aufgebot und deutsche Taufscheine. Wer wollt' ihm das Recht dazu bestreiten?"* Zu Unrecht eine rhetorische Frage!

Da wären schon einige zu finden gewesen, vielleicht sogar der Prediger selbst. Wendische Bauern murren. Erst im Schulunterricht und nun auch im Gottesdienst, überall sehen sie die Sprache ihrer Vorväter verlacht, verpönt, verboten. Drei Pastoren der Lübbenauer Nikolaikirche, zwei wendisch, einer deutsch, haben sich dieser Verdrängungspolitik entgegengestemmt. Kampf auf Leben und Tod (einer Kultur)!

Jan Chojnan (1600–1666) verfaßt 1650 die *Grammatica Sorabica-Slavonica,* die erste sorbische Grammatik. Handschriftlich vervielfältigt, denn für die Drucklegung fehlen finanzielle Förderer.

Johann Gottlob Hauptmann hat es 1761 geschafft: Seine niedersorbische Grammatik geht in Druck, gefolgt von einem Gesangbuch. Voraussetzung für die Entwicklung volkeseigener Literatur.

Kito Fryco Stempel (1787–1867), ein Verehrer der klassischen Antike, Übersetzer griechischer Verse und römischer Fabeln. Sein dichterisches Geschichts-Epos: *Pytanje za starym mjasecom* (Aus der Sorben alten Tagen).

● Ehm Welks Worte an Josef Goebbels

In der MAXIM-GORKI-STRASSE 26 wohnt mit Frau und hochbetagtem Vater ein entlassener Berliner Journalist. Fünf kurze Jahre im tausendjährig projektierten Reich. Als Chefredakteur der *Grünen Post* ist er 1934 mit Propagandaminister Goebbels zusammengestoßen. *„Herr Reichsminister, ein Wort, bitte!"* Sein Leitartikel, eine kalkulierte Mischung aus Devotion und Dreistigkeit, sprach den Machthaber persönlich an; gezielte Worte über die zunehmende Gleichschaltung der Presse: *„Sie sind, Herr Reichsminister, ein Freund des Witzes und der Ironie ... Unsere Grenzen sind aber enger gezogen. Früher, da konnten wir diese geistige Übung auch an behördlichen Maßnahmen und behördlichen Personen erproben."*

Der NS-Staat reagierte hart. Die Zeitung ... für drei Monate verboten, der freche Schreiberling ... verhaftet. Ausländische Proteste erwirkten zwar die Freilassung, nicht aber die Rückkehr in die Redaktion.

Ehm Welk (1884–1966) zieht sich in die Abgeschiedenheit des Spreewalds zurück. Ins ländliche Exil, das für den Bauernsohn eigentlich Heimat bedeutet. *„Ich habe in den Jahren so viel Ackererde unsichtbar an meinen Füßen mitgeschleppt, daß es besser ist, der Acker holt mich aufs Dorf, als daß ich mich weiterhin quäle, den Acker in die Stadt zu holen!"* Er verdient sein Brot auf den Wiesen und Feldern; verfaßt, als das amtliche Schreibverbot gelockert wird, den bleibenden Roman *Die Heiden von Kummerow.* Eine Rückbesinnung auf seine Jugend im uckermärkischen Biesenbrow. Das ist Dorfleben ohne braune Blut-und-Boden-Romantik; vergnügliche Lausbubenstreiche zwar, doch vor dem Hintergrund sozialer Abgründe. *„Zweitausend, dreitausend, fünftausend Morgen Land in einer Hand und fünfzig Paar Hände für insgesamt tausend Morgen, ja, weitere hundert Paar Hände ohne jedes Land. Eine solche Ordnung begriff Gottlieb Grambauer nicht, und weil er das manchmal aussprach, galt er als Rebell; und als er Pastor Breithaupt gegenüber bezweifelte, der Spruch in der Bibel 'Jedermann sei untertan der Obrigkeit, die Gewalt über ihn hat' drücke Gottes Willen aus, und meinte, das rieche verdammt nach Fürsten- und Pfaffenkram, und nicht mehr in die Kirche ging, erklärte ihn Breithaupt zum Heiden."*

● Spreewaldmuseum: Schloßkanzlei

CALAU

● Zwei Sprachen, zwei Kirchen

Der Prager Friedensschluß (1635) ließ die Lausitzer Markgrafentümer, bisher böhmisch, an das Kurfürstentum Sachsen fallen. Für den sorbischen Bevölkerungsteil ein schwarzer Tag, denn der neue Landesherr initiiert eine systematische Germanisierungspolitik.
„Ohnvorgreifliche Monita, wie in hiesigem Markgraftum die gänzliche Abschaffung der wendischen Sprache am ehesten könne befördert werden." So lautet der Titel einer diesbezüglichen Denkschrift des Oberkonsistoriums Lübben. Die Dörfer erhalten eine Schonfrist eingeräumt. *„In den Städten, wo die Wenden mehrenteils auch der teutschen Sprache schon etwas kundig, muß mit der Ausrottung des Wendischen ein Anfang gemacht werden."*
Calau bekommt die erste Maßnahme im Jahre 1669 zu spüren. Die *ABC-Fibel* des Rektors Georg Ermel, wendisches Lesebuch an der Stadtschule, verfällt der Konfiskation. Unter heftigem Protest der Eltern! Ein konsistorialer Aktenvermerk dokumentiert *„ohnzeitigen Widerstand derer Bürger und des sel. Primarii H. Knitteln."* Pastor Primarius (Superintendent) Christian Knittel, Abkömmling einer heimischen Kaufmannsfamilie, hat sein tadelndes Wort erhoben. Die Behörden werden es dem *„eifrigen Wenden"* nicht vergessen und bei der Ernennung seines Nachfolgers einen Deutschen bevorzugen. David Andreas Teuerlein. *„Weil ich der wendischen Sprache nicht kundig bin, deswegen anno 1677 bei meiner allhier abgelegten Probepredigt von denen Eingepfarrten von Adel wider mich protestieret wurde."* Auch lokale Adelsherren also schließen sich den Unmutsäußerungen an und erzwingen einen Kompromiß: Dem Primarius werden zwei sorbische Pfarrer zur Seite gestellt! Der Stadtwanderer beachte, daß gleich zwei Kirchengebäude das Straßenbild zieren. Ausdruck vergangener Zweisprachigkeit! **St. Ursula,** auch *Stadtkirche* genannt, und unweit die WENDISCHE KIRCHE (heute *Landkirche*).

● Heimatmuseum: Kirchstraße 33

● Die Freiheit suchen im fernen Land

Der Apotheke in der **COTTBUSER STRASSE 8**, außen grau verputzt, innen modernes Mobiliar, sieht man die lange Tradition (1685) nicht an. Unter den Apothekergenerationen, die hier ihre Pülverchen gemörsert haben, war im 19. Jahrhundert ein Mann, den politische Enttäuschung bis nach Südamerika verschlug. Vergeblich hatte er versucht, dem monarchischen Preußen eine freiheitliche Medizin zu verabreichen.

Carl Anwandter (1801–1889), Gründer des *Volksvereins,* Stadtkämmerer, 1847 Deputierter im *Vereinigten Landtag,* 1848 Calauer Bürgermeister und Abgeordneter der *Verfassungsgebenden Versammlung* in Berlin. Eine Rechnung ohne den königlichen Wirt! Majestät lassen den Belagerungszustand verhängen und oktroyieren seine eigene Verfassung. Als der parlamentarische Aufruf zur Steuerverweigerung nur vereinzelt befolgt wird, ist die Revolution verloren. Mit ihr auch das Bürgermeisteramt.

Es ist Zeit, zu gehen; so denken 1849 viele resignierte Demokraten. Auf zu einem neuen Leben in ein neues, freies Land! Eine Auswanderungswelle schwappt über die Meere an fremde Ufer.

Am 19. Juni 1850 packt unser Apotheker seine Sachen. „*Wenige Stunden vor Ihrem Scheiden haben wir, Ihre aufrichtigen Freunde, uns noch einmal um Sie versammelt, um Ihnen ein herzliches Lebewohl zu sagen . . . Sie gehen, um den Weg zu bereiten, um für die einträchtigen und aufrichtigen Anhänger des Rechts, der Wahrheit und der Menschenliebe ein Asyl zu suchen und zu begründen. Der ekelhaften Hindernisse überdrüssig, die sich Ihrem lauteren Streben entgegenstellten, eilen Sie, um in einem andern Theile der Erde die höhere Aufgabe Ihres Lebens zu verfolgen. Nicht schreckt Sie die Weite, Dauer und Gefahr der Reise, nicht die damit verbundene Möglichkeit des Mißlingens; besonnen, mutig und getreu verfolgen Sie Ihren Vorsatz, der nicht Ihnen allein, der uns allen zu Nutz und Frommen dienen soll. Ja, der endlich uns zeigen soll das weit sichtbare, grünende Gestade von einem neuen wirklich einigen und freien Deutschland jenseits des Oceans . . . Wenn Land und Meer uns auch scheiden, die Herzen bleiben verbunden.*“

Aus Carl Anwandter ist nach 130 Tagen Seefahrt Carlos Anwandter geworden. In Valdivia, im südlichen Chile, wo der Emigrant eine deutsche Siedlungskolonie ins Leben rufen wird. Eine deutsche Schule, eine Brauerei, eine Feuerwehr, einen Gesangverein, eine Bibliothek, etliche Apotheken.

● Calau, Kalauer, am Kalausten

Warum liegt der Bahnhof fast zwei Kilometer außerhalb der Stadt? Weil ihn die klugen Ratsherren dicht bei den Gleisen haben wollten!
Calau schwört darauf, die Heimat der Kalauer zu sein. Zum Beweis haben die Stadtväter in der **COTTBUSER STRASSE 16** eine Gedenktafel anbringen lassen. In Erinnerung an Ernst Dohm (1819–1883), Redakteur der Berliner Satire-Zeitschrift *Kladderadatsch*. Häufig hier zu Gast, hat er die aufgeschnappten Schnurren und Scherze an seine Redaktion geschickt: „*Aus Calau wird geschrieben*", bald eine beliebte Rubrik.
Warum haben so viele Häuser und Schuppen Flachdächer? Damit die aufgenommenen Hypotheken bequem gestapelt werden können!
Calau ist eine alte Schuhmacherstadt. Um das Jahr 1850 bevölkerten nicht wenger als 144 Meister, 70 Gesellen und 45 Gehilfen die heimischen Werkstätten. Schuster sind scharfe Beobachter und ziehen gern vom Leder. Da bleibt kein Mitbürger verschont.
Wie ist Gerichtsrat Müller feist, bewegt auch nur den Füller meist.
Es trinkt der Mensch, es säuft das Pferd, die Maurer machen's umgekehrt.
Bei Neureichs gibt es viel Gestühl, doch leider ohne Stilgefühl.
Die Freiheitshoffnungen der 48er Revolution sind verflogen, geblieben ist der bittere Spott. So manches politische Wortspiel wird da zusammengeschustert, mit Pech und Pfriem.
Buckel krumm und Taten krumm: deutsches Demokratentum!
Ein strenger Mief kommt meist vom Gaule, Ministern wenig Geist vom Maule!
Jedes Volk, ob es greint oder grient, hat die Regierung, die es verdient!
Bismarck wird zu *Pismarck* . . . ach, der Dreckfehlerteufel.
Gern pflegt man auch die Kunst des gezielten Versprechers. Da soll doch der Physikus einem schmerzgeplagten Patienten tatsächlich empfohlen haben, sich des Nachts *kalte Komtessen* aufzulegen. Und von einem Stallknecht wird berichtet, er habe die Hand an die Mütze gelegt und mit dienstfertiger Stimme gemeldet: *Gnädiges Pferd, die Herren sind gesattelt!*

● Gottschalkstraße 35

Die Straße, in der Joachim Gottschalk (1904–1941) geboren wurde, trägt heute seinen Namen. Und in der kleinen Grünanlage, **COTTBUSER STRASSE**, blickt er ernst auf die Passanten. Denk-mal!
Calau bewahrt den gefeierten Schauspieler der zwanziger und dreißiger Jahre im Gedächtnis. Weniger seiner Bühnen- und Filmerfolge wegen *(Du und ich, Ein Leben lang)*, der Applaus ist längst verklungen, sondern als einen verzweifelten, standhaften Menschen.
„*Wie soll das alles enden*", schrieb seine jüdische Frau Meta im Januar 1938. „*Ich bin bereit, mich scheiden zu lassen, wenn es sein muß . . . Es wird uns schwer, auseinanderzugehen.*" Drei Jahre zwischen Angst und Hoffnung blieben ihnen noch. Drei Jahre und ein letzter gemeinsamer Schritt (→ S. 38).

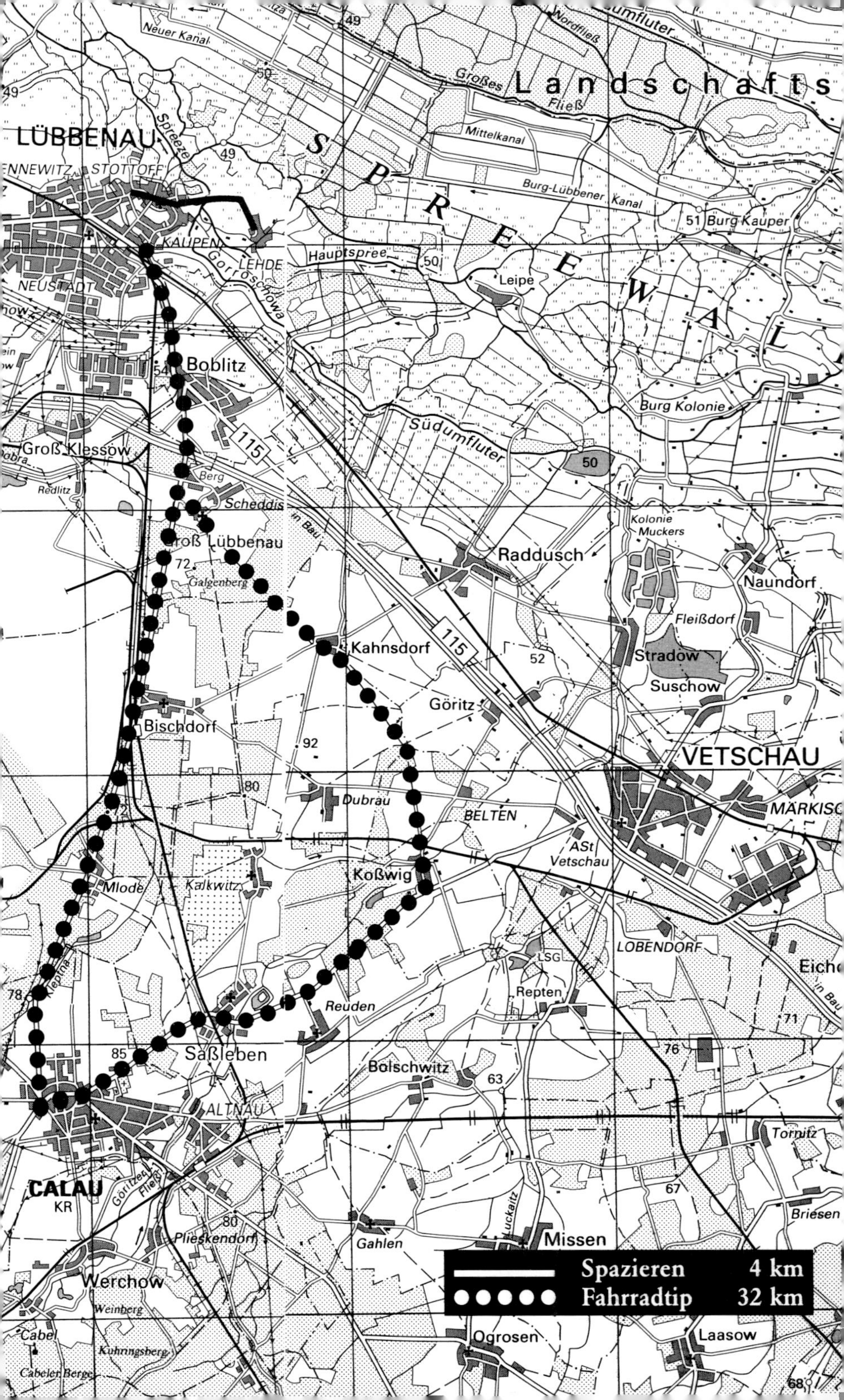

Landschafts
SPREEWALD
LÜBBENAU
STOTTOFF
KAUPEN
LEHDE
NEUSTADT
Neuer Kanal
Großes Fließ
Mittelkanal
Burg-Lübbener Kanal
Burg Kauper
Hauptspree
Gorroschowa
Leipe
Boblitz
Groß Klessow
Redlitz
Berg
Scheddis
Groß Lübbenau
Galgenberg
Südumfluter
Burg Kolonie
Raddusch
Kolonie Muckers
Naundorf
Fleißdorf
Stradow
Suschow
Kahnsdorf
Göritz
Bischdorf
VETSCHAU
Dubrau
BELTEN
MÄRKISC
ASt Vetschau
Koßwig
Mlode
Kalkwitz
LOBENDORF
Eich
Repten
Reuden
Saßleben
Bolschwitz
ALTNAU
Tornitz
CALAU
KR
Göritzer Fließ
Plieskendorf
Gahlen
Missen
Luckaitz
Briesen
Werchow
Weinberg
Cabel
Kuhringsberg
Cabeler Berge
Ogrosen
Laasow
115
Spazieren 4 km
Fahrradtip 32 km

10.

Bewahrer der sorbischen Sprache

– Straupitz –

Die ältesten Gebäude eines Dorfes sind gewöhnlich die Kirche und das Gutshaus, von den Bauern gern als *„Schloß"* tituliert. An ihrem Mauerwerk haftet der Hauch vergangener Geschlechter, die Aura ehedem gelebten Lebens. Ihnen gilt bei meiner Spurensuche in Straupitz das erste Interesse. Die Witterung eines löblichen Mannes möchte ich aufnehmen, der vor fast fünfhundert Jahren über dieses Fleckchen Erde gegangen ist.

Die Fußstapfen scheinen gänzlich verweht. Die Schinkel-Kirche, mag sie auch zwei altertümlich massige Türme aufweisen, reicht nur ins 19. Jahrhundert zurück. Und das Herrenhaus derer v. Houwald (1798), ebenfalls greift es zu kurz.

Als einziger Anküpfungspunkt bleibt der **Weinberg.** Wandern wir also zum Dorf hinaus und munter bergan. Hier oben könnte er manches Mal gestanden haben, unser so mühsam Aufzuspürender, die Augen ins weite Grün der Spreewaldniederung gerichtet. Vielleicht führte den medizinisch Kundigen die Suche nach frischen Heilkräutern herauf. Oder es waren die Sterne am hohen Himmelszelt, denen der Astronom nächtlich näher zu kommen wünschte; ihre ewigen Bahnen berechnend, um der Menschen vorbestimmtes Geschick seherisch herauszulesen.

Albin Moller (1541–1618), *„Straupicensis"*, ein vielfältig befähigter Kopf. Sein Elternhaus verbleibt im Dunkel. Sorbisch ist es wohl nicht gewesen, dagegen spricht der niederdeutsche Familienname. Der gehobene Bildungsgang (Lateinschule in Calau, Theologiestudium in Frankfurt und Wittenberg) weist auf entsprechend gehobene Verhältnisse. Gutsverwalter oder Gerichtsbeamter in Houwaldschen Diensten könnte sein Vater gewesen sein.

Sicher kein eingesessener Bauer, sonst wäre der Name in alten Einwohnerlisten verzeichnet. Oder sollte die Eintragung *„Der Windtmüller"* des Rätsels Lösung bedeuten?
Sicherlich ist der junge Albin mit sorbischen Spielkameraden aufgewachsen und hat früh ihre Sprache sprechen gelernt. Eine Fähigkeit, die im Jahre 1574 Früchte tragen wird. Zum Straupitzer Pfarrer avanciert, veröffentlicht Moller das erste, das allererste sorbische Buch: *Spewarske a maly katechizm Luthera* (Gesangbuch und kleiner Lutherischer Katechismus).

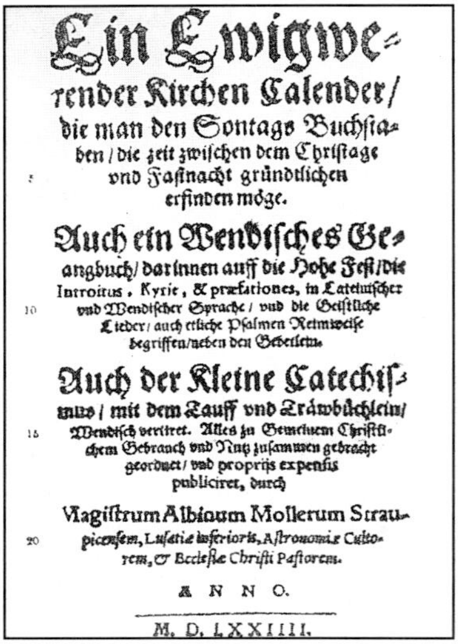
Ein Ewigwerender Kirchen Calender/ die man den Sontags Buchstaben / die zeit zwischen dem Christage vnd Fastnacht gründtlichen erfinden möge.
Auch ein Wendisches Gesangbuch/ darinnen auff die Hohe Fest/ die Introitus, Kyrie, & præfationes, in Lateinischer vnd Wendischer Sprache / vnd die Geistliche Lieder/ auch etliche Psalmen Reimweise begriffen/neben den Gebetlein.
Auch der Kleine Catechismus / mit dem Tauff vnd Trawbüchlein/ Wendisch vertiret. Alles zu Gemeinem Christlichem Gebrauch vnd Nutz zusammen gebracht geordnet/ vnd propriis expensis publiciret, durch
Magistrum Albinum Mollerum Straupicensem, Lusatiæ inferioris, Astronomiæ Cultorem, & Ecclesiæ Christi Pastorem.
ANNO.
M. D. LXXIIII.

Die slawische Bevölkerung des Mittelalters, das waren einfache Landleute, viele fronabhängig, ohne eigene Schriftsprache. Mündlich, von Generation zu Generation, pflanzten sie ihre Lieder und Legenden fort. Höchste Zeit für eine gefestigte schriftliche Form!
Die Reformation liefert den entscheidenden Anstoß, als Martin Luther proklamiert, jeder Christ solle das Wort Gottes in seiner Muttersprache empfangen. *„S chusokeg Neba psijdu kwahm"* (Vom Himmel hoch da komm ich her).
Albin Moller, frommer Übersetzer, Verfasser astrologischer Kalender, streitbarer Pastor: *„Weil die hohen Priester und Pharisäer schweigen und sich um der Kirche Wolfarth wenig bekümmern, so müssen die Kinder aus Eingebung des heiligen Geistes (Joel 2) auff der Gassen reden und Gottes Lob verkündigen."*
Zu Ansehen und gesichertem Einkommen hat er es sein Lebtag nicht bringen können und ist *„darüber in schwere Melancholey und Kranckheit gefallen."* Als Sonderling verlachen ihn im Alter die Nachbarn, als wunderlichen *„Sterngucker"*, und vergessen eines: Sein sorbisches Gesangbuch ist es gewesen, welches das tragende Fundament gelegt hat! Für die Entstehung einer literarischen Schriftsprache, für die Entfaltung einer bedrängten, gefährdeten Kultur.

Eine lange Linie versuchter Eindeutschung läuft durch die Geschichte der Lausitz. Die slawischen Wenden, militärisch besiegt, wirtschaftlich geknebelt, sollen ihren geistigen Rückhalt verlieren. Angriffspunkt der deutschen Obrigkeit ist die Sprache. Preußenkönig Friedrich Wilhelm I. in einem Schulerlaß des Jahres 1717: *„Befehlen wir Euch hierdurch in Gnaden, dahin zu sehen und vorsorgliche Verfügung zu tun, daß durch tüchtige Schulmeister die Jugend nach und nach dergestalt zur deutschen Sprache gewöhnet werde, deshalb solche überall eingeführet, hingegen die wendische mit der Zeit sich ganz und gar verlieren möge."*

Die Wiederholung solcher Verordnungen 1731 und 1735 läßt erkennen, die Germanisierung kommt nur schleppend voran. Unter Friedrich II. wird sie auf Verwaltung, Gerichtswesen und Kirche ausgedehnt: Heiraten, Kinder taufen, prozessieren, sein Testament machen ... alles ausschließlich deutsch!

Als exekutives Organ tut sich um 1800 August Wilhelm v. Trosky hervor, Oberamts- und Konsistorialpräsident. Ein Eiferer gegen die subversiv anmutende Sprache, *„die dem Manne von schiefem Charakter und von irrigen und eingeschränkten Religions- und anderen Grundsätzen oft zum Mittel dient, gegen die Deutschen sich zu verstocken und zweideutige Gesinnungen zu nähren."*

Höhepunkt der Unterdrückung, das sind die Jahre des Dritten Reiches. Sorbische Schulstunden werden verboten, sorbische Lehrer zwangsversetzt. Die junge Generation verstummt.

Wer seine Muttersprache verliert, verliert seine Seele. Das haben die Alten immer gewußt. Zäh und mit langem Atem, allen Anfeindungen zum Trotz, haben sie die vertrauten Worte verteidigt. Respektvoll registriert Johann Gottlieb Fichte in seinen *Reden an die deutsche Nation* (1807/1808), daß die Sorbensprache weiterlebt; *„in den ärmlichen Hütten des an die Scholle gebundenen Leibeigenen nämlich, damit er in ihr, unverstanden von seinem Bedrücker, sein Schicksal beklagen könne."*

„Tag und Nacht kannst mit dem Strom du ringen / Ihn zu zwingen, wird dir nicht gelingen / Alle Dämme er zerbricht / Weicht von seinem Wege nicht." Handrij Zejler, Dichter und Zeitungsredakteur wird zum Begründer eigenständiger sorbischer Literatur. Jan Arnost Smoler organisiert die *Macica Serbska,* eine Kulturvereinigung samt Verlag und Druckerei. Der junge Jakub Bart-Cisinski schafft das slawische Epos *Nawozenja* (Der Bräutigam).

Jahrhundert auf Jahrhundert hat sich die sorbische Identität autoritärem staatlichen Druck widersetzt. Ob sie zukünftig auch den Verlockungen westlicher Konsumkultur standhalten kann?

● Das Geheimnis des Schloßbergs

Der Ortsname Burg (sorbisch: Borkowy) geht nicht, wie man meinen könnte, auf die alten Befestigungsanlagen zurück. Bork bedeutet *„Kiefernwäldchen"*. Gleichwohl erhebt sich nordöstlich des Dorfes der SCHLOSSBERG. Schon um das Jahr 1000 vor Chr., so die Archäologen, ist hier ein erster Festungswall aufgeschüttet worden; zum Schutz vor feindlichen Gewässer- und Menschenfluten. Spätere Generationen haben so Schicht auf Schicht, wie die Jahresringe eines Baumes, ihr eigenes Gemäuer errichtet. Bis hin zum *Bismarckturm* (1917), zu DDR-Zeiten *Turm der Jugend.* Für Kinder ist die hügelige Wildnis von jeher ein Abenteuerspielplatz gewesen, für die Alten ein ehrwürdiger Ort. Einst, so erzählte man sich beim Feuerschein der Spinnstuben, errichtete hier der besiegte Sorbenkönig seine letzte Zuflucht. Ein Zauberschloß, welches vor den heranziehenden Germanen ins Innere des Berges gesunken ist. Wanderer, kommt leisen Fußes, denn tief dort unten schläft er in der Obhut der *Lutchen,* der Zwerge.

Eines Tages, da wird der Ruhende erwachen und zurückkehren zu seinem Volk. Er wird seine Krieger um sich scharen und zum Angriff rufen gegen die lastende Herrschaft der Fremden.

Urkundlich belegt als letzter Wendenkönig ist Primislaus; vor nunmehr 900 Jahren mußte er sich der Übermacht beugen. Eine Chronik überliefert, *„daß man die wendischen Könige und Fürsten vertilgete . . . allermaßen die Wenden in Land und Dörfern, so lange sie einen Anführer hatten oder solchen nur hoffen konnten, von ihren Rottierungen nicht abzubringen waren, sondern sich so oft sie nur kundten, aufs neue zusammen thaten."*

Hartnäckig ging seit ehedem das Gerücht von heimlich gewählten Regenten. Herrscher im Untergrund, die weiterhin das Zepter führten und über ein Heer treuer Gefolgsleute gebieten konnten.

Behördliche Nachforschungen scheiterten wiederholt an einer sorbischen Mauer des Schweigens. Nur ein einziges Mal, 1548 beim Bauernaufstand von Uckro (→ S. 113), sind drei *„Könige"* öffentlich hervorgetreten.

● Die letzten Spuren der Leineweber

„Man sieht nur, was man weiß", behauptet Fontane. Übertreibend zwar, aber wohl mit einem Körnchen Wahrheit darin.
Welchem Ausflügler fällt schon das Bächlein am südlichen Ortsrand sonderlich auf? Es trägt den Namen **LEINEWEBERFLIESS**.
Oder rechts am Ortseingang das Haus mit dem alten Walmdach: Erst seit mir jemand erzählte, daß hier einstmals der knauserige Leinen-Aufkäufer gewohnt hat, achte ich darauf.
Im Jahre 1748 ließ Friedrich der Große (Krieger!), wie vielerorts, eine Weberkolonie gründen. Wer Eroberungen im Schilde führt, der braucht Soldaten. Und Soldaten wiederum, die brauchen Uniformen.
Nicht nur die schlesischen Weber, auch ihre Niederlausitzer Kollegen nagen am Hungertuch. Und weben hinein so manchen Fluch. Auf jenen Berliner Unternehmer namens Richter, der ihnen zum Leben zu wenig zahlt, zum Sterben aber ein Quentchen zu viel. Beim König persönlich beschweren sie sich (1769), bei der Kurmärkischen Kammer reichen sie Klage ein, die *„Aufwiegler"* Blume und Kupsch. Acht Familien suchen im sächsischen Peitz ein besseres Los.
Das Hotel **Zur Bleiche, RINGCHAUSSEE 250**, trägt seinen Namen aus gutem Grund. An diesem Ort legten die Weber ihre Leinenbahnen aus; Sonnenstrahlen, später auch Chlor, sorgten für strahlendes Weiß.

● Nase golcy z wojny jedu

Im Anblick der **DORFKIRCHE** mit ihrer geschweiften Turmhaube sollten wir einmal daran denken: Hier Pastor zu sein, das stellte besondere Anforderungen. Die Gemeinde wohnt weit über den östlichen Spreewald verstreut, da hieß es bei einem Krankenbesuch gut zu Fuß sein oder gut zu Kahn. Im Winter schnallte man sich Schlittschuhe an.
Zweisprachigkeit war unerläßlich, denn bis 1930 wurden die Gottesdienste sowohl deutsch als auch sorbisch gehalten. Burg (Borkowy), das ist ein altes Zentrum sorbischen Kulturlebens.
Im Jahre 1893 fand auf Initiative von Schülern und Studenten um Bogomil Swjela (→ S. 148) das erste Burger Sängerfest statt. *„Burg! Berlin lauert auf dich, und der deutsche Moloch fletscht die Zähne"*, warnt ein Teilnehmer. Und tatsächlich, die preußischen Behörden zeigen sich alarmiert. Panslawismus! Haben doch einige junge Burschen das wendische Kriegerlied *(Nase golcy z wojny jedu)* angestimmt.
Und heute? Die Wende könnte das Ende bedeuten. Während zu DDR-Zeiten alle Schüler Sorbischunterricht erhielten, ist es nun eine kleine Minderheit, die noch die Sprache der Vorväter lernt. Aber da sind auch hoffnungsvolle Zeichen. Die alten Bräuche der Fastnacht (zapust), des Hahnrupfens (kokot), des Osterwasserschöpfens werden gepflegt. Und in der Kirche gibt es wieder sorbische Gottesdienste!

● Ein Blütenkranz auf Minas Grab

„Das arme Spreewaldmädchen hatte erkannt, welch großes Glück für den Menschen die Muttersprache ist, denn nur in der Muttersprache kann die menschliche Seele ganz leben", schreibt eine Dichterin über sich selbst.
Mina Witkojc (1893–1975), Tochter einer Dienstmagd, bekam die Dichtkunst wahrlich nicht in die Wiege gelegt. *„Ich mußte alles, was mir lieb und wert war verlassen und in die Stadt gehen, um mein Brot zu verdienen."* Nach Berlin! Als Dienstmädchen, als Blumenbinderin, als Fabrikarbeiterin. Als Tagelöhnerin kehrt sie 1918 in die Heimat zurück.
„In finsterm Winkel, wo der niedern Sonne / Verblichene Strahlen sie kaum jemals trafen / Hängt grau, erstarrt zu tiefem Winterschlafe / Die Larve eines Schmetterlings versponnen // So auch bist du, mein Volk, von Schlaf umfangen / So sonder Bangen, ohne Glücksverlangen / Weißt nicht von Winters Weh, von Sommers Wonne // Da nun der Frühling kam, erwach doch, lebe / Aus dunklem Todesschlaf die Flügel hebe / Daß sie mit allen Farben schmück die Sonne!" Die Begegnung mit tschechischen Künstlern, mehr noch die Förderung durch den sorbischen Sprachforscher Arnost Muka haben ihr den Weg in die Lyrik geebnet. *Dolnoserbske basnje* (Niedersorbische Gedichte) und *Wenask blosanskich kwetkow* (Spreewaldblütenkranz). Zarte, schlichte Verse über die heimatliche Welt von Mensch, Tier und Pflanze. Als Redakteurin der Wochenzeitung *Serbski Casnik* (1923) kämpft sie um das kulturelle Überleben wendischer Tradition. Auch um das physische Überleben, denn die Nöte des Ersten Weltkriegs sind verblaßt und großdeutsche Trommler trommeln zur Revanche.

„Du aber, mein sorbisches Volk, mit deinem sanften slawischen Gemüt, das du seit Menschengedenken von deinen Unterdrückern lieber Unrecht erduldest als selber verübt hast, geh nicht zu weit in deiner Schwäche! Laß deine unschuldigen Hände nicht zu neuer Mordtat mißbrauchen ... Tritt mit Macht auf gegen all jene, deren Politik einem neuen Krieg zutreibt! Halte dich fern von ihnen! Sie sollen einsam sein wie schwarze Raubvögel, geächtet und gemieden von allen."
Auf dem **FRIEDHOF** kommt sie mir in den Sinn, die hochbetagte Frau im Kreise ihrer sieben Katzen. Lange haften meine Augen an dem sorbisch und deutsch beschrifteten Stein. Wohl dem Menschen, der solches sprechen kann: *„Laßt Freude uns schenkend empfangen / Zeit dieses Lebens nur / Und nach uns geh, wo wir gegangen / Eine maigrüne Blütenspur."*

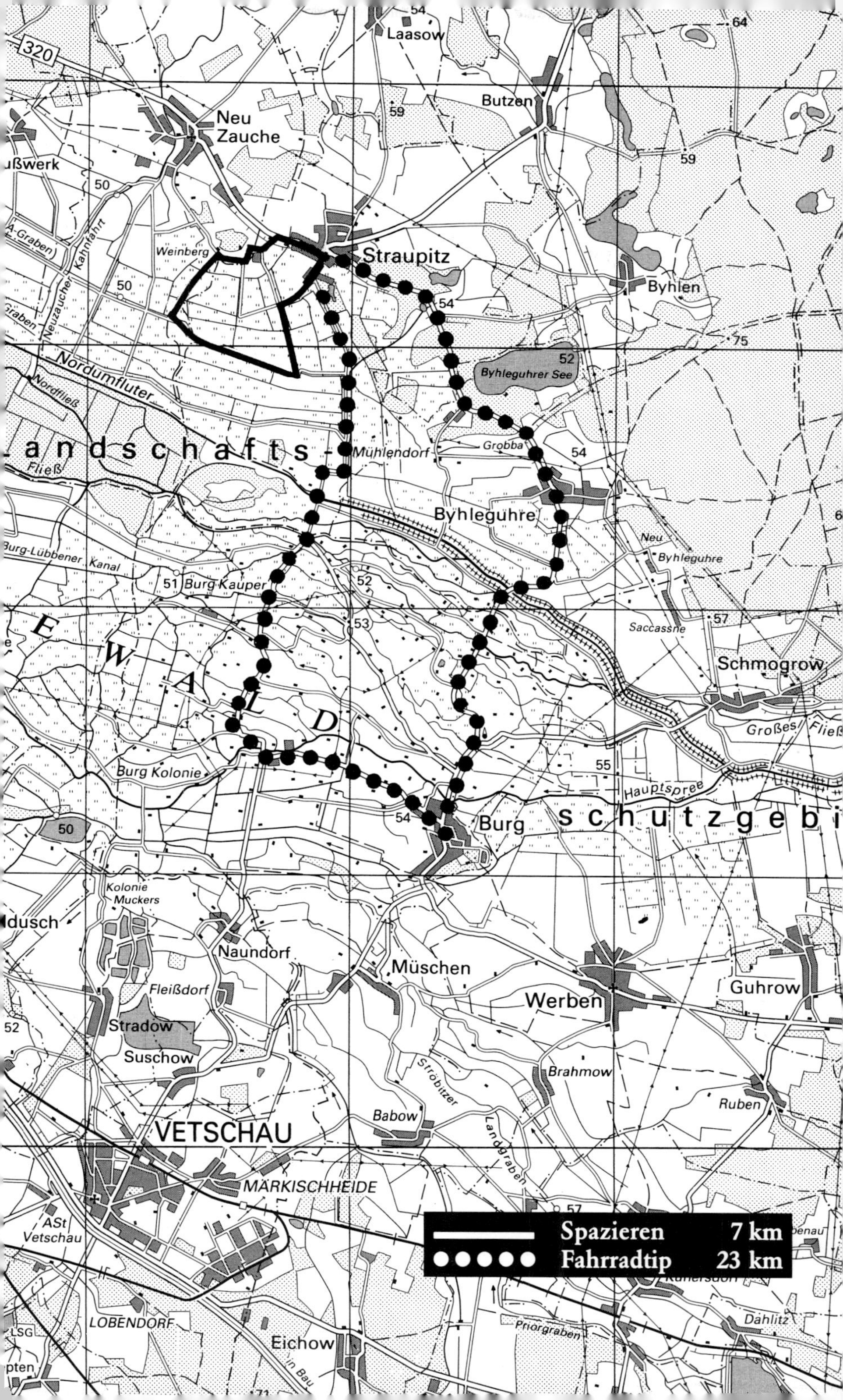

Laasow
Butzen
Neu Zauche
ußwerk
Weinberg
Straupitz
Byhlen
Byhleguhrer See
Nordumfluter
Nordfließ
Landschafts-
Mühlendorf
Grobba
Byhleguhre
Neu Byhleguhre
Burg-Lübbener Kanal
Burg Kauper
Saccassne
Schmogrow
Großes Fließ
SPREEWALD
Burg Kolonie
Hauptspree
Burg
schutzgebi
Kolonie Muckers
Naundorf
Müschen
Werben
Guhrow
Fleißdorf
Stradow
Suschow
Brahmow
Ruben
Ströbitzer Landgraben
Babow
VETSCHAU
MÄRKISCHHEIDE
ASt Vetschau
LOBENDORF
Eichow
Priorgraben
Dahlitz
Spazieren 7 km
Fahrradtip 23 km

▲ *Schloß Branitz*
▼ *Der fürstliche Tumulus*

11.
In Fürst Pücklers Paradies

– Branitz –

Ein märkischer Pharao, augenzwinkernd! Zwei ansehnliche Pyramiden hat er in seinem **Schloßpark** aufschütten lassen. Morgenland. *„Gräber sind die Bergspitzen einer fernen, neuen Welt"*, würde man am Gipfel lesen, wenn nicht eine Dornenhecke mit erläuternder Verbotstafel den Aufstieg verwehrte.
An der zweiten Pyramide ist selbiges Schild entbehrlich, hier sorgen die stillen Wasser eines Sees für die gewünschte Distanz. Nur Wasserhühner und Enten, dann und wann ein Fischreiher, können den *Tumulus* unbeschadet betreten. In seinem Innern ruhen die sterblichen Reste eines Mannes, richtiger gesagt eines Grandseigneurs, der zu sterben verstand. *(„Meine Haupteigenschaft ist der Geschmack.")* Besser noch verstand er sich auf die Kunst des Lebens. Wie das Grabmal, so auch der Mensch: eigenwillig, märchenhaft, bezaubernd, befremdlich, immer unübersehbar.

„Seine größte Schwäche war Eitelkeit, und um so mehr, als sie, gegen bessere Erkenntnis, durch eine ganz eigentümliche Anomalie ihre Nahrung nur in äußeren Zufälligkeiten und wahren Lappalien suchte."
Wer wagt so etwas zu behaupten? Der Gescholtene selbst! Schonungslos gegen die eigene Person, gewandet in maßgeschneiderten englischen Zwirn oder umwallt von edelstem orientalischen Tuch, blickt er der diagnostizierten Schwäche ins Auge. Ohne den geringsten Versuch der Beschönigung. Allerdings auch ohne jeglichen Vorsatz einer Therapie!
Einen Lebemann hat man ihn genannt, einen Charmeur, einen Frauenheld, einen Exzentriker, einen Dandy. Sicher nicht zu Unrecht, aber der Vollständigkeit halber wäre noch eine Reihe

weiterer Prädikate anzufügen. Abenteurer, Globetrotter, Reiseschriftsteller, Konversationsmeister, Hundekenner, Mitgiftjäger, Feinschmecker, Langschläfer. Nicht zu vergessen: Gartenkünstler.

„Kunst ist das Höchste und Edelste im Leben, denn es ist Schaffen zum Nutzen der Menschheit. Nach Kräften habe ich dies mein langes Leben hindurch im Reiche der Natur geübt."
Hermann v. Pückler (1785–1871), glücklicher Besitzer fürstlicher Anwesen, findet für seine gestalterische Ambition ein weites Feld. Wortwörtlich. **Schloß Branitz** ist von Viehställen, Misthaufen, Weide- und Ackerland umgeben. Ein günstiger Umstand nur, daß die Spree in nächster Nähe vorbeifließt; ihr Grundwasser wird die auszuhebenden Gräben und Teiche speisen. Die gewonnene Erde wiederum läßt der *„Erdbändiger"* zu Hügeln und Pyramiden aufhäufen. Gern möchte er sein Werk noch in voller Pracht genießen. Da heißt es, die umliegenden Dörfer nach bereits ausgewachsenen Eichen, Rotbuchen, Hainbuchen, Linden, Ulmen, Kastanien und Platanen absuchen. *„Es ist die Freiheit der Bäume, nach der wir uns so sehr sehnen."* Nicht mehr im Stil französischer Barockgärten geometrisch verstümmelt, sondern natürlich und souverän. Majestätische Individualisten!

Schon um sein Muskauer Schloß herum hatte der fürstliche Gärtner einen Garten Eden gezaubert. Was tut so einer, wenn ihm das Geld ausgeht? Er geht nach England. Eine reiche englische Erbin muß her! Zuvor muß seine glückliche Ehe geschieden werden, und Ehefrau Lucie stimmt der Pro-forma-Trennung zu.
Zwei Jahre Brautschau erbringen zwar nicht die gewünschte Beute, wohl aber eine Fülle von Impressionen. Als *Briefe eines Verstorbenen* publiziert, werden sie 1830 zum Bestseller. Liberale Kritik am fernen England, die lassen sich preußische Zensoren großzügig gefallen. Das Publikum ebenfalls, wobei ihm manch geschilderter

Mißstand äußerst vertraut vorkommt. Wenn der Reisende andererseits die die englische Pressefreiheit sowie die Rechte des Parlaments verheißungsvoll ausmalt, dann klingt so etwas wie Glockengeläut in gespitzten Untertanenohren.
Heinrich Heine, bekanntlich kein Verehrer blauen Bluts, macht bei diesem *„letzten Ritter der alten Geburtsaristokratie"* eine Ausnahme. Begeistert schickt er aus dem Pariser Exil sogleich seine eigenen *Reisebilder.* Gänzlich unbesorgt: *„Mein Demokratismus wird diesen Adligen wenig verletzen, da er nicht, wie die anderen, auf seinem Stammbaum zu stehen braucht, um über die gewöhnlichen Köpfe hervorzuragen ... Er hat die Frömmler köstlich gegeißelt."*

In Pücklers Park nach Herzen lustwandeln und sich dann auf die kleine Bank am Seeufer sinken lassen. Der Autor und seine Lektorin sind entzückt. So mag auch der Fürst mit seiner Lucie (oder Henriette, Bettina, Helmina, Machbuba) geschwelgt haben, mitten im süßen Leben und doch im Angesicht des Tumulus.
Etwas stört, beharrlich dringt ein Rauschen an unser Ohr. Ach, wäre es doch der sanfte Sommerwind in den Blättern. Leider nein, es ist der motorisierte Feierabendverkehr!
Schon im Jahre 1864 hatte eine englische Eisenbahngesellschaft die Linienführung Berlin – Görlitz durch den Park projektiert. Das wußte der Schloßherr zu verhindern. Was nun die nahe Straße anbetrifft, so bleibt nur geduldiges Warten.
Ein Pharao hat Zeit; sein Grabhügel steht für die Ewigkeit. *„Wer wird sich die Mühe geben, denselben, der nicht einmal fruchtbare Erde enthält, wieder auseinanderzuwerfen?"*
Seine Pyramide, sie wird noch an ihrem Platze stehen, wenn die Tage der Autogesellschaft längst verdämmert sind. Wenn niemand mehr zurückdenken will an das Zeitalter der krakeelenden Karossen. Die Welt, ein einziger großer Garten!
Das war sein Traum. Und vielleicht wird es Menschen geben, die sich gern erinnern. An jenen (un)preußischen Paradiesvogel, der Blumen pflanzte und Bäume versetzte. Der die Schönheit liebte und den scharfen Geist, die Frauen und das gute Essen, die Freiheit, den Frühling, die fremden Länder.
„Wo befindet sich in diesem Augenblick der vielverehrte und vielteure Verstorbene?", fragte schon zu Lebzeiten Heinrich Heine und fand keine rechte Antwort. *„Wo ist er? Wo weilt er, oder vielmehr wo galoppiert er, wo trottiert er ... der romantische Anarchasis, der fashionsabelste aller Sonderlinge, der Diogenes zu Pferde?"*

COTTBUS

● Vom Franziskaner zum Lutheraner

Die **Klosterkirche** trägt ihren Namen aus gutem Grund, war sie doch einst Mittelpunkt eines Franziskanerklosters. Auch *Wendische Kirche* genannt, da die Sorben umliegender Dörfer in großer Zahl zum hiesigen Gottesdienst kamen; Bibelworte in sorbischer Sprache säumen noch immer die Emporenbrüstung. Im Jahre 1522 stand auf der Kanzel ein Mann, dessen Predigten manchen Klosterbruder schockierten, jedoch in der Gemeinde auf fruchtbaren Boden fielen. Ein Säer der Reformation!

Johannes Briesmann (1488–1549), aufgrund seiner sorbischen Herkunft auch als Jan Brezan bekannt, ist im Kowehlischen Haus, **ALTMARKT 15**, geboren. Daß der Sohn einer begüterten Bürgerfamilie Theologie studierte, galt nicht als ungewöhnlich, wohl aber, daß er dem Armutsorden der Franziskaner beitrat. „*Frater Johannes Brisemann Kotbusianus pauper*". Damit nicht genug. Bei seinen Studien in Frankfurt und Wittenberg hatte er die protestantische Lehre Luthers kennen und schätzen gelernt. Die Ketzerei dringt in alle Ohren, sobald der heimgekehrte Mönch zu predigen anhebt. Die Frommen auf den Kirchenbänken werden umlernen müssen: Heiligenverehrung, Zeichen und Wunder, Sündenvergebung durch Ablaßzahlung, alles passé. Daß kein Glaubensaufruhr entsteht, dürfte Briesemanns maßvoller Formulierungskunst zu verdanken sein. Martin Luther anerkennend: „*Dich liebe ich heiß, weil du es machst, daß nichts durch Gewalt oder Tumult, sondern alles einzig durch die Macht des göttlichen Wortes geschieht.*"

1523 predigt der Vertraute des Reformators im Dom zu Königsberg, 1527 führt er in Riga die evangelische Kirchenordnung ein. Schwer ersetzbar, wie Herzog Albrecht von Luther erfährt: „*Um einen Prediger an Dr. Briesmann statt nach Livland zu schicken, will ich mich mit Fleiß umtun . . . Aber es will dünne werden, und sie stehen nicht dicht wie Gras solche Prediger.*"

● Sorbisches Museum: Mühlenstraße 12

● Carl Blechen, fünfzig Jahre zu früh

„Es ist mir zwar höchst erfreulich, daß der wohllöbliche Verein der Kunstfreunde den Ankauf eines meiner Bilder beschlossen hat, aber eben so unendlich hart und tief niederdrückend ist es für mich wiederum, eine so geringe Summe ausgesetzt zu sehen." Der Künstler nagt am Hungertuch, und die öffentliche Mißachtung nagt an seinen Nerven. *„Wie kommt es, daß ich für das Bewußtsein, Gottes Natur erkannt und empfunden zu haben ... dafür, daß ich meine geringen Vermögensumstände der Kunst geopfert habe, dem Staate nichts gekostet und mich nun ganz erschöpft habe, daß ich dafür die Kränkung haben muß, zum Spott aller Kollegen und Unkundigen in den öffentlichen Verhandlungen hinterdrein geduckt zu werden! Wie muß ich mich schämen, wie stehe ich gegen die übrigen allein, unbeachtet und wertlos da ... Warum werde ich so zurückgesetzt?"* Diese Frage, ohne Antwort, wird den Maler, Radierer und Lithographen in heillose Depressionen treiben. Einundvierzigjährig endet der Verkannte in geistiger Umnachtung.

Wenn an Carl Blechen (1798–1840) schon nicht mehr sein **GEBURTSHAUS** erinnert, so doch eine Gedenktafel an Ort und Stelle. **Berliner Straße**/nahe Mauerstraße. Cottbus ehrt seinen großen Sohn mit einer ständigen Ausstellung in **Schloß Branitz.**

Berlin hat dem Vorläufer des Impressionismus die Anerkennung versagt. (Auch wer verfrüht kommt, wird vom Leben gestraft.) Das Motto des Unzeitgemäßen: Heraus aus dem Atelier, hinein in die freie Natur! Helle, sonnengesättigte Landschaften Italiens saugen seine Augen in sich auf; flutendes Licht läßt die Konturen verschwimmen. Das Publikum reagiert befremdet. Mehr noch, als auf der Leinwand das Eisenwalzwerk von Eberswalde erscheint. Kein würdiges Objekt?

Bettina v. Arnim: *„Ich irre nicht, wenn ich Blechens gestörte Organisation dem Mangel an Teilnahme und Begriff seiner Mitwelt zuschreibe. Noch erhitzt von den Steigerungen seines Innern bei so kühnen Visionen prallte er von allen Seiten an das mauerfeste Gefängnis der Philisterwelt ... Kaltes Mißverstehen, blödsinniges Urteil, neidisches Verzerren seiner gigantischen Versuche machten ihn rasend, und kein Tröpfchen Tau des Einverständnisses sollte ihn erquicken."*

● Stadtmuseum: August-Bebel-Str. 85

Die Freiheit und 15 Silbergroschen

Die Bürgerhäuser auf dem **Altmarkt** mit ihren schmucken Giebeln, Erkern und Türmchen machen es dem Betrachter leicht, sich in das Jahr 1848 zurückzuversetzen. Das **RATHAUS** jedoch, mitten auf dem Marktplatz hat es einmal gestanden, bleibt der Phantasie überlassen. Seine Mauern sanken 1945 in Schutt und Asche. Hundert Jahre zuvor, als die Revolution das Haupt erhob, klirrten nur die Fensterscheiben!

18. April 1848. Notleidende Tuchmacher wollen die Früchte der Berliner Barrikadenkämpfe, vier Wochen sind seitdem vergangen, endlich ernten: einen Mindestlohn von fünfzehn Silbergroschen. An der Spitze die schwarz-rot-goldene Freiheitsfahne, ziehen Kundgebungsteilnehmer vom **Wall** stadteinwärts. Das Landwehrzeughaus sowie einige Destillen am Wege werden gestürmt. Eine Schützengarde muß nach kurzem Schuß-, Hieb- und Stichwechsel zurückweichen. Samuel Zippel aus nächster Nähe: *„Sie haben das Steinpflaster aufgerissen und sämtliche Fenster des Rathauses, so hoch sie gewesen, auch des Ratskeller-Pächters Proschs Fenster, kurz, um das ganze Rathaus herum kein Fenster heil gelassen."*

Inmitten der erregten Volksmenge schreitet Gymnasialoberlehrer Heinrich Bolze (1813–1888). Schon am 12. Januar 1846 hat er den Cottbuser Handwerkerverein gegründet, einen wohlmeinenden Kultur- und Bildungsverein. *„In der Überzeugung, daß Bildung der beste Demagoge ist, der seinen Scharen langsam aber sicher das gleiche Recht in der menschlichen Gesellschaft gründet und zur wahren Demokratie im edelsten Sinne führt."* Seine anfangs naturwissenschaftlichen Vorträge *(Über die Entstehung des Windes)* wenden sich im Revolutionsjahr den brennenden Tagesthemen zu *(Über das Wesen des konstitutionellen Staates).* Konstitutioneller Klub, Demokratischer Verein, Volksverein: in seiner wechselnden Mitgliedschaft spiegelt sich die Entwicklung vom liberal gesinnten Bürger zum sozialen Demokraten. *„Den Vorwurf, ich sei ein Wühler, kann ich mit großer Ruhe von mir abweisen. Diejenigen sind die Anstifter von Unfrieden, welche die Gerechtigkeit verweigern, nicht diejenigen, welche sie fordern."* Zeitlebens wird er den 48er-Idealen die Treue bewahren. Als Volksbildner, als Heimatforscher, als Theaterdichter. *„Während auf der einen Seite der menschlichen Gesellschaft die Genüsse sich anhäufen, bleibt die andere Seite in einem erbarmungsvollen Zustande zurück ... Die heutige Armut ist wie ein zehrendes Fieber."*

● Schüsse am Spremberger Turm

Berlin, 13. März 1920. *„Die bisherige Reichsregierung hat aufgehört zu sein . . . Eine neue Regierung der Ordnung, der Freiheit und der Tat wird gebildet."* Ein unzufriedener General (Lüttwitz), der zwei ihm unterstellte Marinebrigaden nicht demobilisieren will, und ein ebenso unzufriedener Politiker (Kapp), dem die ganze sozialdemokratische Richtung nicht paßt, haben die Ministerien besetzen lassen. *Kapp-Putsch.* Reichspräsident Ebert und Reichskanzler Bauer müssen fliehen.
Cottbus, den 14. März 1920. Mehrere tausend Arbeiter, vorwiegend aus den heimischen Textilfabriken, versammeln sich auf dem BERLINER PLATZ. Proklamieren zur Verteidigung der Republik den Generalstreik. Alle Räder sollen stillstehen. Der starke Arm: ein Aktionskomitee aus Vertretern von SPD, USPD, KPD und Gewerkschaftsbund.
Cottbus, den 15. März. Garnisonskommandant Major Buchrucker, ein Sympathisant der Putschisten, greift nach der lokalen Macht. *„Verordnung! Die Rädelsführer, die sich der Verordnung zur Sicherung volkswirtschaftlich wichtiger Betriebe und in der Verordnung zum Schutze des Arbeitsfriedens unter Strafe gestellten Handlungen schuldig machen, werden ebenso wie die Streikposten mit dem Tode bestraft."* Als Uniformierte ausrücken, um die Bekanntmachung zu kleben, sind sie von Streikenden dicht umlagert. Es mangelt an der nötigen Bewegungsfreiheit, und im Gedränge geht die eine oder andere Waffe verloren. Zwei Kompanien samt leichter Maschinengewehre bahnen sich mühsam den Weg durch die wogende Menge. Auf dem KAISER-WILHELM-PLATZ, der eines späteren Tages *Thälmannplatz* heißen wird, kommt es zur Konfrontation. *„Straße frei!"* Die entnervte Truppe feuert. Vier Tote und fünf Verletzte liegen am **Spremberger Turm** in ihrem Blut.

Sitz des Aktionskomitees ist Löchers Gasthof in der SANDOWER HAUPTSTRASSE 29. Ja, das *„rote Sandow"*, ein traditionsreiches Arbeiterviertel! Hier laufen die Fäden der Streikenden zusammen. Von hier erhalten die sich Bewaffnenden ihre Befehle, und stündlich trifft Verstärkung ein. Aus Guben, aus Forst, aus Döbern, aus Senftenberg. Die südliche Niederlausitz ist in Aufruhr. Regelrechte Gefechte entbrennen bei Branitz, Sachsendorf und Willmersdorf. Ein gepanzerter Eisenbahnzug mit Nachschub für die Garnison kommt nicht durch . . .

DISSEN

● „Das Sorbentum! Was war es …

was ist es, was wird aus ihm werden? Wie erwärmt sich doch unser Herz in heiliger Liebe, wenn wir dieses Wort hören. Wie ist unsere Seele betrübt, wie siecht sie geknickt dahin, wenn wir an das Schicksal unseres Volkes denken. So wie die Bächlein in den Bergen aus allen Ecken und Enden hervorquellen, so viele Gedanken erweckt in uns das einzige Wort: Sorbentum. Bemühen wir uns, daß diese Bäche sich zu einem breiten, mächtigen Strom vereinen."
Bogumil Swjela (1873–1948) blickt ernst vom steinernen Sockel. Zur fachwerkenen **KIRCHE** hinüber, wo er siebenundzwanzig Jahre lang als Dorfpastor predigte: sowohl das ewige Leben im Himmel als auch das kulturelle Überleben auf Erden. Bis ihm die Nazis 1940 das Wort verboten und die Ausweisung verfügten.
„Die Sorben wollen Sorben bleiben. Diese Forderung ist auch heute noch mächtig. Mögen unsere Feinde und die Abtrünnigen, mögen sie zehnmal sagen, daß die sorbischen Bauern keine Sorben bleiben wollen." So hatte am 13. Oktober 1912 in Hoyerswerda das Gründungsmitglied der *Domowina* gesprochen. *Heimat* heißt die ins Leben gerufene Dachorganisation aller sorbischen Vereine. Sie soll der Antriebsmotor sein einer neu zu gebärenden Lausitzer Identität.

„Der Mensch ist Körper und Blut, deshalb muß er erst seinen Körper ernähren, dann erst kann er geistige Güter aufnehmen. Gelehrte Menschen, wie Pfarrer und Lehrer, können zwar das Volk führen, aber der Stamm und der Kern des Volkes … das sind die Bauern, die Arbeiter, die Handwerker und Kaufleute. Wie diese zur nationalen Arbeit stehen, davon hängt die Zukunft und das weitere Bestehen des sorbischen Volkes ab." Acht Jahrzehnte sind nun seit jenem hoffnungsvollen Aufbruch vergangen. Ob der Pfarrer und Organisator, der Volkskundler und Zeitungsredakteur *(Pratyja, Bramborski Casnik, Serbski Casnik)* heute resignieren würde? Was wird bleiben jenseits touristischer Trachtenfolklore?

● Sorbisches Museum: Alte Schule

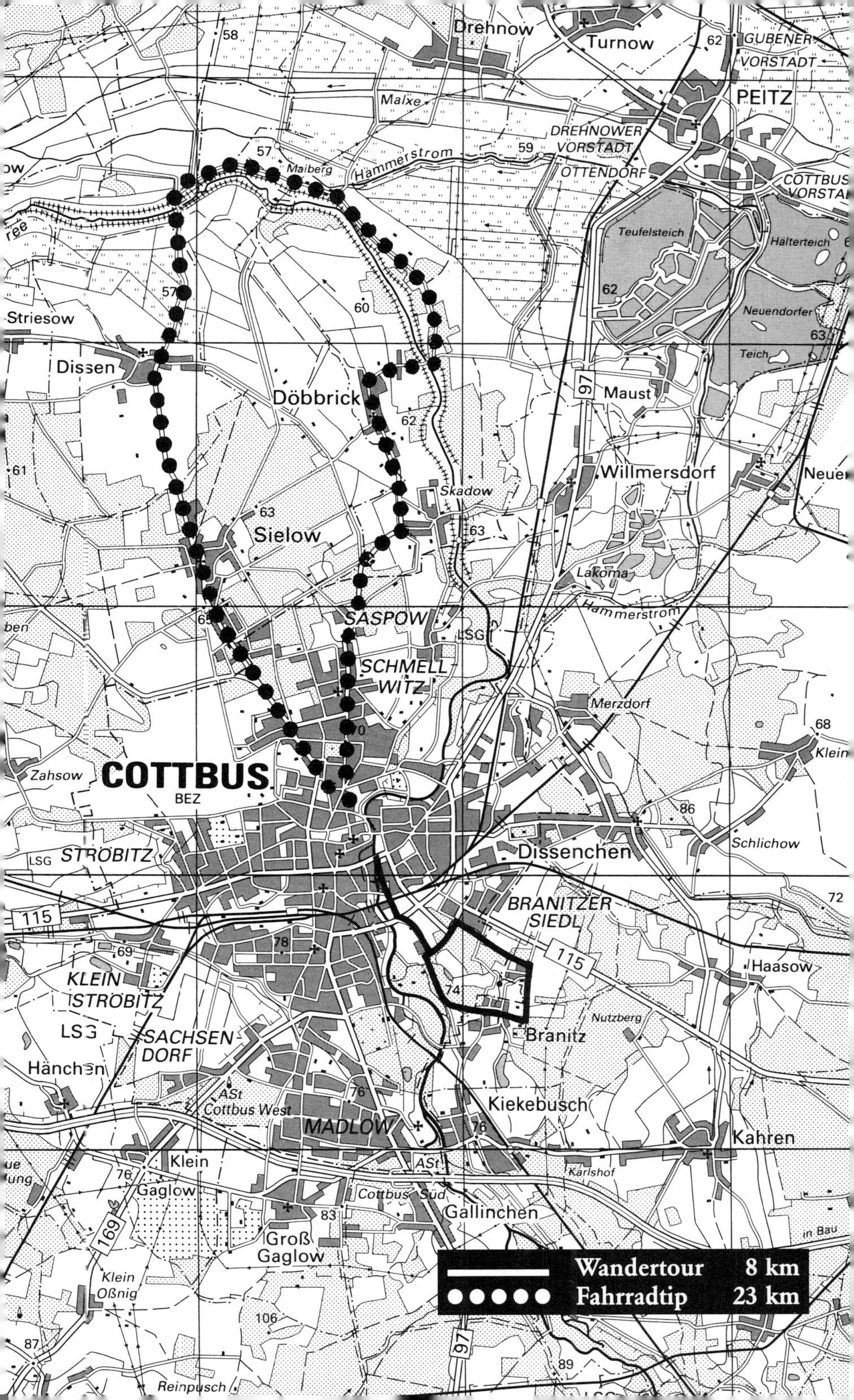
Drehnow
Turnow
GUBENER VORSTADT
PEITZ
Malxe
DREHNOWER VORSTADT
Hammerstrom
Maiberg
OTTENDORF
Teufelsteich
Hälterteich
Neuendorfer Teich
Striesow
Dissen
Döbbrick
Maust
Willmersdorf
Skadow
Sielow
Lakoma
Hammerstrom
SASPOW
SCHMELLWITZ
LSG
Merzdorf
COTTBUS
BEZ
Zahsow
Dissenchen
Schlichow
STROBITZ
BRANITZER SIEDL
Haasow
KLEIN STROBITZ
Nutzberg
Branitz
SACHSENDORF
Hänchen
ASt Cottbus West
Kiekebusch
MADLOW
Kahren
Klein Gaglow
Karlshof
ASt Cottbus Süd
Gallinchen
Groß Gaglow
in Bau
Klein Oßnig
Reinpusch
Wandertour 8 km
Fahrradtip 23 km

Die Zauche

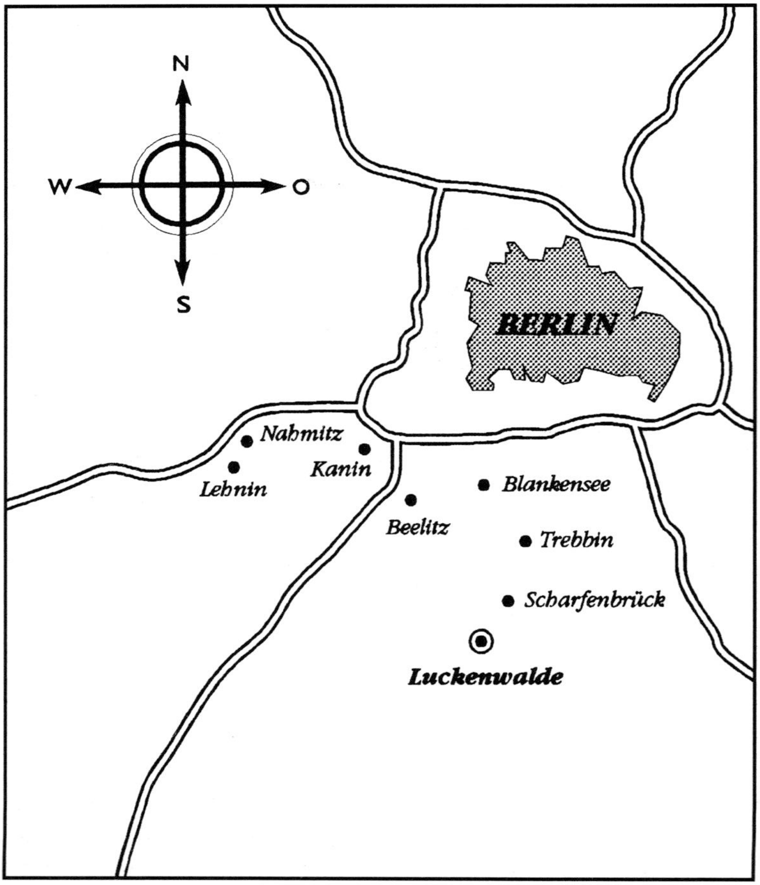
N
W
O
S
BERLIN
Nahmitz
Kanin
Lehnin
Beelitz
Blankensee
Trebbin
Scharfenbrück
Luckenwalde

Daß der alte Name Zauche aus dem Wendischen stammt, darüber besteht Einigkeit; was aber bedeutet er?
Seit langem sind die Gelehrten in Streit geraten. Gehen die einen auf das Wort „Ssucha“ (dürres, trockenes Land) zurück, so favorisieren andere die Wortwurzel „Sluka“ (Sumpfland). Sand oder Sumpf, das ist hier die Frage.
Wer zwischen Havelniederung und Fläminghöhen, zwischen Nuthe und Plane stromert, dessen Urteil wird schwanken: Zweifellos ziemlich trocken, die Kiefernwälder südlich des Schwielowsees. Zweifellos recht feucht, die Auen an Nieplitz und Brücker Graben.
„Hier ruht der erste Abt ... den das feindselige Slawenvolk ermordet hat.“ Als ich in der Lehniner Klosterkirche stehe, schiebt sich mir ein gewalttätiges Stück Kirchengeschichte in den Blick. Gemordeter Abt? Die mönchischen Missionare haben den Unwillen der unterworfenen Wenden an Leib und Leben zu spüren bekommen!
An einem Maientag im Spargelstädtchen Beelitz einkehren, zu Pellkartoffeln und zerlassener Butter. Vielleicht wird Sie bei einem Rundgang der achteckige Kapellenanbau von St. Marien verwundern. Geschäftstüchtige Gottesmänner des so christlichen Mittelalters verwahrten darin heilkräftiges „Wunderblut“. Bis 1529 Caspar Woldenscher, erster protestantischer Pastor, das Heiligtum pietätlos entzauberte!
In Blankensee hat Hermann Sudermann, gefeierter und geschmähter Dramatiker des Naturalismus, sein privates Arkadien geschaffen. Aus verschuldetem Adelsschlößchen ... mit graziösen Göttinnen, Putten, Kurtisanen.
Am Trebbiner Marktplatz tagt 1918 der lokale Arbeiter- und Soldatenrat. Bewaffnete Trupps mit roten Armbinden kontrollieren die Durchgangsstraße nach Berlin.
Rudolf Dutschke, Abiturient der Luckenwalder Lenin-Oberschule, muß sich 1958 vor versammelter Lehrer- und Schülerschaft verantworten. Verweigert er doch als einziger den „freiwilligen“ Ehrendienst bei der Kasernierten Volkspolizei!

12.
Im Dunkel über die Grenze

– Kanin –

Wenn es stimmt, was Großmutter glaubte – daß Gesetzesbrecher nach ihrem Tode stets an den Ort ihrer Missetaten zurückkehren, dann ist der Wald zwischen Kanin und Ferch des Nachts voller Menschen. Ein hügeliges, unübersichtliches Terrain mit knorrigen Kiefern und dichtem, verwachsenen Unterholz. Ideale Voraussetzungen für die Entstehung eines rechtsfreien Raumes, eines gesetzlosen Niemandslandes, was in despotischen Zeiten immer auch ein Stück Freiheit bedeutete. Hier waren die herrschaftlichen Häscher nicht allgegenwärtig, hier konnten widerwillige Untertanen nach eigenem Gutdünken walten.
Wer eine Nachtwanderung wagen will in diese weitläufigen Wälder, der schrecke nicht auf bei jedem Knacken eines trockenen Zweiges, bei jedem Rascheln im Gebüsch. Sie sind wohl noch unterwegs, die freibeuterischen Wildschützen, dreist das adelige Jagdmonopol mißachtend. Noch immer keuchen sie schwer, die heimlichen Schmuggler, unter der Last ihrer Kaffesäcke (→ S. 224). Und aufmerksam lauschen sie jedem Laut, entlaufene preußische Soldaten auf dem Weg in die sächsische Freiheit.

Sächsische Freiheit? Jawohl! In der Potsdamer Garnison gilt es im 18. Jahrhundert als ein offenes Geheimnis, wie nahe die rettende Landesgrenze verläuft. Nur drei bis vier Stunden Fußmarsch sollen es sein, raunen sich unwillige Rekruten zu, und die Richtung ist gar nicht zu verfehlen. Immer am Wasser entlang, wissen Ortskundige den Weg zu weisen, erst am Templiner See, dann am Schwielowsee, und hinter Ferch ein wenig nach rechts halten. Immer im Schutz der Bäume, und wenn der Wald aufhört, dann liegen sie schon vor

Augen, die drei sächsischen Dörfer Kanin, Klaistow und Busendorf; nördlichste Ausläufer der kursächsischen Grafschaft Belzig. Nun noch ein paar Luchwiesen überwinden, in deren Morast sich die Grenze verliert, dreimal tief durchatmen und – am Ziel!

„*Wachse nicht weiter, sonst fangen dich die Werber*", warnen märkische Mütter ihre Söhne, denn *Lange Kerls* sind des *Soldatenkönigs* liebste Kinder. Rigoros hat Friedrich Wilhelm I. die Hofhaltung eingeschränkt. Die eingesparten Gelder verschlingt samt und sonders das fortwährend erweiterte Militär. Achtzigtausend Mann soll es 1740 am Ende seiner Regierungszeit zählen. Mit einer Bevölkerungszahl von nur zweieinviertel Millionen rangiert Preußen in Europa an dreizehnter Stelle, mit seiner Heeresstärke jedoch an dritter. „*Andere Staaten besitzen eine Armee, Preußen ist eine Armee, die einen Staat besitzt*", kommentiert Graf Mirabeau. Und die Soldaten sind keineswegs freiwillig zu den Fahnen geeilt, vielmehr von Werbern betrunken in Uniform gepreßt oder durch das Kantonsystem zwangsrekrutiert. Bei kärglichem Sold und täglichem Drill. Für Disziplin sorgt, ganz im Sinne Friedrichs II., der Korporalsstock: „*Überhaupt muß der gemeine Soldat vor dem Offizier mehr Furcht als vor dem Feinde haben.*" Da hilft nur Flucht.

Ist in der Residenz eine Desertion bemerkt, böllert eine speziell für diesen Zweck reservierte Kanone Alarm. In Windeseile wissen die in Caputh, am Fercher Wietkiekenberg und im Beelitzer Vorwerk Rummelsborn (heute Fichtenwalde) stationierten Husarenkommandos Bescheid. Wenn sich die Reiter auf ihre Pferde schwingen, beginnt eine wilde Jagd. Da ducken sich Deserteure tief ins Dickicht und warten auf die Dunkelheit.
Hat ein Soldat in vollem Lauf das ersehnte Kanin erreicht, so lauert noch eine letzte Gefahr: der **Kaniner Krug.** Mancher ist sogleich ins Wirtshaus gestürzt, um mit einem kühlen Schluck Braunbier den brennenden Durst zu löschen. Doch bevor noch die neue Freiheit begossen werden kann, sieht er sich ungläubigen Auges von Husaren umringt. Eine teuflische Deserteurfalle schnappt soeben zu. Jemand wird ihm hohnlachend erklären, daß Kanin zwar sächsisch, der gastliche Krug aber mit seinen sechs Morgen Land eine preußische Enklave ist; ein von alters her gänzlich eigenständiger Gutsbezirk.
Für den Rückweg nach Potsdam muß man den Gefangenen auf ein Pferd binden, damit seine Füße nicht einen Fußbreit Sachsenland

berühren. In der Garnison erwartet ihn das gefürchtete Strafgericht: *Spießrutenlaufen.* Zweihundert Kameraden seines Regiments postieren sich in zwei langen Reihen, schlagen mit ihren in Salzwasser getauchten Ruten auf den Delinquenten ein, bis die Haut in Fetzen hängt. Und wer nicht fest genug prügelt, der muß als nächster durch die Gasse.
Etlichen Deserteuren ist diese Tortur erspart geblieben. Kaniner Bauern haben die Glücklichen rechtzeitig vor dem Betreten des Dorfkrugs gewarnt, sie gelegentlich für ein paar Tage in Acker- oder Stalldienst genommen. Ausgerüstet mit genügend Proviant und präziser Wegbeschreibung, ging es dann weiter nach Süden; nur nicht von der Straße nach Brück abkommen, denn Preußen war noch immer gefährlich nah und der sichere sächsische Korridor stellenweise nur einen Kilometer breit.

Wenn heutigen Tags Potsdamer Soldaten entlaufen, so werden sie den alten *Kaniner Krug* kaum wiedererkennen. Das langgestreckte Haus mit dem abgeschrägten Walmdach steht zwar noch immer an seinem Platz **(Chausseestraße 2),** aber die einladende Gastlichkeit ist zwischen den Jahren verlorengegangen. Größere Fenster, lückenlos mit Gardinen verhängt, haben Einzug gehalten und die Eingangstür auf die Hofseite verdrängt. Wo sind sie geblieben, die ehrwürdigen drei Lindenbäume mit der gemütlichen Feierabendbank? Ein kühles Bier schenkt schon seit langem niemand mehr aus . . . und die Husarenkommandos, sie lauern anderswo.

● Das entzauberte Wunderblut

Im Jahre 1529 bringt es der erste evangelische Pastor Caspar Woldenscher an den Tag. *„Da haben sie im Cristall Glas keine Ostien, sondern ein grobleinen Tüchlein darin gewickelt befunden, in welchem vertunckelt etzliche Bluts-Tropfen gescheinet, das hat man den Leuten gewiesen und sie also greulich verblendet und zur Abgötterey getrieben."* Das pietätlos analysierte Heiligtum wird ins Feuer, seine Asche ins Wasser geworfen.

Am Anfang des Beelitzer Wunderglaubens steht eine düstere Legende, in gläubigen Augen freilich eine wahre Begebenheit: *„Es haben einige Juden mit einer Dienstmagd gehandelt um ein gewisses Geld ihnen eine gesegnete Hostie zu bringen; darauf ist sie zum Sakrament gegangen und hat die empfangene Hostie den Juden gegeben. Die Juden haben danach dem Herrn Christo zu Unehren in die Hostie gestochen, welche aber Blut soll von sich gegeben haben."* Die Schändungen des Leibes Christi wurden wundersam entdeckt, die Frevler vor den Toren der Stadt verbrannt.

Bei dem Chronisten Sebaldus ist detailliert nachzulesen, wie ein heiliger Ort entsteht. *„Die Meß-Pfaffen haben allsobald die Hostie zu sich genommen und eine Wallfahrt zu dem Wunderblut verordnet, welche auch Ricberus, der Bischof zu Brandenburg, 1247 confirmiret und einen Ablaßbrief in lateinischer Sprache dazu gegeben hat, dessen Inhalt ist, daß all Denen, welche das Beelitz'sche Wunderblut besuchen und den Tag nach der Himmelfahrt Mariae herkommen, sollen vierzig Bußtage erlassen sein von denen, die ihnen auferlegt sind. Daher ist denn ein großer Zulauf geworden und hat ein jeder das neue Wunderblut sehen wollen und Gnade und Vergebung der Sünden holen."* Die von nah und fern herbeiströmenden Sünder machen im Jahre 1370 eine bleibende Investition erforderlich: den achteckigen **Kapellenanbau** an der Nordostseite von **ST. MARIEN**. Ein Loch in der Mauer gibt den Blick auf die heilverheißende Reliquie frei. Einmal im Monat muß sie herausgeholt und in feierlicher Prozession um die Marienkirche getragen werden. Das Blut in der gläsernen Monstranz würde sonst überlaufen, so sagten die geistlichen Zeremonienmeister.

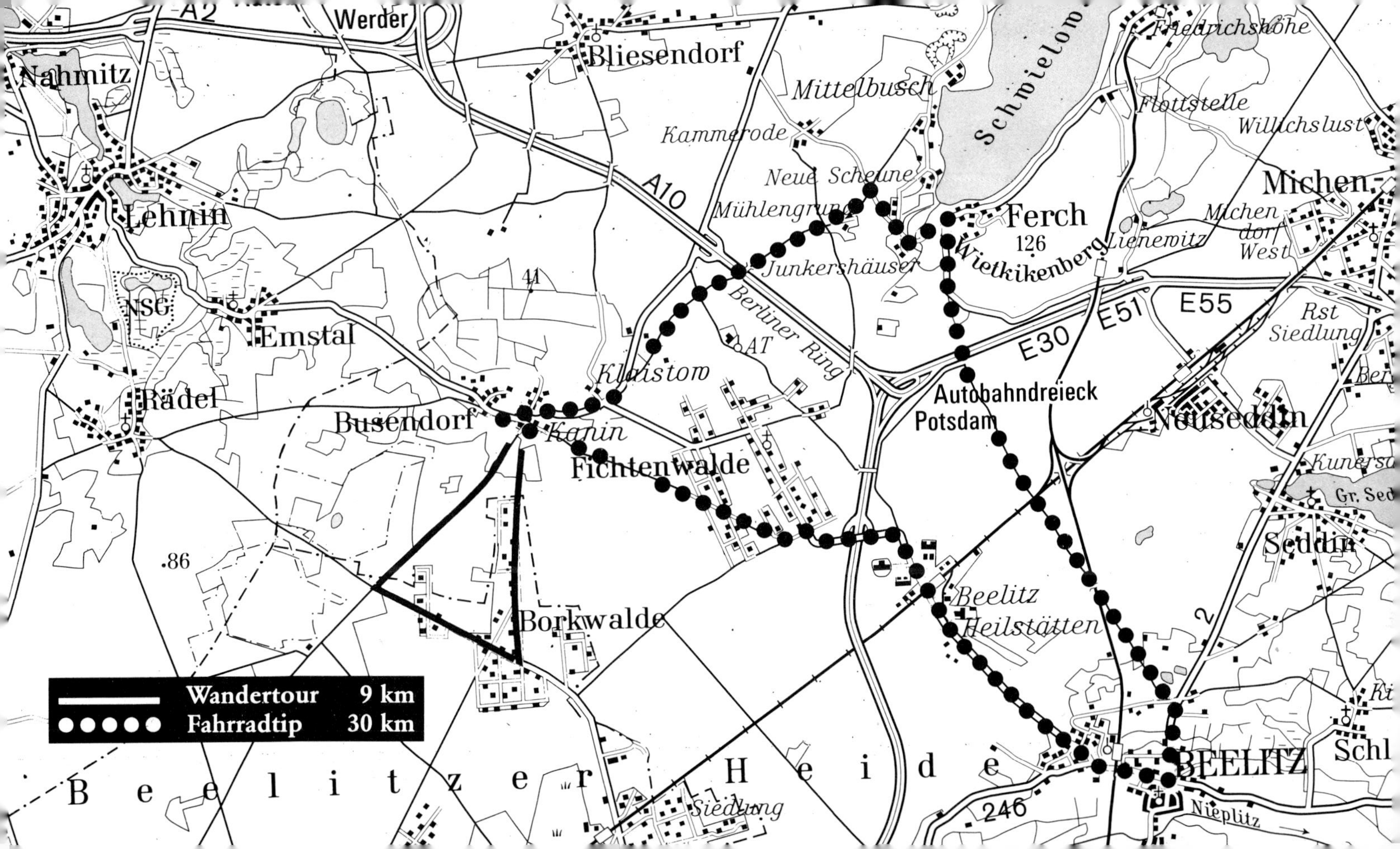

Wandertour 9 km
Fahrradtip 30 km
Werder
A2
A10
Nahmitz
Lehnin
NSG
Emstal
Rädel
Busendorf
Kanin
Kleistow
Fichtenwalde
Borkwalde
Bliesendorf
Mittelbusch
Kammerode
Neue Scheune
Mühlengrund
Junkershäuser
Berliner Ring
Schwielowsee
Ferch
126
Wietkikenberg
Lienewitz
Flottstelle
Friedrichshöhe
Willichslust
Michen
Michendorf West
E30
E51
E55
Rst Siedlung
Autobahndreieck Potsdam
Neuseddin
Seddin
Beelitz Heilstätten
BEELITZ
Nieplitz
246
Schl
Siedlung
41
.86
Beelitzer Heide

▲ *Kloster Lehnin*
▼ *Abt Sibolds gewaltsames Ende*

13.
Der tödliche Zorn der Wenden

– Kloster Lehnin –

An der Westseite der Lehniner **Klosterkirche** hängen drei wenig beachtete Gemälde. Wer vor ihren ermatteten Farben verharrt, blickt tief in den Abgrund der Vergangenheit. *„Hic iacet occisus prior abbas ... Slavica quem stravit gens inimica."* Schon die lateinische Inschrift gibt dem Betrachter Rätsel auf, sofern er nicht die *Wanderungen* des sprachkundigen Fontane in der Tasche trägt: *„Hier ruht der erste gemordete Abt, dem das Paradies mit Recht offensteht, den das feindselige Slawenvolk ermordet hat."* Gemordeter Abt? Feindseliges Slawenvolk? Man beginnt zu ahnen, daß hier ein blutiges Stück Kirchengeschichte auf Holz und Leinwand gebannt worden ist.

Seit dem Wilzenfeldzug Karls des Großen im Jahre 789 gelten die ostelbischen Gebiete als vorrangiges Ziel germanischer Eroberungspolitik. Jedoch mehr als vierhundert Jahre sollten vergehen bis zur endgültigen Unterwerfung der ansässigen und zunehmend aufsässigeren Wenden. Die Gründung der Bistümer Havelberg und Brandenburg (948), der große Slawenaufstand (983), der letztlich siegreiche Wendenkreuzzug (1147) – das waren Marksteine in dem viele Generationen währenden Ringen.
Drei Gewichte wußten die gut gerüsteten Angreifer in die Waagschale zu werfen: ihre gepanzerten Ritterheere, ihre bäuerlichen Siedler und, unentbehrlich, ihre missionshungrigen Priester. Ein unwiderstehliches Team. Während die einen militärische Breschen schlugen und die anderen fruchtbaren Boden unter den Pflug nahmen, rückten die dritten den alten wendischen Göttern zu Leibe. Besondere Verdienste bei dieser Aufgabe erwarben sich die Mönche und Nonnen des Zisterzienserordens. Von Zinna bis

Zehdenick, von Friedland bis Chorin setzten sie Kloster um Kloster in den märkischen Sand; 1180 auch in die Lehniner Sümpfe. Die Reste der wehrhaften Außenmauer mit ihren wachsamen Türmen spiegeln noch immer die feindliche Reaktion der Wenden. Gern hätten sie das angestammte Land behalten und mit ihm die bewährten Gottheiten der Väter und Vorväter. Allen voran den dreiköpfigen Triglaff, dessen naturgewaltige Allmacht Schutz und Hilfe verheißt; auch Belbog, verehrt im hellen Sonnenschein, sowie den finsteren Czernibog, der Tod und Verderben über die neuen Herren bringen würde. Und mancher setzt alle Hoffnung in die sturmtosenden Nächte, wenn auf feurigen Rössern Kriegsgott Suatovit durch die Lüfte reitet. Mögen vor ihm die fremden Götter in den Staub sinken!

Um das Jahr 1190 kommt es zu einem tödlichen Zwischenfall. Schon früh am Morgen ist Abt Sibold mit einem Klosterbruder aufgebrochen, um in den benachbarten Ortschaften zu predigen. Eine heiße Sommersonne steht am Himmel, als die beiden Gottesmänner zur Mittagszeit das Fischerdörfchen **Nahmitz** erreichen. Auf kurze Rast treten sie in eine der ärmlichen Hütten; einen kühlen Trunk wird man ihnen schon nicht verweigern. Aber es kommt ganz anders. Durch den ungebetenen Besuch zutiefst verstört, hat sich die Fischersfrau unter einen Backtrog geflüchtet, während ihre Kinder laut hilferufend zum See hinunterrennen. Fontane berichtet uns die altüberlieferten Ereignisse mit einer Anschaulichkeit, als sei er persönlich dabeigewesen.
„Der bittere Groll, den das Wendentum gegen die deutschen Eindringlinge unterhielt, brach jetzt in lichte Flammen aus. Mit wildem Geschrei stürzten alle ins Dorf, umstellten das Haus und drangen auf den Abt ein, der sich, als er wahrnahm, daß ihm dieser Angriff gelte, samt seinem Begleiter durch die Flucht zu retten suchte. Der nahe Wald bot vorläufig Schutz, aber die verfolgenden Dörfler waren ausdauernder als der ältliche und

wohlbeleibte Abt, der es endlich vorzog, einen Baum zu erklettern, um, gedeckt durch das dichte Laubgebüsch desselben, seinen Verfolgern zu entgehen. Der Mönchsbruder eilte inzwischen voraus, um Hilfe aus dem Kloster herbeizuholen. Abt Sibold schien gerettet, aber ein Schlüsselbund, das er beim Erklettern des Baumes verloren hatte, verriet sein Versteck. Wohl kamen endlich die Mönche und beschworen den tobenden Volkshaufen, von seinem Vorhaben abzulassen. Der Säckelmeister bot Geld, der Abt selbst versprach ihnen Erlaß des Zehnten, dazu Feld und Heide, aber die wilden Burschen bestanden auf ihrer Rache.“

Eine Bluttat, die den militärischen, wirtschaftlichen und religiösen Untergang der Wenden nicht aufhalten konnte. Lediglich in der Lausitz und im schwer zugänglichen Spreewald (→ S. 133) haben sie als Sorben einen Rest kultureller Identität bewahrt – gegen alle Unterdrückung.

Auch in der Lehniner Klosterkirche ruht bis auf den heutigen Tag eine wendische Hinterlassenschaft. Treten wir vor den Altar, den Blick suchend zu Boden gesenkt. Da, in die Altarstufe eingemauert, ein uralter, verkieselter Eichenstumpf!

Über seine Bedeutung ist viel gerätselt worden, und eine fromme Legende erzählt: Unter dieser Eiche fiel einst Markgraf Otto I. bei einer Hetzjagd in tiefen Schlaf. Ein kräftiger Hirsch mit mächtigem Geweih, der kein anderer als Luzifer selber war, stürzte im Traum bedrohlich auf ihn zu. Als der Bedrängte in höchster Not Jesu Christi Namen rief, wich die Erscheinung und verschwand. Dankbar ließ der wundersam Gerettete an eben dieser Stelle ein Kloster errichten. Kloster Lehnin.

Eine ganz andere, wenn auch kirchlichen Ohren unliebsame Erklärung dürfte der historischen Wahrheit näherkommen. Bei dem geheimnisumwitterten Eichenstumpf kann es sich um den kläglichen Überrest eines wendischen Heiligtums handeln, frevlerisch verstümmelt und seiner magischen Macht beraubt. Möglicherweise hat sich im vorchristlichen Lehnin eine heidnische Opferstätte befunden mit einem kraftvollen Baum als sakralem Mittelpunkt. Für die siegreichen Missionare jener Zeit war es nicht ungewöhnlich, einen solchen Ort zu entweihen und mit einem eigenen Kultbau zu besetzen.

Betrachten wir den abgesägten Eichbaum als ein Denk-mal, ja als ein Mahnmal, für die gekreuzigte slawische Naturreligion. Und achten wir die ausgelöschten Völkerschaften der Wenden als die Indianerstämme, die Rothäute der Mark Brandenburg . . .

● Pseudonym Willibald Alexis

Aus dem Namen der Hugenottenfamilie *Harenc* ist die unglückliche Verdeutschung *Häring* geworden. Eine solche Hypothek will der angehende Journalist und Schriftsteller (1798–1871) nicht tragen. Seine augenzwinkernde Alternative: *Alexis* (lat. alec), d. h. Fischsoße.

„Es fiel noch keinem Regenten in Neapel ein, den Krater des Vesuv zu verstopfen, weil er Feuer speit." Metaphorisch und doch unmißverständlich geißelt er 1843 in der *Vossischen Zeitung* das Oberzensurkollegium. Pressefreiheit liege nun einmal *„im Blut, in der Luft, in der Vernunft"*. Besser ein frischer Wind des freien Wortes als muffige monarchische Stubenluft. *„Freilich, wer selbst nicht fest steht, den wirft der Wind um."* Wie fest aber steht der König? Kleinlich beharrt Friedrich Wilhelm IV. auf den vormärzlichen Zensurbestimmungen, mit großen Worten: *„Was ich nicht will, ist das Übel schrankenloser Verbreitung verführerischer Irrtümer und verderbter Theorien über die heiligsten und ehrwürdigsten Angelegenheiten der Gesellschaft."* Der königliche Tadel trifft den Empfindsamen so persönlich, daß er sich aus dem Tagesjournalismus zurückzieht. In die Welt seiner historischen Romane: *Cabanis, Der Roland von Berlin, Ruhe ist die erste Bürgerpflicht, Isegrim, Der falsche Woldemar.*

Vor dem Eingang des Waldfriedhofs erhebt sich ein behauener Findlingsblock. Warum man Alexis gerade in Lehnin ein Denkmal errichtet hat? *„Dem Dichter der Mark an der Stätte seines Wirkens"*, erläuterte eine vor Jahren verschwundene Bronzetafel.

1846 steht sein Schreibtisch nur ein paar Schritte entfernt in der **OBERFÖRSTEREI** an der **Gartenstraße.** Bei seinem Schwager verbringt der Berliner gern die Sommermonate und läßt die hiesige Landschaft mit ihren Wäldern und Sümpfen in die Zeilen einfließen. Speziell in den Roman *Die Hosen des Herrn v. Bredow,* ein humoriges Lebensbild jener Zeit, als der märkische Adel unter die Hohenzollern fiel. Darin avanciert der slawische Erdwall am Mittelsee zur Bredowschen Burg Hohenziatz. Und die besagten Hosen ... Der geneigte Interessent lese selbst.

NAHMITZ

● Weh denen, die dort wohnen

Als Fontane im vergangenen Jahrhundert durch das kleine Dorf wanderte, wiesen die Bewohner verstohlen auf jenes Gehöft, wo der Mord an Abt Sibold (→ S. 159) seinen Anfang nahm. „*Das Haus selbst hat natürlich längst einem anderen Platz gemacht, doch ist ein Unsegen an der Stelle haftengeblieben. Die Besitzer wechseln, und mit ihnen wechselt die Gestalt des Mißgeschicks. Aber das Mißgeschick selber bleibt. Das Feuer verzehrt die vollen Scheunen, böse Leidenschaften nehmen den Frieden, oder der Tod nimmt das liebste Kind.*"
Wer sich heute bei den Einheimischen umhört, wird nur Kopfschütteln ernten. Niemand weiß die unselige Stätte mehr zu nennen.

● Wind und Teufel mahlen gut

Auch die Eiche, um der Mordtat willen gefällt, machte im **Wald zwischen Nahmitz und Lehnin** noch Generationen von sich reden. Unverrottet lag der abgehauene Baumriese neben dem Stumpf, niemand wagte ihn zu berühren. „*Erst im vorigen Jahrhundert kam ein Müller, der lud den Stamm auf und sagte zu den Umstehenden: 'Wind und Teufel malen gut'. Aus dem Stamm ließ er eine neue Mühlenwelle machen und setzte die vier Flügel daran. Es schien auch alles nach Wunsch gehen zu wollen, und die Mühle drehte sich lustig im Winde. Aber der Wind wurde immer stärker, und in der Nacht, als der Müller fest schlief, schlugen plötzlich die hellen Flammen auf. Die Mühlwelle, in immer rascherem Drehen, hatte Feuer an sich selbst gelegt, und alles brannte nieder. – 'Wind und Teufel mahlen gut', raunten sich anderen Tags die Leute zu.*"

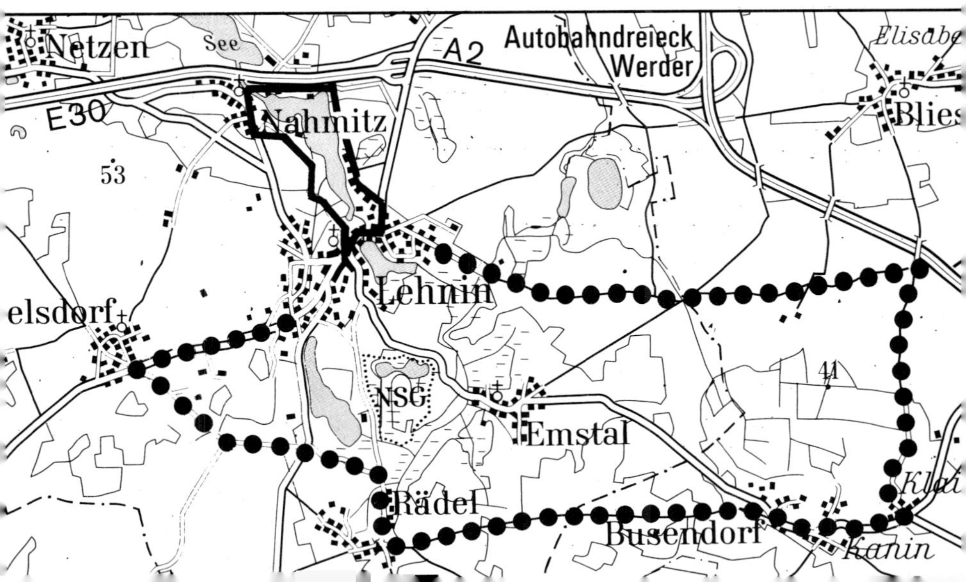

Hans Clawerts

Werckliche Historien / vor niemals im Druck außgegangen / kurtzweilig vnd sehr lustig zu lesen / beschrieben

Durch

Bartholomäum Krüger / Stadtschreiber zu Trebbin.

Gedruckt zu Berlin / durch Nicolaum Voltzen.

ANNO

M. D. LXXXVII.

14.

Der märkische Eulenspiegel

– Trebbin –

Wenn Sie einmal im **Ratskeller** Einkehr halten sollten, dann empfiehlt es sich, über den Tellerrand der Hirschroulade *„Hubertus"* hinauszublicken. Möglichst hoch hinaus bis an die Decke, denn über Ihrem Kopf zieren bunte Bilder das Gemäuer. Szenen aus dem ereignisreichen Leben des Hans Clauert (1506–1566), einem gebürtigen Trebbiner, der mit neckischen Geschichten von sich reden machte . . . oder von Herzen lachen!

Ausgedehnte Wanderjahre haben den abenteuerlustigen Handwerksburschen bis weit ins Ungarische geführt. Erst als die türkischen Heere Budapest einnehmen und gegen Wien vorrücken, tritt der gelernte Schlosser und Büchsenmacher den Rückzug an. Treibt sich mit Lands- und Troßknechten in den Wäldern herum, zieht mit einer Trompete in der Hand bettelnd durch die Dörfer, versucht aus seiner Eigenschaft als abgedankter Türkenkrieger patriotisches Kapital zu schlagen. Ermattet kehrt der weitgereiste Vagabund schließlich in seine Vaterstadt zurück, heiratet eine ordentlich behauste Witwe namens Margareta – und merkt sehr schnell, wie schwer ihm die ungewohnte Seßhaftigkeit fällt. Also den Schlosserberuf an den Nagel gehängt und wieder auf die Landstraße hinaus, diesmal als umherziehender Viehhändler, als Schwänkemacher und Possenreißer.

Ein derber, bäuerlicher Nasenzinken, ein ebenso kräftiges Kinn und scharfe, pfiffige Augen. So kennt ihn mancher landauf, landab; wie er mit Kühen oder Schweinen aus dem Mecklenburgischen kommt und sie auf die Märkte von Teltow, Jüterbog oder Treuenbrietzen treibt. In den Wirtshäusern am Wege ist er ein trinkfester Gast, zumal wenn andere zahlen. Bei Dorfhochzeiten

sieht man ihn, obwohl kein prinzipieller Verfechter ehelicher Treue, an der Tafel schwelgen. Beliebt, aber auch gefürchtet wegen seines Witzes, seiner Schlitzohrigkeit.
Da war einmal ein Geldwechsler, der weiß ein traurig-erheiternd Lied davon zu singen. *„Alte Märker"*, alte märkische Groschen aus unverfälschtem Silber, möchte er von dummen Bauerntölpeln günstig eintauschen und gerät so gänzlich an den Falschen. In Sekundenschnelle wittert unser Clauert seine Chance: Ja, er wisse sehr wohl, wo hunderte von alten Märkern zu finden seien. Dem Wucherer hupft vor Freude das Herz in der Brust. Da heißt es, die wertvolle Bekanntschaft pflegen und nicht an Wein, Weib und Gesang zu sparen. Nach üppig ausschweifendem Bacchanal brechen die beiden Zecher auf; bis sie seltsamerweise vor dem Tor des Trebbiner **Friedhofs** stehen. Fragend blickt der Wucherer den Ortskundigen an ... und hört jenen mit argloser Miene sagen: *„Allhier liegen die ältesten Märker, so weit und breit zu finden sind. Darunter magst du dir die besterhaltenen auslesen."*

Hans Clauert liebt das Spiel mit Worten, nutzt deren Doppeldeutigkeit für seine schelmischen Zwecke. Die Fehler und Schwächen seiner Mitmenschen sind Angriffspunkte verschmitzter Narreteien. Wo immer sich eine Gelegenheit bietet, gibt er Habsucht, Arglist, Eitelkeit oder Hochmut dem Gelächter preis. Wohl dem Betroffenen, der über sich selber lachen kann!

Am 18. April 1565 sinken große Teile Trebbins durch Brandstiftung des Stadtbüttels Gürge Lehmann in Asche. Viel Bauholz schlagen die Bürger in der Zossener Heide, mehr als sie mit ihren verbliebenen Gespannen abfahren können. Amtshauptmann Eustachius von Schlieben hat wegen der verfaulenden Baumstämme getobt und gedroht, jeden ins Gefängnis zu werfen, der noch einmal um Holz käme. Doch weiteres Baumaterial ist dringend nötig, Freiwillige vor! Und wer meldet sich für diesen schweren Gang? Kein anderer als Clauert! Prompt wird der dreiste Bittsteller in den Turm gesperrt, d. h. beinahe. Unterwürfig läßt er den bulligen Kerkermeister vorangehen und wirft hinterrücks die eisenbeschlagene Tür ins Schloß. Als Schlieben den vermeintlichen Arrestanten unter seinen Knechten beim Abendessen entdeckt, muß er von diesem die Worte hören: *„Ihr habt einen Unschuldigen in den Turm geschickt; ich habe mir erlaubt, ein Gleiches zu tun."*

Bis hinauf zu Kurfürst Joachim II. dringt des Gewitzten Ruhm. Neugierig geworden, hat der Landesvater eines Tages sein närrisches Landeskind zu sich geladen. Möchte höchstselbst der Allerwitzigste im ganzen Land sein und drückt dem Gast zum Abschied einen schlechten Scherz in die Hand; ein versiegeltes Schreiben zur sofortigen Überbringung an Amtshauptmann von Schlieben. Eine innere Stimme jedoch läßt Clauert zögern und klammheimlich die Siegel aufbrechen. Siehe da, oh Schreck, was muß er lesen? Der Überbringer ist sofort in Ketten zu legen! Wohin bloß mit einem solchen Haftbefehl – der unschädlichste Ort scheint die verschwiegene Spree. Als der Kurfürst den unbotmäßigen Boten zur Rede stellt, glaubt er seinen Ohren nicht zu trauen: *„Gnädigster Gebieter, Euer eiliges Schreiben habe ich den Fluten der Spree anvertraut, auf daß es sein Ziel um so schneller erreiche!"*

Im Jahre 1566, als der Schwarze Tod dreihundert Trebbiner (die halbe Einwohnerschaft) dahinrafft, muß auch der lebenslustige Eulenspiegel sein Ränzlein schnüren; vermacht dem lieben Gott die Seele, dem Teufel Würfel und Kartenspiel.
Stadtschreiber Bartholomäus Krüger, der den durchtriebenen Schalk noch persönlich kannte, hat dessen Streiche sorgfältig gesammelt und 1587 in Druck gegeben: *Hans Clawerts Werckliche Historien.* Ohne seinen fleißigen Chronisten wäre Clauert wohl nach zwei, drei Generationen aus dem Gedächtnis geschwunden.

Heute soll die kleine **Clauertstraße** die verbleichende Erinnerung auffrischen. Eine unscheinbare Gasse am Ortsrand, auf den ersten Blick enttäuschend. Auf den zweiten Blick ganz und gar passend. Denn wo ist der rechtmäßige Ehrenplatz der Sonderlinge und Narren, wenn nicht an den Außenseiten der Gesellschaft! Nur im Abseits finden sie die geeignete Position, den ach so normal gesitteten Bürgern ihren täglichen Narrenspiegel vorzuhalten.

TREBBIN

● Männer mit roten Armbinden

Suchbild (Abb.): Zweimal umkreise ich den **Markt** und halte nach der prunkverzierten Stuckfassade Ausschau. Wie vom Erdboden verschluckt!

Auch ein dritter Versuch schlägt fehl, obwohl mir doch erst gestern eine heimatkundige Bibliothekarin versichert hat, das ehemalige Offizierskasino stehe noch an seinem Platz. Jetzt hält eine Marktfrau mein Foto in Händen und weist bedächtig auf das Haus **BERLINER STRASSE 24**. Ja, da ist es! Zwar schmucklos verputzt, aber in seinem Umriß deutlich identifizierbar, und die sechs Stufen zur Eingangstür hinauf nahezu original erhalten. Hier also tagte 1918 der lokale Arbeiter- und Soldatenrat! Die Bilder aus den Berliner Novembertagen sind bekannt: Demonstrationszüge, montierte Maschinengewehre, wehende rote Fahnen, Karl Liebknecht winkend auf dem Schloßbalkon, Scheidemann am Fenster des Reichstags. Was aber mag zur gleichen Zeit in einem märkischen Städtchen wie Trebbin geschehen sein? Tastend wandern meine Blicke über Mauern, Fenster und Türen.

Die hiesige Revolution ist Berlin um zwei volle Tage voraus. Schon am 7. November haben Soldaten auf dem Exerzierplatz, dem *„Schleifstein"*, gegen die tägliche Schinderei gemeutert. In einer Protestversammlung reißen sie ihren Offizieren die Schulterklappen herunter, wählen den *Arbeiter- und Soldatenrat Trebbin und Umgebung.*

Noch in der Nacht unterstellen sich Bürgermeister und Verwaltung kampflos den Männern mit den roten Armbinden. Diesen geht es um Beschlagnahmung und Verteilung von Lebensmitteln, um Kontrolle der Durchgangsstraße, um die Amtsenthebung zweier Wachtmeister.

Wie der Name schon proklamiert, möchte der Rat über Trebbin hinausgreifen. Bewaffnete Trupps ziehen zu den Landgütern von Großbeuthen, Genshagen, Siethen, Löwenbruch und Märkisch Wilmersdorf, um deren adelige Eigentümer zu verjagen. Wortführer Georg Kassler: *„Das waren die ersten volkseigenen Güter... Sie waren es nicht lange, zumal auch die Landarbeiter diese Maßnahme nicht verstanden. Immer hatten sie Herren gehabt..."*

● Sudermanns „Suderweibchen“

„Entweder werden Sie ein großer Mann, oder Sie krepieren hinterm Zaun!“ Die Worte des Gymnasialdirektors grenzen an Prophetie. Der angesprochene Primaner schreibt in sein Tagebuch: *„Bevor Du zu Grunde gehst, sollst Du noch irgend etwas geschaffen haben, was Dich befriedigt. Daher wirf diese Melancholie, die Dein ganzes Wesen vergiftet, von Dir.“*

Hermann Sudermann (1857–1928), Sohn eines memelländischen Bierbrauers, belegt an der Königsberger Universität Philosophie und Philologie. Berufsziel: Dichter! Auf eine Durststrecke journalistischer Brotarbeit folgt 1890 der ersehnte Durchbruch. *Die Ehre* heißt sein Drama, über das die Berliner Theaterwelt spricht. Die sozialen Spannungen zwischen Vorderhaus und Hinterhaus auf den Brettern der Bühne, naturalistisch unverblümt. Vom Polizeipräsidenten *(„Die ganze Richtung paßt uns nicht“)* anfänglich verboten, sein zweiter Publikumserfolg: *Sodoms Ende.* Ein Sittengemälde moralischer Dekadenz, mitten aus dem großbürgerlichen Leben des vornehmen Tiergartenviertels gegriffen.

Was tut der umjubelte Schriftsteller, als der Anfangsapplaus verklingt und erste Buhrufe ertönen? Er nimmt sein Geld und zieht aufs Land. Da trifft es sich gut, daß Viktor v. Thümen in Blankensee bis über beide Ohren verschuldet ist und sein ansehnliches **SCHLÖSSCHEN** verkaufen muß. 1902 zieht der neue Besitzer ein und mit ihm eine Vielzahl steinerner Gespielinnen. Sudermann liebt die Damenwelt, und die Damen (von Neidern als *„Suderweibchen“* abgetan) lieben den dunklen Rauschebart. Was liegt näher, als den Schloßpark mit graziösen Statuen zu bevölkern. Mag ihn Literaturkritiker Alfred Kerr im fernen Berlin als einen *„Schädling der Kunst“* schmähen, hier schafft er sich sein eigenes Reich. Treten wir von der **Dorfstraße** her durch das **Gutstor** ein in sein nunmehr verwildertes und verwittertes Arkadien. Ergötzen wir uns an den klassischen Leibern der Göttinnen, Kurtisanen und Putten, auch wenn manch wohlgeformter Unterarm fehlt und manch liebreizendes Gesicht von Wind und Wetter verwaschen ist.

Die fromme Friedensstadt

„Und ich sah einen neuen Himmel und eine neue Erde; denn der erste Himmel und die erste Erde vergingen, und das Meer ist nicht mehr . Und ich sah die heilige Stadt, das neue Jerusalem, von Gott aus dem Himmel herabfahren, bereitet als eine geschmückte Braut ihrem Mann. Und ich hörte eine große Stimme von dem Stuhl, die sprach: Siehe da, die Hütte Gottes bei den Menschen; und er wird bei ihnen wohnen, und sie werden sein Volk sein . . . Und Gott wird abwischen alle Tränen von ihren Augen; und der Tod wird nicht mehr sein, noch Leid noch Geschrei noch Schmerz wird mehr sein, denn das Erste ist vergangen. Und der auf dem Stuhl saß, sprach: Siehe, ich mache alles neu . . . Und er führte mich hin im Geist auf einen großen und hohen Berg und zeigte mir die große Stadt, das heilige Jerusalem, herniederfahren aus dem Himmel . . . Und die Stadt bedarf keiner Sonne noch des Mondes, daß sie ihr scheinen; denn die Herrlichkeit Gottes erleuchtet sie . . . Und ihre Tore werden nicht verschlossen des Tages; denn da wird keine Nacht sein.“

Die Vision des Evangelisten Johannes von einer erlösten Welt hat zweitausend Jahre lang ihre Kraft bewahrt. Joseph Weißenberg (1855–1941), Sohn eines schlesischen Tagelöhners, gelernter Maurer, praktizierender Kellner, Gastwirt und Droschkenkutscher. Heilende Wirkung geht von ihm aus, und die Menschen strömen in seine *Johannische Kirche.*

Vierhundert Hektar Wald- und Ödland erwirbt die rührige Glaubensgemeinschaft im Jahre 1920, um auf diese Erde ihre *„Friedensstadt“* zu bauen. Wohnhäuser, eine Schule, ein Wasserwerk, eine Kirche. Die Siedler pflegen das geschwisterliche *Du,* betrachten sie einander doch, wie auch alle anderen Menschen, als geliebte Kinder Gottes.

Braune Machthaber dulden keine anderen Götter neben sich. 1935 werden die *„Weißenberger“* verboten, ihre Ländereien enteignet. Der betagte Gründer stirbt 1941 in schlesischer Verbannungshaft.

Wenn auch über den Siedlungshäuschen des **LINDENHOFS** abgeschiedene Ruhe liegt, die *Friedensstadt* ist zu neuem Leben erwacht. Das **GOTTESHAUS WALDFRIEDEN** mit seinem doppelt geschwungenen Bogendach birgt eine erneuerte Christengemeinde.

Heimatmuseum: Dorfstraße 4

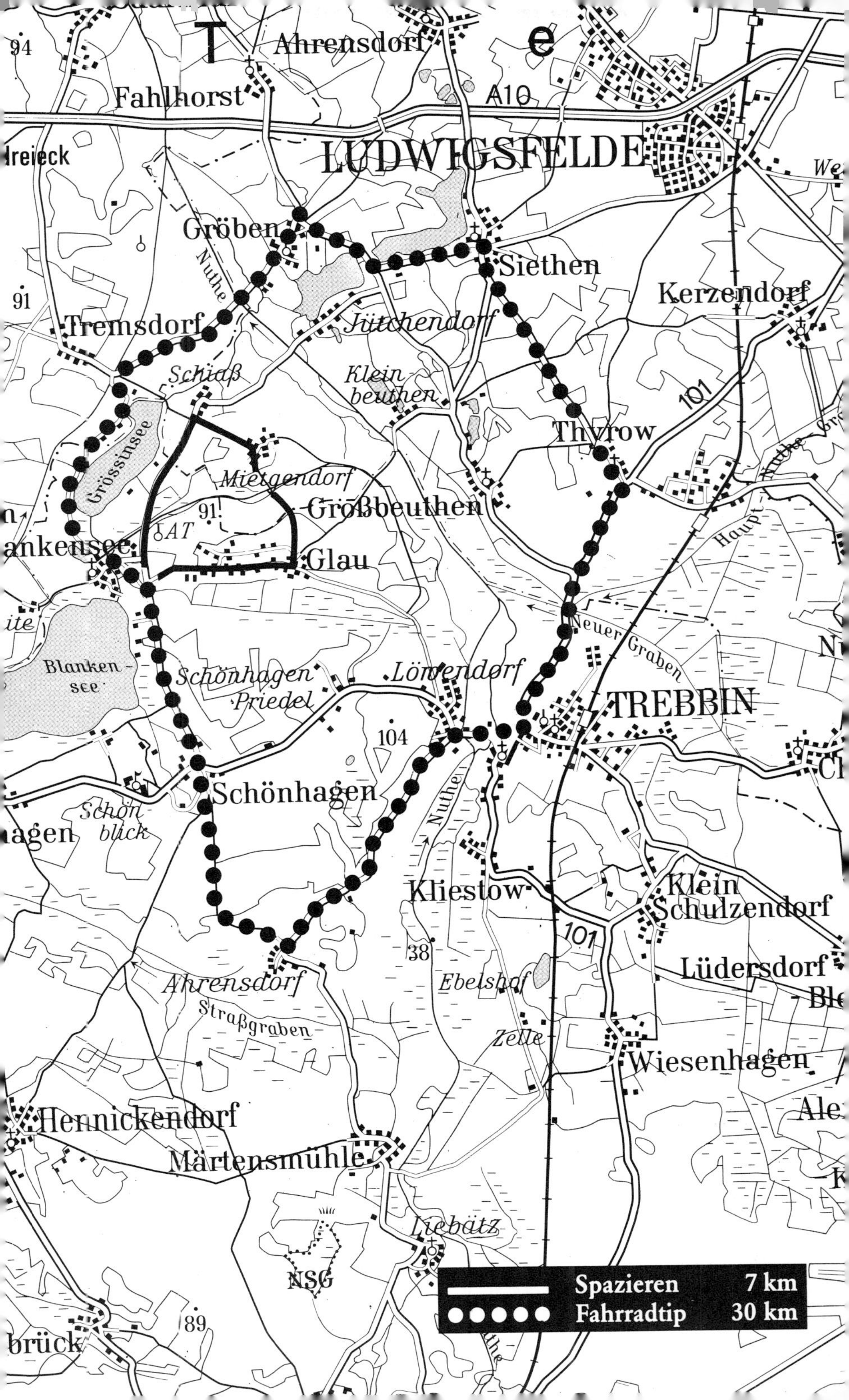

Ahrensdorf
Fahlhorst
A10
LUDWIGSFELDE
Gröben
Siethen
Nuthe
Kerzendorf
Tremsdorf
Jütchendorf
Schiaß
Klein-beuthen
Thyrow
101
Grössinsee
Mietgendorf
Großbeuthen
Glau
Neuer Graben
Blankensee
Schönhagen Priedel
Löwendorf
TREBBIN
104
Schönhagen
Schönblick
Kliestow
Klein Schulzendorf
Ahrensdorf
Straßgraben
Ebelshof
Lüdersdorf
Zelle
Wiesenhagen
Hennickendorf
Märtensmühle
Liebätz
NSG
89
Spazieren 7 km
Fahrradtip 30 km

15.

Menschheitsträume eines Gutspächters

– Scharfenbrück –

Auf der Suche nach dem **Gutshaus** gehe ich die lange Dorfstraße hinauf und hinunter – und wieder hinauf. Fehlanzeige. Ein alter Mann, der im Garten Laub zusammenharkt und mich wohl schon eine Weile beobachtet hat, kratzt sich verlegen die Stirn. Ach, das Schlößchen ... ja, hm. Seine Hand weist auf die grau verputzten Mauern seines Hauses, wandert dann hinüber zu den Nachbarhäusern. 1945 sind die Neusiedler ins Dorf gekommen, Flüchtlinge aus Pommern und Schlesien, die brauchten dringend ein Dach über dem Kopf. Und als es keine Steine zum Bauen gab, da waren sie heilfroh, einen ganz besonderen *„Steinbruch"* gefunden zu haben.

Das Gut ist im Wechsel der Jahre und Zeiten durch viele Hände gegangen. Darunter ein Besitzer, der vielleicht mitfühlend gelächelt hätte über die notleidenden Steinebrecher. Ein Gutsherr mit äußerst unstandesgemäßen Überzeugungen: *„Sollte die Habsucht einst vom Throne steigen; sollte es möglich seyn, daß Privateigenthum aufhörte, das einzige allzu verführerische Mittel zu seyn, sein Ich auszudehnen, und der Bürger, wie Kinder in des Vaters Hause, sich sättigte an der gemeinschaftlichen Tafel; welche ungeheure Menge von Verbrechen, mehr noch der lichtscheuen Vergehungen, alle Kinder des Luxus, würden da verschwinden!"*
Carl Wilhelm Frölich (1759–1828), Geheimer Sekretär im Berliner Generalpostamt, hat zum 31. März 1792 die Stellung gekündigt. *„Freie Schöpferische Selbstthätigkeit"* ersehnt der eingeengte preußische Beamte und erwirbt mit dem Vermögen seiner Gemahlin das Erbpachts-Vorwerk Scharfenbrück. *„Gestehen wir's nur, es ist Sklavensinn in uns mit allen lächerlichen Attributen der Dienstbarkeit, der*

kleinlichen Selbstheit des Bückens ... was uns die Kraft raubt." Ein kompromißloses Schriftstellerleben auf dem Lande schwebt dem Laufbahnflüchtigen vor Augen.
Wie anders entpuppen sich die tatsächlichen Gegebenheiten! Ein Gutspächter ist eben kein freier Adelsherr mit eigenem Besitztum, eher ein staatlicher Steuereintreiber. Das Vorwerk mit seinen 341 Morgen Ackerland, 236 Morgen Wiesenland und 13 Morgen Gartenland sowie einer zwanzigköpfigen Weberkolonie gehört dem König. Da werden jährliche Pachtzahlungen fällig und die wiederum müssen aus armseligen Kolonisten herausgepreßt werden. Ein unlösbares Dilemma, zumal die königlichen Pachtforderungen immer maßlosere Höhen erreichen.
In wiederholten Eingaben sucht Frölich um Ermäßigung, um Stundung, um Erlaß von Zahlungen nach. Abschlägig! Auch sein Plan, das Anwesen in kleinparzellige Erbpacht unter den Bauern aufzuteilen, erfährt behördliche Zurückweisung. Was bleibt einem Wohlmeinenden da noch zu tun? Zähe Aufklärungsarbeit, z. B. über die Viehfütterung bei anhaltendem Landregen ... oder über den Schutz des Roggens vor dem Hederich.
„*Traurig ist der Gedanke, daß unzählige Menschen keine andere Bestimmung zu haben scheinen, als vom Morgen bis an den Abend auf Mittel gegen Hunger und Dürftigkeit zu sinnen.*" Aus der Misere machtlosen Mitleidens flüchtet sich der Humanist in die Ideenwelt seiner schon 1792 erschienenen anonymen Schrift *Über den Menschen und seine Verhältnisse.* Der Leitgedanke: „*Wenn es indessen wahr ist, daß jeder einzelne Mensch Zweck seiner selbst und Mittel zu einem höhern Ganzen ist, und unter diesem Ganzen vernünftiger Weise nichts höheres als eine allgemeine Menschenglückseligkeit gedacht werden kann, so bin ich überzeugt, daß ohne eine Revolution unserer Ideen und Begierden das Ziel nicht zu erreichen ist.*"
Eine Revolution der Ideen und Begierden. Seit Menschengedenken prägt die Gier nach Gold und Geld, nach Hab und Gut unser Sinnen und Trachten. „*Wenn aber eine so starke Leidenschaft, wie der Durst nach Gewinn, bis zu dem Grade gepflegt wird, daß sie die einzige, immer wachsende Triebfeder unser Handlungen werden muß, dann heißt das geradezu, der thierischen Natur gegen ein schimpfliches Handgeld unsere ganze Freyheit verkuppeln und die Ruhe der Seele, jene himmlische Heiterkeit, nach oben ein in Kauf geben.*"
Habgier und Gewinnsucht bilden die nährenden Wurzeln aller Übelstände. Wie verlockend die Vision von einer Menschengemeinschaft, die den Mammon verachtet und privates Eigentum

nicht kennt. *„Die verlassenen Schuldthürme ständen dann nur noch als Denkmäler unglücklicher Vorältern ... Kein Gefühl der Erhabenheit über unsere Brüder nährte dann die Eitelkeit und verleitete uns, geringschätzig auf unseren Nächsten herab zu blicken."*

Müßte ohne den Ansporn des Eigentums nicht jede Bemühung erlahmen? Carl Wilhelm Frölich besitzt Wirklichkeitssinn genug, den Haupteinwand der Kritiker und Zweifler selbst zu formulieren: *„Für wen arbeitet nun mein Fleiß, wenn er nicht meinen Kindern zu Gute kommt? Wird der Gedanke, daß Fremde seine Früchte ernten, mich nicht unthätiger machen?"*

Die Gegenfrage (*„Warum ist dir denn dein Nächster ein Fremder?"*) müßte Christen zu denken geben. Darauf mag sich der Utopist nicht verlassen; er beginnt, die ersehnte Welt in warmen Farben auszumalen: *„Nimm den Fall an, daß alle Familien deines Dorfes sich vereinigen, ihre Habe und Gut zusammen zu werfen, und dasselbe als Eigenthum der Gesellschaft zu betrachten, wovon die Bedürfnisse jedes Einzelnen befriedigt würden. In einem gemeinschaftlichen Hause würden alle an gemeinschaftlicher Tafel gesättigt, wo der Schwache den Starken beobachtete, der Unmündige vom Weisen lernte ... Des Einzelnen Existenz ist nun nicht mehr seinen eigenen schwachen Händen anvertrauet, die ganze Gesellschaft wird Bürge dafür, Glück und Unglück hat seine Kraft verloren, spielt nicht mehr mit dem Schwachen ein leichtes Spiel, das Ganze biethet ihm eine feste Stirn."*

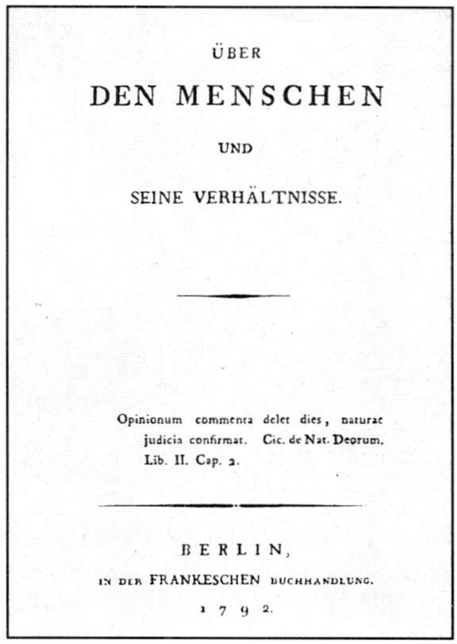
ÜBER
DEN MENSCHEN
UND
SEINE VERHÄLTNISSE.

Opinionum commenta delet dies, naturae judicia confirmat. Cic. de Nat. Deorum. Lib. II. Cap. 2.

BERLIN,
IN DER FRANKESCHEN BUCHHANDLUNG.
1792.

Wo genau hat es denn einmal gestanden, das Schlößchen des Träumers und Weltverbesserers? Der alte Mann weist mit seiner Harke die Dorfstraße entlang. Drüben im verwachsenen **Gutspark** müßten noch Fundamente zu finden sein, vielleicht auch verschüttete Gewölbe. Als ich mir den Weg ins Unterholz bahne, führen da sechs bröcklige Treppenstufen aus dem Nichts ins Gar-nichts. Zerfallenes, überwuchertes Gestein, ein Sinnbild. Der ewige und doch so fraglich gewordene Traum vom Menschenglück ...

LUCKENWALDE

● Der Abiturient Rudolf Dutschke

In der Aula der *Lenin-Oberschule,* PARKSTRASSE 59, haben sich Lehrer und Schüler versammelt. Das Jahr 1958 ist angebrochen und ein Ende des Kalten Krieges zwischen West und Ost nicht abzusehen. Direktor Schnökkel tritt hinter das Rednerpult. Thema: die Kasernierte Volkspolizei. Alle Abiturienten haben sich zum freiwilligen Ehrendienst bei der KVP bereit erklärt, mit einer unrühmlichen Ausnahme. Ausgerechnet der Vorsitzende der FDJ-Sportgruppe verweigere die Zustimmung. Ihm solle an dieser Stelle Gelegenheit gegeben werden, seine unhaltbare Position öffentlich zu revidieren! Der Gescholtene geht zum Podium hinauf. Sich artikulieren kann er ja, der angehende Sportjournalist, trainiert er doch daheim vor seinen drei Brüdern als Rundfunk-Reporter. Eine viertelstündige Ewigkeit dauert die Rechtfertigungsrede: Sollten wir Kinder nicht unsere Spielzeugpistolen auf Müllhaufen werfen? Haben nicht unsere Lehrer den Militarismus zutiefst geächtet? Hieß es nicht (mit Blick auf die westdeutsche Bundeswehr): *„Niemals wieder eine Waffe in eines Deutschen Hand!“*

Wenn auch einige Klassenkameraden Beifall klatschen, die Quittung folgt im Abiturszeugnis. *„Inaktive gesellschaftliche Haltung“*, einem so Beurteilten bleibt die Leipziger Hochschule für Sportjournalistik verschlossen. 1961, kurz vor dem Mauerbau, immatrikuliert er sich an der Freien Universität in West-Berlin. Als Soziologiestudent. Bald wird man von ihm hören, außerparlamentarisch und studentenbewegend!
„Den Marxismus-Leninismus als direkte Kontroll- und Beherrschungsinstanz hatte ich kennengelernt und insofern hinter mir, aber nicht die Ideen der christlichen Liebe und Gerechtigkeit, die Idee von Freiheit und Gleichheit.“ Aus der Universität hinaus auf die Straße, von der Theorie zur Aktion führt sein gewaltsam abbrechender Lebensweg. Rudi Dutschke (1940–1979).

● Heimatmuseum: Am Markt 11

● Am 18. November 1989...

kommt es auf den Straßen Luckenwaldes, nach Leipziger und Berliner Vorbild, zu etwas Ungeheuerlichem. Die *Märkische Volksstimme,* SED-Organ des Bezirks Potsdam, berichtet über das eigenmächtig handelnde Volk in erstarrt–hölzernen Sätzen. Immerhin, sie berichtet.

„Rund 1000 Bürger unseres Kreises beteiligten sich am Sonnabend der vorigen Woche an einer Demonstration, zu der das Neue Forum und die Christlich-Demokratische Union des Kreises aufgerufen hatten. Die Demonstration stand unter dem Motto: 'Das Volk macht die Wende unumkehrbar'. Dazu führten die demonstrierenden Bürger Spruchbänder und Plakate mit, auf denen die Erneuerung unserer Gesellschaft auf konkrete Bereiche gefordert wurde.

Gesichert von Verkehrspolizisten zogen die Demonstranten von der **Parkstraße** *durch die* **Brahmbuschstraße, Dahmer Straße, Wiesenstraße** *und* **Dimitroffstraße** *zum* **PLATZ VOR DEM STADTTHEATER**. *Hier fand eine Kundgebung statt, bei der Mitglieder des Neuen Forums, Vertreter der CDU und der LDPD sowie einzelne Bürger das Wort ergriffen.*

Wesentliche Forderungen, die dabei gestellt wurden, waren der Verzicht der SED auf den Führungsanspruch, allgemeine freie und geheime Wahlen, Zulassung aller demokratischen Gruppen und Parteien, eine radikale Wirtschaftsreform sowie die Bestrafung aller, die an der gegenwärtigen Krise unseres Landes Schuld tragen. Nach der Kundgebung auf dem Theaterplatz brachten zahlreiche Demonstranten ihre Spruchbänder und Plakate am Haus der SED-Kreisleitung an."

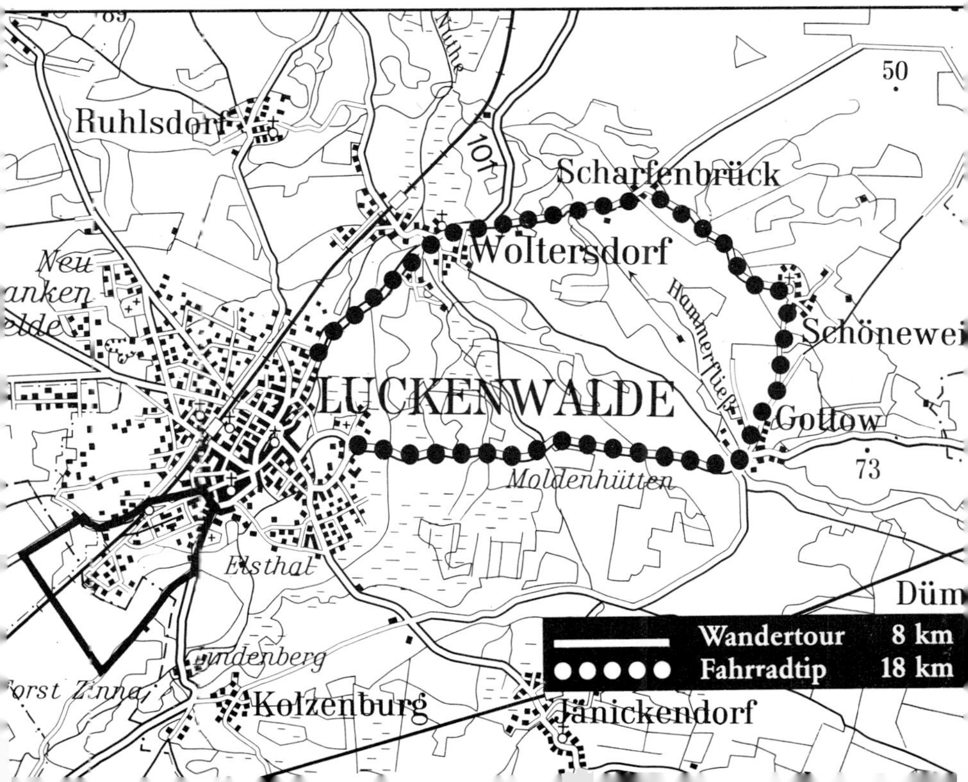

Das Ländchen Friesack

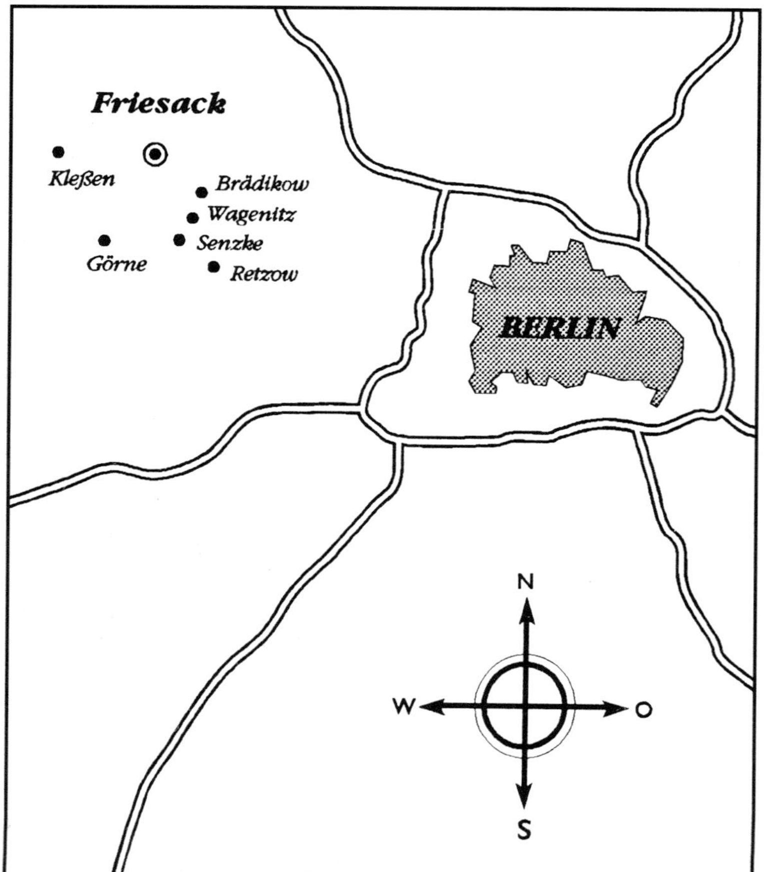

„Sie erschienen mir, wofür ich sie auch jetzt noch halte, in ihrer Eigenart von Schlichtheit, Treue, Seßhaftigkeit, in ihrem offenbaren, durch alle Zeiten sich hinziehenden Bestreben, nichts weiter als eine alte freie Familie sein zu wollen, als die märkischste aller märkischen Familien."
Fontanes lobende Worte betreffen die Bredows, und diese wiederum sind identisch mit dem Ländchen Friesack. Vom Friesacker Kirchturm in die Runde geblickt, alles gehörte den Herren v. Bredow: Gutshöfe, Ländereien, ganze Dörfer mit dienst- und abgabepflichtigen Bauern.
„Was will er eigentlich? Da steckt gewiß was dahinter. Solch Berliner Skribifax kann sich doch nicht für unsere Schafställe interessieren. Kunst? Bilder? Inschriften? Kunst gibt es hier nicht, und um das Bild von Tante Rosalie mit ihrer weißen Tüllhaube kann er doch unmöglich kommen."
Fontane ist bei seinen hiesigen Recherchen auf ritterliche Gastfreundschaft gestoßen ... gepaart mit mißtrauischer Reserviertheit. Vorsicht, Journalist! In Adelsaugen ein äußerst verdächtiges, ein unseriöses Metier.
„Die märkischen Edelleute sind sehr gute Menschen, aber sie haben den allgemein märkischen Zug des Argwohns, der Nüchternheit und des Nichtbegreifenkönnens eines reinlichen, über den äußerlichsten Gewinn und Vorteil hinausgehenden Wollens." Dabei kam der klassische Wanderer in bester Absicht. Sein Bestreben war darauf gerichtet, das wohltuende Wirken eines Adelsgeschlechts über die Jahrhunderte zu dokumentieren. Exemplarisch!
Es hat mich gereizt, den Fontaneschen Fragmenten ein weiteres (wohl nicht zufällig fehlendes) hinzuzufügen. Quasi die Kehrseite der glänzenden Medaille. Das tiefschwarze Schaf in der Ahnenreihe der Wohltäter: Hartwig v. Bredow!
Streifen wir längs der einstigen Gutshäuser. Von Kleßen nach Görne, von Retzow über Senzke nach Wagenitz. Auf Brädikows Dorfstraße, da haben sich Bauern den herrschaftlichen Bütteln in den Weg gestellt. Mit Knütteln, Forken, Fäusten.

16.

Der Teufel und die Herren v. Bredow

– *Friesack / Brädikow / Wagenitz* –

Im Ländchen Friesack herrscht Unfriede. Im Schweiße ihres Angesichts essen die Bauern das täglich Brot. Schwer lastet fremde Fron auf ihren Schultern. Drei volle Tage in der Woche, von Sonnenaufgang bis Sonnenuntergang, müssen sie dem Gutsherrn Spanndienste leisten, müssen mit einem Pferde- oder Ochsengespann über die gutsherrlichen Ländereien ziehen. Das tut bitter weh, wenn beim Pflügen und Eggen im Frühling oder zur herbstlichen Erntezeit jede Hand und jedes Zugtier für den eigenen Acker gebraucht werden. Und welcher einfache Landmann könnte den Futterhafer für ein zweites Gespann bezahlen.

Herr über Mensch und Tier in den Dörfern um Friesack ist Hartwig v. Bredow (1529–1590), *„von Jugend auf ein haderhaftiger, zänkischer Mensch."* Ein roher, gewalttätiger Nimmersatt, dessen dürstende Habgier nach mehr und mehr verlangt. Nach höheren Abgaben, häufigeren Diensten, eilfertigerer Botmäßigkeit. Immer drückender wird die Last der Bauern und Kossäten, immer drohender ihr Seufzen und Stöhnen. Eine dunkle Wolkenwand zieht auf, die sich mit Blitz und Donner entladen wird.

Als ob der Patron nicht schon genug Privilegien an sich gebracht hätte! Die Polizeihoheit, die Gerichtsbarkeit, die Kirchenaufsicht, das Jagdrecht. *„Wenn die v. Bredow in die Hirsch-, Reh-, Schweine- und Bärenjagd ziehen, so müssen die Bürger von Friesack Pferde und Wagen halten, die Netze zu fahren; die aber nicht Pferde und Wagen haben, müssen für die Netze stehen."*

Wegelagerer mit Recht und Gesetz auf ihrer Seite. *„Es sind auch die Bürger zu Friesack schuldig, so sie Pferde und Wagen haben, und besonders die Ackerleute, welche durch das Städtchen fahren, alle ihre Waren* *samt Pferden und Wagen zu verzollen.*" Selbst an fremdem Mißgeschick möchte das edle Geschlecht zehren. *„Begäbe sich aber, daß die Wagen mit den Waren, so über den Rhin fahren wollen, mitsamt den Kähnen untergehen, so ist dasselbe an die von Bredow verfallen."*

Wenn die Herrschaften doch erahnen könnten, was aus all ihrer gerafften Habe, was aus Blut, Schweiß und Flüchen eines fernen Tages werden würde! Suchend irren in **Friesack** meine Blicke umher: Wo ist sie bloß geblieben, die einstmals stolze Adelsburg? Eine *„Burgstraße"*, in der ich auch das Pfarrhaus finde, hilft mir auf die Fährte. Der kenntnisreiche Pastor läßt sich bereitwillig herausklingeln. Und siehe da, seitlich im Gestrüpp unter Holunderbüschen und Brennesseln fristen sie ihr bröckliges Dasein, die Fundamente und Kellergewölbe. Sic transit gloria mundi. Der Rest ist Schweigen und Blätterrascheln.

Anfang August 1579 kommt es in **Brädikow** zum offenen Aufruhr. Zehn gutsherrliche Büttel sind in die Dorfstraße eingeritten, um den Schuster Joachim Wichmann zu ergreifen. Fuchteln drohend mit ihren Spießen und Degen, fordern die Herausgabe des vermeintlichen Aufrührers und Unruhestifters. Stur stellen sich einige Bauern in den Weg, mit Knütteln oder Mistforken in den Fäusten, wollen im guten wie im schlechten nicht von der Stelle weichen. Als unversehens eine Kugel aus der Pistole des Gutsschreibers fährt, gibt es kein Halten mehr. Wie sich da die Hände mengen! Wie sie hauen und stechen, wie sie zerren und stoßen. Unverrichteter Dinge muß die herrschaftliche Streitmacht zum Rückzug blasen. Zwei Gutsvögte, die im Getümmel den Anschluß verpaßt haben, bleiben als Gefangene zurück.
Die Kunde des siegreichen Scharmützels geht wie ein Lauffeuer durch die Nachbardörfer. Jetzt das heiße Eisen schmieden! Jetzt den harten Fronherrn in die Knie zwingen! Ein denkbar günstiger Zeitpunkt: Roggen und Gerste stehen in praller Reife auf dem

Halm. Schier Unglaubliches geschieht. Kein Bauer mehr bietet sein Gespann, kein Schnitter schärft mehr die Sense. Sollen doch die Junker mit eigener Hände Arbeit ernten!
Lieber lassen die Bredows einen Hilferuf an den Kurfürsten erschallen. Dramatisieren den lokalen Aufruhr zum allgewaltigen Aufstand und zwar schlimmer, *„als bis anhero in der Chur Brandenburgk nicht erhoret noch erfahren."* Und sie schrecken den Landesvater, *„daß die Pauren, wu sie einmal lufft bekommen, so leicht nicht wieder seyen zu gehorsam zu bringen."*
Als die Berliner Residenz statt der erhofften Soldaten nur eine Untersuchungskommission schickt, schreitet Hartwig selber zur Tat. Mit neu angeworbenen Waffenknechten fällt er in das Dörflein **Wagenitz** ein. Dieser geschulten Garde sind die Bauern nicht gewachsen. Nicht nur, daß acht von ihnen gefesselt, hinter Pferde gebunden und über Stock und Stein geschleift werden; die Eindringlinge verwüsten ihre Höfe, schlachten Rinder und Schafe, führen die verweigerten Gespanne davon.
Kurfürstliche Kommission und Kammergericht sprechen ein schlichtendes Machtwort. Hartwig muß den Verletzten *„Arztlohn und billiche Zehrunge"* für ihre Gesundung zahlen, die Bauern wiederum werden auch weiterhin zu wöchentlich drei Tagen Spanndienst verpflichtet - unter Androhung von *„Leibesstrafe"*.

Eine Legende als später, unvergänglicher Racheakt: Die fronenden Väter haben sie ihren Kindern, die Großmütter ihren lauschenden Enkeln erzählt. Wie das vor altersgrauer Zeit gewesen sein muß, als die unseligen, weit verzweigten Bredows ins Ländchen kamen. Und wie sie vielerorts ihre Herrensitze errichteten. Mit rechten Dingen und ehrlichem Tagewerk ist das gewiß nicht zugegangen, da hatte der Teufel die Hand im Spiel!
Es war einmal vor langen, langen Jahren und ungezählten vollen Monden, als Luzifer über das Havelland flog. Mit einem fest verschnürten Sack über dem Rücken, darinnen die verdientesten Höllenbraten. Und was geschah? Eine aufragende Kirchturmspitze, Gott sei's geklagt, schlitzte den schweren Sack entzwei. Unbemerkt purzelten da heraus . . . wir ahnen es bereits.
„Friesack" nannte der erste den Ort seiner unverhofften Befreiung. Der zweite ging landeinwärts und gründete dort *„Landin"*. Zunächst denselben Weg entlang wanderte der dritte, daher der Name *„Selbelang"*. Der vierte schließlich zitterte wie Espenlaub *(„Ich wag's nicht. Ich wag's nicht")*, sprang dann aber doch. *„Wagenitz"*.

FRIESACK

● Die Treffer der „Faulen Grete"

Wer der BURGSTRASSE zum Dorf hinaus gefolgt ist und im seitlichen Wildwuchs die steinernen Überreste derer v. Bredow (→ S. 181) gefunden hat, sollte gedanklich tiefer graben. Unter den Fundamentresten muß ein noch älteres Fundament zu finden sein. Und eine mittelalterliche Ritterballade samt Belagerung und nächtlichem Entkommen.
„Die Herren wechseln rasch in der Mark; sie finden sich ein, wie kaiserliche Laune sie schickt. Es gibt aber nur einen bleibenden Herrn, und das sind wir", so sagen die Quitzows mit zweifelhaftem Recht. Mit dem Recht ihrer Burgen (Friesack, Plaue, Golzow, Beuthen), ihrer Bewaffneten, ihrer Fäuste!
Das eingesessene Adelsgeschlecht will nicht zulassen, daß nach dem Aussterben des askanischen Herrscherhauses landfremde Hohenzollern das Zepter übernehmen. Als *„Tand von Nürrenberg"* schmähen sie den kaiserlich eingesetzten Burggrafen Friedrich. Verweigern die Unterwerfung, *„auch wenn es ein Jahr lang Burggrafen regnen sollte."*
Versetzen wir uns in das Jahr 1414. Es ist Februar, und fröstelnd steht Dietrich v. Quitzow (1366–1417) auf den Zinnen. Sollen sie nur kommen, die gräflichen Knechte, auf das klobige Mauerwerk ist Verlaß! Ein Irrtum, wie sich bald herausstellen wird. Was bloß tun die herangerückten Belagerer dort drüben auf dem **Windmühlenberg?** Ein seltsames Gebilde, von sechsunddreißig Pferden herbeigezogen, geht in Stellung. Wie ein gewaltiges Kanonenrohr sieht es aus . . . und wird schon bald seine Stimme erheben! Nur alle drei Stunden kann die *„Faule Grete"* feuern, wenn sie aber trifft, dann wackelt die Wand. Am Abend ist bereits eine klaffende Bresche in die Außenmauer geschossen. Dietrich von Quitzow will nicht länger warten, im Schutze der Dunkelheit wagen seine Mannen den Ausfall. Ein Ablenkungsmanöver! An der Luchseite schleicht der Gesuchte durch die Linien des Belagerungsringes und kommt mit dem nackten Leben davon. Zurück bleiben seine Frau, seine Söhne, seine arg lädierte Burg. Die Macht des großen Raubritters ist gebrochen, die Zukunft gehört den größeren Hohenzollern.

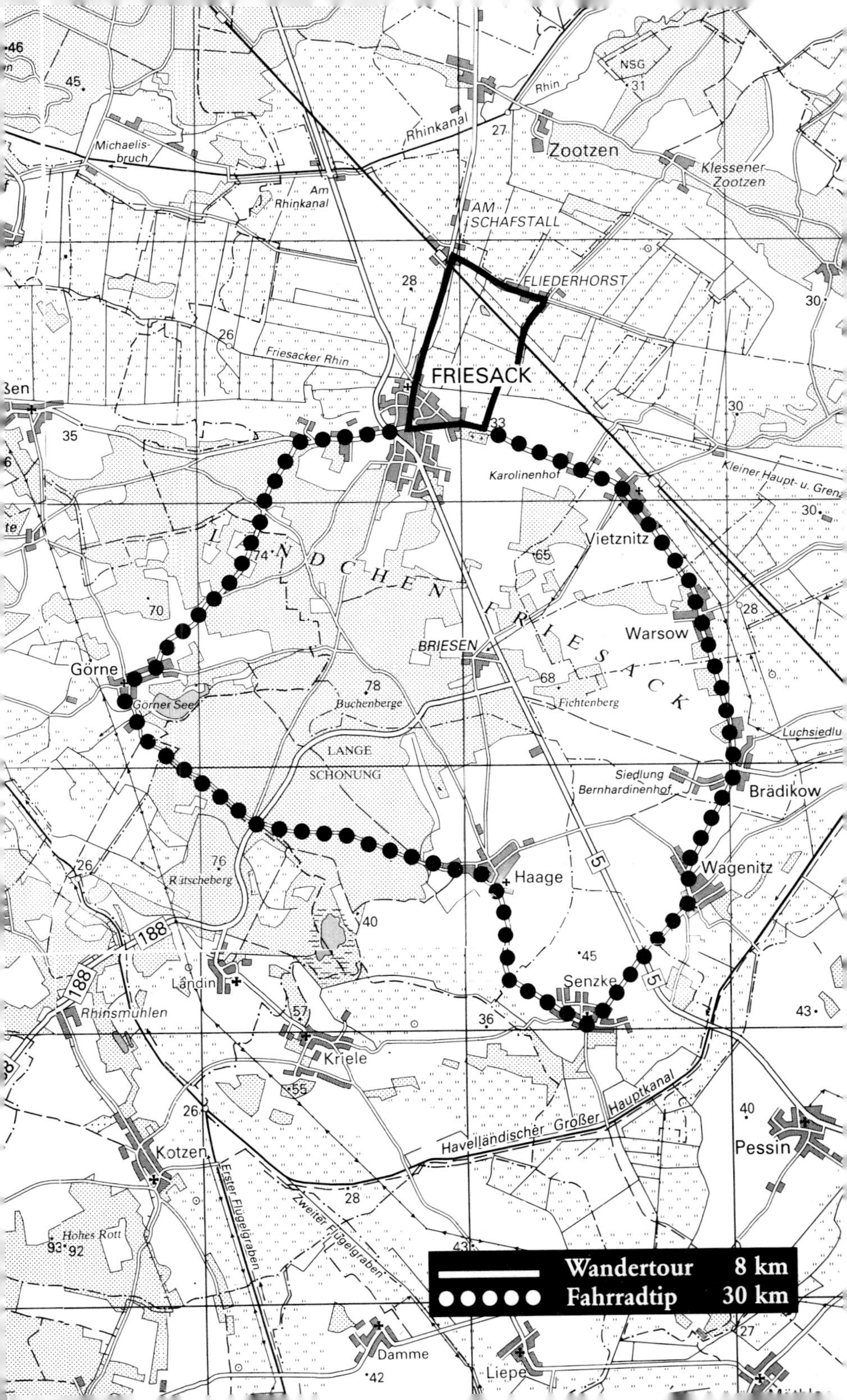

FRIESACK
Zootzen
Klessener Zootzen
NSG
Rhin
Rhinkanal
Michaelisbruch
Am Rhinkanal
AM SCHAFSTALL
FLIEDERHORST
Friesacker Rhin
Karolinenhof
Kleiner Haupt- u. Grenz
Vietznitz
LÄNDCHEN FRIESACK
Warsow
BRIESEN
Görne
Görner See
Buchenberge
Fichtenberg
LANGE SCHONUNG
Siedlung Bernhardinenhof
Brädikow
Luchsiedlu
Haage
Wagenitz
Rätscheberg
Senzke
Ländin
Rhinsmühlen
Kriele
Havelländischer Großer Hauptkanal
Pessin
Kotzen
Erster Flügelgraben
Zweiter Flügelgraben
Hohes Rott
Damme
Liepe
Wandertour 8 km
Fahrradtip 30 km

Das Havelland

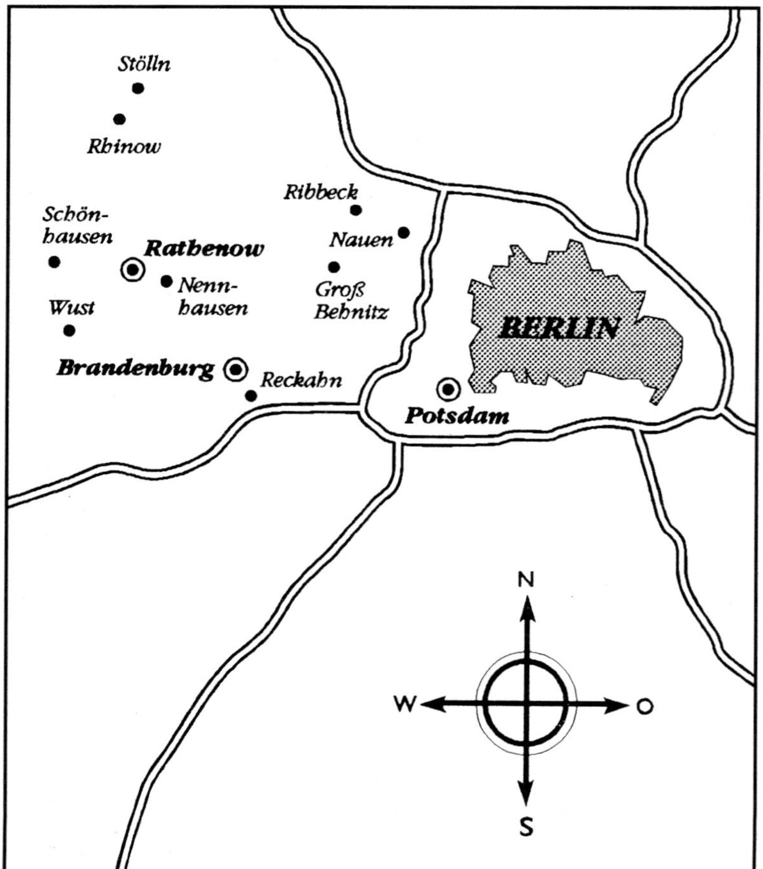

„Es spiegeln sich in deinem Strome / Wahrzeichen, Burgen, Schlösser, Dome / Der Juliusturm, den Märchen und Sagen / Bis Römerzeiten rückwärts tragen / Das Schildhorn, wo bezwungen im Streite / Fürst Jaczo dem Christengott sich weihte / Der Harlunger Berg, der an oberster Stelle / Weitschauend trug unsere erste Kapelle / Das Plauer Schloß, wo fröstelnd am Morgen / Hans Quitzow steckte im Röhricht verborgen / Die Pfaueninsel, in deren Dunkel / Rubinglas glühte Johannes Kunkel / Schloß Babelsberg und Schlößchen Tegel / Nymphäen, Schwäne, blinkende Segel / Ob rote Ziegel, ob steinernes Grau / Du verklärst es, Havel, in deinem Blau."
Im wasserreichen Mecklenburg, da nimmt sie ihren Lauf nach Süden. Streift Berlin. Weitet sich hinter Potsdam zum Templiner See, zum Schwielowsee, zum Großen Zernsee. Brandenburg und Rathenow umarmend, fließen ihre gemächlichen Fluten in großzügigem Bogen der Elbe zu.
„Nun kommt die Sonne, nun kommt der Mai / Mit der Wasserherrschaft ist es vorbei / Wo Sumpf und Lache jüngst gebrodelt / Ist alles in Teppich umgemodelt / Ein Riesenteppich, blumengeziert / Viele Meilen im Geviert / Tausendschönchen, gelbe Ranunkel / Zittergräser, hell und dunkel / Und mittendrinne, wie das lacht / Des roten Ampfers leuchtende Pracht."
Fontane hat die lockende Lieblichkeit dieser Flußniederungen bewandert und besungen, zugleich nie die lebenserfüllte Geschichtslandschaft aus den Augen verloren!
„Und an deinen Ufern und an deinen Seen / Was, stille Havel, sahst all du geschehn / Aus der Tiefe herauf die Unken erklingen / Hunderttausend Wenden hier untergingen."
In Nennhausen ritt der märkische Don Quijote ruhmreiche Attacken. An der Geltower Brücke gab es für Major v. Schill kein Zurück. In Reckahn ließ Gutsherr Friedrich Eberhard v. Rochow seine Musterschule errichten. In den Fercher Wäldern tummelten sich Wilderer, Schmuggler, Deserteure. In Caputh sann Einstein. In Ribbeck verweigerte ein Urenkel des legendären Birnenspenders den „deutschen Gruß".

18 48
HIER WURDE GEBOREN
AM 29·VI·1826
MAX·DORTU
KÄMPFER UND OPFER FÜR
DEUTSCHLANDS EINHEIT
UND FREIHEIT
STANDRECHTLICH ERSCHOSSEN
AM 31·VII·1849
18·MARZ 1948

17.
Wenn ich durch die Dortustraße gehe

– Potsdam –

. . . denke ich an einen jungen Mann aus gutem Hause. Aus dem fassadenprächtigen Haus mit der **Nummer neunundzwanzig.** Geboren in bürgerlich-begüterter Obhut, gestorben unter den Kugeln des preußischen Standrechts, ein 23jähriger.
Johann Ludwig Maximilian Dortu (1826–1849). Eine reputierliche Juristenlaufbahn hätte ihm offengestanden, und wichtige Weichen waren bereits gestellt. Privatschule, Gymnasium, *Kaiser-Franz-Regiment,* Studium der Rechts- und Kameralwissenschaft, Praktikum am Stadtgericht Potsdam.
Doch müssen da auch noch andere Weichen gewesen sein und andere Weichensteller. Vorrangig wohl die Person des Vaters, nicht allein Rechtsanwalt und Justizrat, zugleich freiheitlicher Wortführer in der Stadtverordnetenversammlung. Dann das dreisemestrige Studium an der Universität Heidelberg, wo Demokraten wie Hecker und Struwe den Ton angeben. Und nicht zuletzt die aufgewühlte Zeit – was soll ein idealistisch Gesinnter tun im bewegten 1848? Die überkommene Welt des Adels schwankt, das Bürgertum drängt auf die Bühne der Geschichte, in Berlin hat die Barrikaden-Nacht des 18. März den König zu ersten Konzessionen gezwungen. Das ist keine Zeit, um Karriere im Staatsdienst zu machen!

Maximilian Dortu geht hinaus auf die Straße, spricht in öffentlichen Versammlungen, reißt die Zuhörer mit. Um den Mund ein etwas wehmütiger Zug: Begnügen wir uns nicht mit den bisher errungenen Rechten. Meinungsfreiheit, Versammlungsfreiheit, Pressefreiheit – das kann nur ein Anfang sein. Vergessen wir über die gewonnene Freiheit nicht ihre liebreizenden Schwestern, die

Gleichheit und die Brüderlichkeit! Solche Worte hören sie gern, die Maurer und Manufaktur-Arbeiter, die Eisenbahner aus der Teltower Vorstadt, die hungernden Weber von Nowawes (→ S. 207). Was nützen ihnen die bürgerlichen Freiheitsrechte, wenn es an Arbeit und Brot fehlt, an Branntwein und an warmer Suppe. Es gärt in der königlichen Residenz.

Dreihundert Arbeitslose ziehen am Morgen des 22. Mai vor das **Rathaus am Alten Markt,** dringen in die Amtsstuben ein, führen lautstarke Klage über die Untätigkeit des Magistrats. *„Der Grund hiervon mag wohl darin liegen, daß diese Herren alle in einem guten Gehalte stehen und daher die Not eines Arbeiters, der von der Hand in den Mund lebt, nicht kennen und es auch gar nicht der Mühe für notwendig erachten, sich um den drückenden Zustand ihrer ärmeren Nebenmenschen zu bekümmern."*

Der junge Agitator ist zum Fürsprecher des einfachen Volkes geworden. *„Mir gilt das Volk mehr als ein hochgeborener königlicher Prinz."* Unerhört! In einer Protestversammlung fällt sein historisches Wort vom Kartätschenprinzen. Adressat ist Prinz Wilhelm, Bruder des Königs und späterer deutscher Kaiser; dieser habe beim Anblick der Berliner Barrikaden geraten, mit Kanonen auf die Bürger zu schießen. *„Kartätschenprinz"*. Eine solch schwere *Majestätsbeleidigung* wird mit fünf Monaten Gefängnis geahndet.

Als Max Dortu im Oktober freikommt, steht die Revolution auf Messers Schneide. Am **Neuen Palais** haben Grenadiere und Füsiliere des 1. Garderegiments rebelliert und eine Grußbotschaft an die Nationalversammlung verfaßt. Andererseits zerfällt zusehends die revolutionäre Koalition. Während sich die einen mit konstitutioneller Monarchie zufrieden geben wollen, fordern andere die demokratische Republik. Und wieder andere bestehen auf spürbarer Besserung ihrer Lebensbedingungen.

„Gegen Demokraten helfen nur Soldaten" – eine wahrhaft königliche Erkenntnis Friedrich Wilhelms IV. Am 10. November ist es so weit: An der Spitze von fünfzigtausend königstreuen Helfern marschiert General Wrangel in Berlin ein. Die *Verfassungsgebende Versammlung* wird auseinandergejagt, die Bürgerwehr entwaffnet, der Belagerungszustand verhängt.

In Potsdam versucht Dortu, das Blatt noch zu wenden. Am Vormittag des 12. November ruft er eine Massenversammlung unter freiem Himmel dazu auf, weitere Militärtransporte nach Berlin zu unterbinden. Unter seiner Leitung beginnt man bei **Nowawes,** die

Eisenbahnschienen wegzureißen. Flinke Kinderhände kappen die Telegrafenleitung, hungrige Mäuler plündern einen Proviant-Waggon. *„Die Zerstörungen wurden meistenteils durch Arbeiter ausgeführt, aber auch wohlgekleidete Männer wirkten dabei mit"*, notiert ein Berichterstatter der *Berlinischen Nachrichten*. *„Eine Dame am Arm eines wohlgekleideten Herrn machte den Vorschlag, die hölzerne Brücke, die bei den Mühlen über die Nuthe führt, anzuzünden. Es wurden daraufhin die Balken mit Teer bestrichen."* Ein quer zur Fahrtrichtung gewuchteter Munitionswagen blockiert die Strecke.

Max Dortu, steckbrieflich gesucht, flieht nach Paris. Seine Zuversicht ist ungebrochen. Auf dem Kirchturm von Notre-Dame ruft er aus: *„Ich möchte alle Könige und Fürsten auf diesen Turm führen, ihnen diese gewaltige Stadt zeigen und sie fragen: Glaubt Ihr noch immer, daß Ihr die Revolution besiegen werdet?"* Als im Mai 1849 der Aufstand in Baden losbricht und die großherzöglichen Truppen zum Volk überlaufen, stellt Dortu sich der provisorischen Regierung zur Verfügung. Als Organisator der Gernsbacher Volkswehr: *„Schützen des Schwarzwaldes! Steigt herab von Euren Bergen mit Euren Büchsen und Flinten, jung und alt, und schart Euch um mich. Hundert Schützen wie Ihr jagen eine Armee zum Teufel."* Das Gegenteil geschieht. Die an Zahl und Disziplin überlegenen preußischen Soldaten ersticken die Erhebung im Blut. Der zum Major ernannte Potsdamer wird gefangengenommen, zum Tode verurteilt und am 31. Juli 1849 exekutiert. *„Zielt gut, Brüder!"*

Sein Vater war nach Baden geeilt, um beim zuständigen Militär-Kommandanten vorzusprechen. Die Mutter hatte bei Hofe für ihren *„guten, edlen und begabten Sohn"* ein Gnadengesuch eingereicht. Alles vergeblich. Jener König, der noch im vergangenen Jahr vor gefallenen Barrikadenkämpfern das Haupt entblößen mußte, kennt in der Stunde des eigenen Triumphs kein Pardon.

● Voltaires „schmutzige Wäsche"

Im Marmorsaal von Schloß SANSSOUCI brennen die Kerzen. Venezianische Spiegel und gelüstertes Bergkristall werfen glanzvolles Licht auf die abendliche Tafelrunde. Friedrich II. liebt es, geistvolle Männer um sich zu versammeln. Da ist der französische Aufklärer Jean-Baptiste de Boyer, neben ihm Julien-Offray de La Mettrie, Arzt und Philosoph, da ist Pierre-Louis Moreau de Maupertuis.

„An keinem Ort der Welt sprach man so frei über alle Arten des menschlichen Aberglaubens, nirgends wurden sie mit so viel Spott und Verachtung behandelt, wie gerade bei den Soupers des Königs von Preußen. Gott wurde respektiert, aber alle diejenigen, die in seinem Namen die Menschen betrogen, nicht geschont." Voltaire (1694–1778) weiß diese freigeistige Toleranz besonders zu schätzen, lodern doch im heimatlichen Frankreich noch immer die Scheiterhaufen der Inquisition. Persönlich hat er die Mauern der Bastille bereits zweimal von innen gesehen, und etliche seiner streitbaren Schriften gegen verordnete Unmündigkeit und das Dunkel der Unvernunft sind in Paris verboten. Gründe genug, um 1750 der Einladung an den preußischen Hof gefolgt zu sein. *„Ich genieße meine Muße. Eine Stunde des Tages widme ich dem König, um seine Werke in Prosa und Versen ein wenig abzurunden ... Den Rest des Tages habe ich für mich."*

Auf den ersten Blick der Traum von einem Philosophenleben – vita contemplativa bei freier Kost und Logis sowie eigener Equipage und ansehnlicher Jahrespension.

Auf den zweiten Blick: *„Es ist wahr, daß Potsdam von Schnurrbärten und Grenadiermützen bewohnt ist; aber Gott sei Dank, ich beachte sie gar nicht. Ich arbeite friedlich in meinem Zimmer bei Trommelwirbel."* Das dürfte eine beachtliche Konzentrationsleistung erfordert haben.

Nach zweieinhalb Jahren ist Voltaire es leid, die poetischen Versuche des Preußenkönigs immer aufs neue zurechtzubiegen. *„Wird er denn nicht müde, mir seine schmutzige Wäsche zum Waschen zu schicken!"*

Im März 1753 reist der Spötter nach Paris zurück. Auf Nimmerwiedersehen.

● Ein König und zwei streitbare Müller

Die WINDMÜHLE gleich neben **Schloß Sanssouci** ist Friedrich (1712–1786) ein Ärgernis. Drehen sich die Flügel im Wind, dringt störendes Knarren an sein Ohr. Das darf nicht länger sein. Rasch befiehlt er den Besitzer zu sich und bietet einen ansehnlichen Preis ... für ihren Abriß. Der Müller erwidert leise, aber bestimmt: *„Die Mühle ist mir nicht feil. Haben sich schon mein Vater und Großvater von ihr genährt, so will ich sie meinem Sohn hinterlassen.“* Schlechte Aussichten also für die königliche Mittagsruhe. Zornig braust dieser auf und droht mit unverzüglicher Konfiskation, ohne auch nur einen Heller zu zahlen. Da wiegt der Müller bedächtig den Kopf: *„Ja, wenn das Kammergericht nicht wäre! Es gibt noch Richter in Berlin!“* Leider nur eine Legende, wie Untersuchungen an den Tag brachten. Ein frühzeitiger Fall von Public Relations.

Als *„erster Diener des Staates“* soll der Große Friedrich ebenso an Recht und Gesetz gebunden sein wie ein jeglicher Untertan, dies das Ethos des aufgeklärten Absolutismus.

Im Fall eines anderen Müllers, und der ist historisch verbürgt, haben Majestät die richterliche Unabhängigkeit mit Füßen getreten. Allerdings in bester Absicht: *„Wenn die Justiz Ungerechtigkeiten tuhet, ist sie schlimmer wie Strasen Räuber, ein Müler ist ein Mensch eben so guht wie ich bin.“*

Im Mittelpunkt des Rechtsstreits (1779) der Wassermüller Christian Arnold. Dieser stellte seine Pachtzahlungen ein, mit der Begründung, ein neu angelegter Karpfenteich des Landrats beraube ihn des benötigten Wassers: Kein Wasser, kein klapperndes Mühlrad, keine Pacht!

Der Müller unterlag in drei Instanzen, selbst das hochgeschätzte Berliner Kammergericht wies seine Klage als querulantisch ab. Die Mühle des Zahlungsunwilligen geriet unter den Hammer.

Da greift der König ein. Überzeugt, daß die Richter den adeligen Landrat begünstigt haben, läßt er die Versteigerung rückgängig machen, den Karpfenteich zuschütten und drei Gerichtsräte in die Festung Spandau schaffen. *„Denn ein Justiz-Kollegium, das Ungerechtigkeiten ansieht, ist gefährlicher und schlimmer wie eine Diebesbande.“*

● Heimatmuseum: Breite Straße 13

● Kleist quittiert den Offiziersdienst

Was tut im Jahre 1792 ein junger Mann von Adel, wenn er das fünfzehnte Lebensjahr erreicht hat? Er geht zu Militär. Heinrich v. Kleist (1777–1811), Sohn aus traditionsreicher Offiziersfamilie, tritt als Gefreiter in das Potsdamer Garderegiment ein. Der Feldzug gegen die französische Republik erbringt ihm die Beförderung zum Fähnrich. Was aber dann folgt, sind Drill und Routine des Garnison-Alltags.

Kleist sucht ein anderes Leben. Kopfüber stürzt er sich in die Liebesaffaire mit Generalstochter Luise v. Linckersdorf, lernt Klarinette spielen, vernachlässigt seinen Dienst und kommt *„aus Liebe zur Kunst"* gar einmal in Arrest. Täglich sieht man ihn in die GROSSE STADTSCHULE gehen, heute **Friedrich-Ebert-Straße 17.** Dort gibt Konrektor Johann Heinrich Bauer Privatstunden in Griechisch und Latein, Logik und Philosophie. Ein Humanist, der Tugend und Glück des Menschengeschlechts durch die Vervollkommnung des Wissens erstrebt.

„... wurde mir der Soldatenstand, dem ich nie von Herzen zugethan gewesen bin, weil er etwas durchaus Ungleichartiges mit meinem ganzen Wesen in sich trägt, so verhaßt, daß es mir nach und nach lästig wurde, zu seinem Zwecke mitwirken zu müssen. Die größten Muster militärischer Disziplin, die der Gegenstand des Erstaunens aller Kenner waren, wurden der Gegenstand meiner herzlichsten Verachtung; die Offiziere hielt ich für so viele Exerziermeister, die Soldaten für so viele Sklaven, und wenn das ganze Regiment seine Künste machte, schien es mir als ein lebendiges Monument der Thyrannei. Dazu kam noch, daß ich den üblen Eindruck, den meine Lage auf meinen Charakter machte, lebhaft zu fühlen anfing. Ich war oft gezwungen, zu strafen, wo ich gern verziehen hätte, oder verzieh, wo ich hätte strafen sollen, und in beiden Fällen hielt ich mich selbst für strafbar. In solchen Augenblicken mußte der Wunsch in mir entstehen, einen Stand zu verlassen, in welchem ich von zwei entgegengesetzten Prinzipien gemartert wurde, immer zweifelhaft war, ob ich als Mensch oder als Offizier handeln mußte; denn die Pflichten beider zu vereinen, halte ich bei dem jetzigen Zustand der Armee für unmöglich."

Da hilft nur Abschied, auch gegen den entschiedenen Willen seiner Familie. Am 4. April 1799 quittiert Kleist den Dienst, um noch im selben Monat an der Universität Frankfurt ein Philosophie-Studium zu beginnen. Zurück bleiben in Potsdam *„sieben unwiederbringlich verlorene Jahre."*

● Eine Soldatin namens August Renz

„Lieber Bruder! Nun habe ich Dir noch etwas Neues zu erzählen, worüber Du mir aber versprechen mußt, nicht böse zu sein. Ich bin vier Wochen Soldat! Erstaune nicht, aber schelte auch nicht; Du weißt, daß der Entschluß dazu schon seit Anfang des Krieges meine Brust beherrschte. Schon zwei Briefe von Freundinnen erhielt ich, die mir vorwarfen, ich sei feige, da alles um mich her entschlossen ist, in diesem ehrenvollen Kriege mitzukämpfen. Da wurde mein Entschluß unumstößlich fest; ich war im Innern meiner Seele überzeugt, keine schlechte oder leichtsinnige That zu begehen; denn sieh nur Spanien oder Tyrol, wie da die Weiber und Mädchen handelten. Ich verkaufte also mein Zeug, um mir erst eine anständige Manneskleidung zu kaufen, bis ich Montierung erhalte; dann kaufte ich mir eine Büchse für acht Thaler, Hirschfänger und Czacko zusammen dreieinhalb Thaler. Nun ging ich unter die schwarzen Jäger; meiner Klugheit kannst Du zutrauen, daß ich unerkannt bleibe. Ich habe nur noch die große Bitte, daß Du es Vatern vorträgst, so vorteilhaft wie möglich für mich. Vater wird mir nicht böse sein, glaube ich, denn er erzählte ja selbst Skizzen von den Spanierinnen und Tyrolerinnen, wobei er meinen Entschluß deutlich auf meinem Gesicht lesen konnte. Ich habe aus Vorsicht meinen Namen geändert; wenn Du mir schreibst, so unterzeichne mit meinem angenommenen Namen als mein Bruder... Wir exerzieren, tiraillieren und schießen recht fleißig; ich treffe auf hundertfünfzig Schritt die Scheibe.“

Eleonore Prochaska (1785–1813) hat eine schwere Jugend durchlebt. Der Vater ist in den Krieg gegen Frankreich gezogen, die kränkliche Mutter kann ihre Kinder nicht ernähren. Da bleibt nur der bittere Weg ins MILITÄR-WAISENHAUS, **Breite Straße/Ecke Dortustraße:** Wolle spinnen, Strümpfe stricken, Wolle spinnen.

Als Invalide kehrt der Vater heim, die Tochter muß sich als Magd verdingen. Aus niederdrückendem Dienst erwächst ihr ein hochgestimmter Patriotismus. Glühend eilt die junge Frau 1813 zu den Fahnen des Lützowschen Freikorps. Unter dem Namen August Renz. *„Ehrenvoll oder nie siehst Du mich wieder“*, heißt es ahnend am Ende ihres Briefes.

Eleonore fällt beim Sturm auf eine napoleonische Schanze und wird im so fernen Dannenberg begraben. Auf dem Potsdamer ALTEN FRIEDHOF, **Heinrich-Mann-Allee,** steht eine toskanische Säule, von schwarzen Adlerschwingen gekrönt. *„Der Heldenjungfrau zum Gedächtnis“.*

● Poet Heine unter Menschenfressern

Im Haus des Handschuhmachers Johann Georg Witte, am Hohen Weg 12, heute **FRIEDRICH-EBERT-STRASSE 121**, wohnt er zur Miete. Von April bis Juli 1829. In einsamer Zurückgezogenheit entsteht hier der dritte Teil seiner kritischen *Reisebilder.* Das preußische Oberzensurkollegium wird sie später verbieten, denn es sieht *„das Heiligste verspottet, die Religion angegriffen, die Fürsten herabgesetzt."*

Nur ungern denkt Heinrich Heine (1797–1856) an die *„trüben Tage"* in Potsdam. Seine Lebenssituation ist schwer belastet. Der Tod des Vaters, die an klerikalen Kreisen gescheiterte Professur, die finanzielle Abhängigkeit vom Onkel. Vor solch umschatteten Augen kann die Architektur des Garnisonstädtchens nicht bestehen. *„Durch seine öden Straßen wandern wir wie durch die hinterlassenen Schriftwerke des Philosophen von Sanssouci, es gehört zu dessen ouvre posthumes, und obgleich es jetzt nur steinerne Makulatur ist und des Lächerlichen genug enthält, so betrachten wir es doch mit ernstem Interesse und unterdrücken hier und da eine aufsteigende Lachlust, als fürchteten wir, plötzlich einen Schlag auf den Rücken zu bekommen, wie von dem spanischen Röhrchen des Alten Fritz."*

Auch die königlichen Gärten können vor dem düster Gestimmten keine Gnade finden. *„Vorgestern war ich in Sanssouci, wo alles glüht und blüht, aber wie! Du heiliger Gott! Das ist alles nur ein gewärmter, grün angestrichener Winter, und auf den Terrassen stehen Fichtenstämmchen, die sich in Orangenbäume maskiert haben."*

Allein der König selbst, ein bemühter Dichter-Kollege (→ S. 192), scheint Anerkennung hervorzurufen. *„Glauben Sie beileibe nicht, daß ich den Ruhm Friedrichs des Großen zu schmälern suche. Ich kenne sogar seine Verdienste um die deutsche Poesie . . . Hat er nicht, um die deutsche Literatur zu fördern, seine eigenen schlechten Gedichte in französischer Sprache geschrieben . . . Die deutsche Muse wird ihm diesen Dienst nie vergessen."*

Heines derzeitige Muse ist Friederike Robert in Berlin, Ehefrau des Schriftstellers Ludwig Robert. Vier Briefe richtet er an die Unerreichbare und dichtet herzerweichenden Liebesschmerz.

Erste Potsdamer Bekanntschaften schaffen keine Linderung: *„Einige Offiziere sind bei mir gelandet, Menschenfresser. Gestern abend im Neuen Garten geriet ich sogar in eine Damengesellschaft und saß zwischen einigen dicken Potsdamerinnen wie Apoll unter den Kühen des Admet."*

● Skandal-Biologe Ernst Haeckel

Die YORCKSTRASSE mit ihrem breiten grünen Mittelstreifen läßt erahnen, daß einmal ein Kanal durch sie floß. Und das Bürgerhaus **Nr. 7** erscheint einem gehobenen Beamten durchaus angemessen.

„Ich denke jetzt so im stillen, was aus meinen beiden Jungens wohl werden wird", schreibt Regierungsrat Karl Haeckel 1834 am Tage nach der Geburt seines zweiten Sohnes. Ernst soll er heißen, wie das Leben selbst. *„Könnten sie einmal mehr für die Welt wirken als ich, so sollte das meine größte Freude sein. Denn es ist doch die höchste Wonne für uns Männer, wenn wir das Bewußtsein haben, etwas Tüchtiges vollbracht zu haben."*

Ernst Haeckel (1834–1919) wird die Hoffnungen seines Vaters weit übertreffen. In grimmigem Geisteskampf wird er die Richtigkeit der Darwinschen Evolutionstheorie verfechten. Allen Schmähungen zum Trotz: Affe und Mensch stehen einander näher, als schöpfungsgläubige Pastoren und ebensolche Oberlehrer es wahr haben wollen.

Stettin, den 19. März 1863. Inmitten der versammelten Koryphäen deutscher Ärzte und Naturforscher läßt ein neunundzwanzigjähriger Dozent die Bombe platzen. *„Alle verschiedenen Tiere und Pflanzen ... sind nicht, wie wir anzunehmen von früher Jugend gewohnt sind, jeder für sich selbständig erschaffen worden, sondern haben sich im Laufe vieler Millionen Jahre aus einigen wenigen, vielleicht sogar aus einer einzigen Stammform, einem höchst einfachen Urorganismus, allmählich entwickelt."* Der Saal hält den Atem an. Wird der junge Außenseiter es wagen, die Krone der Schöpfung, das Ebenbild Gottes in den Schmutz zu ziehen? *„Was uns Menschen selbst betrifft, so hätten wir also konsequenterweise, als die höchst organisierten Wirbeltiere, unsere uralten gemeinsamen Vorfahren in affenähnlichen Säugetieren, weiterhin in känguruhartigen Beuteltieren, noch weiter hinauf in der sogenannten Sekundärperiode in eidechsenartigen Reptilien, und in noch früherer Zeit, in der Primärperiode, in niedrig organisierten Fischen zu suchen."*

Der Saal brodelt. Und in die aufkochenden Emotionen schleudert der Redner den Nachsatz: *„Dieser Fortschritt ist ein Naturgesetz, welches keine menschliche Gewalt, weder Tyrannenwaffen noch Priesterflüche, jemals dauernd zu unterdrücken vermögen."* Eine zutreffende Prophezeiung!

Haeckels Forschungen und populärwissenschaftliche Publikationen *(Die Welträtsel)* brechen dem Menschenbild des 20. Jahrhunderts die Bahn.

● Mozart möchte Kapellmeister werden

Sein Ruhm strahlt hell, sein Portemonnaie ist leer. Opern, Sinfonien, Sonaten, Serenaden hat er der Welt geschenkt und ist dabei selbst ein armer Mann geblieben. Wolfgang Amadeus Mozart (1756–1791).
Am 25. April 1789 trifft der große Komponist in Potsdam ein. Sein Freund aus vergangenen Pariser Tagen, der Waldhornbläser Türrschmidt, bietet bescheidene Unterkunft: **AM BASSIN 10**.
Der Potsdamer Hof soll die Malaise des Mittellosen wenden. Friedrich Wilhelm II. gilt über Preußens Grenzen hinaus als Förderer der Musik und streicht bei Kammerkonzerten höchsteigen das Violoncello. Mozart wird zum Musizieren geladen, doch seine Hoffnung auf Anstellung als Hofkapellmeister zerbirst an den Intrigen des Intendanten.
„Mein liebes Weibchen! Du mußt Dich bei meiner Rückkehr schon mehr auf mich freuen als auf das Geld", schreibt der Enttäuschte seiner geliebten Constanze nach Wien. Am 28. Mai reist er dem Brief hinterher, und schon zwei Jahre später wird er, fünfunddreißigjährig, in ein Armengrab sinken.

● Theodor Storms Magenbeschwerden

Der Dichter und Advokat aus Husum, bei den dänischen Okkupanten seiner Heimat mißliebig geworden, hat keine Wahl. Er muß froh sein, am Kreisgericht Potsdam eine Anstellung gefunden zu haben, und dennoch: *„Der preußische Menschenverkauf, Menschenverbrauch im Staatsmechanismus, den die Mehrzahl auch nur in der Hoffnung auf ein Bändchen im Knopfloch auszuhalten vermag, die ganze Zukunft lag so trostlos vor mir."*
Was ihn im Jahre 1853 zur Bewerbung gerade nach Potsdam bewogen hat, ist der in Berlin ansässige literarische Freundeskreis. Theodor Fontane, Joseph Freiherr v. Eichendorff, Franz Kugler, Adolph Menzel. Die langen gemeinsamen Abende bei Wein und Husumer Tee lassen den Zugereisten ein wenig heimisch werden, um schon am nächsten Morgen wieder in Fremdheit zu verfallen. Gescheitertes 1848! *„Es herrschen hier noch immer oder schon wieder Adel und Klerisei. Und die sind das Gift in den Adern einer Nation. Der Kampf zwischen der alten und der neuen Zeit ist unausbleiblich und muß hartnäckiger geführt werden als bisher."*
Das knapp bemessene Assessorengehalt erlaubt der Familie nur bescheidene Unterkunft. Im luftzugigen Eckhaus **BRANDENBURGER STRASSE 70** frieren sie, auf die Mansarde Waisenstraße **68** (heute **Dortustraße**) brennt die Sonne, die Stuben in der Kreuzstraße **15** (heute **Benkertstraße**) sind eng und geduckt.
Als Storm 1856 endlich eine höher dotierte Stellung als Kreisrichter in Heiligenstadt antreten kann, lautet sein Potsdamer Resümee: *„Dreimal umgezogen, Preußisches Landrecht gelernt (ein Dreivierteljahr ohne jegliche Vergütung!), eine Menge Illusionen aufgegeben was Preußen betrifft, eine kleine Novelle geschrieben, eine Tochter geboren, ein Magenleiden zugezogen."*

● Der falsche Hauptmann

Wozu braucht der Schuster Wilhelm Voigt (1849–1922) eine Uniform? Er hat da so eine Idee, die ihm seit Wochen nicht mehr aus Kopf gehen will. Vordringlich beschäftigt ihn dabei die Frage: WIE kommt ein Schuster an eine Uniform? Und zwar nicht an irgendeine, nein, eine Offiziersuniform müßte es schon sein!

Am Morgen des 8. Oktober 1906 steigt der mehrmals Vorbestrafte, wg. kleiner Diebereien und einer nicht ganz so kleinen Postscheckfälschung, in den Zug nach Potsdam. Hier, wo das militärische Herz Preußens schlägt, würde wohl etwas Geeignetes zu finden sein. Auf die 62 000 Einwohner dieser Residenz- und Garnisonstadt kommen mehr als 7 000 Soldaten. Im Straßenbild schreitet Stiefel an Stiefel, Uniform an Uniform, nur leider samt und sonders schon vergeben.

Der Suchende lenkt seine Schritte ins Holländische Viertel, wo selbst die Giebelhäuser gleichförmig wie Rekruten stehen. Genau gesagt, in die **MITTELSTRASSE 3**. Dort betreibt Altwarenhändler Berthold Remlinger einen Trödelladen. Schwerpunkt: gebrauchte Uniformteile! Schon beim Bimmeln der Türglocke faßt der Eintretende eine Hauptmannsuniform fest ins Auge. Steigt hilfsbereit sogar mit auf die Leiter, sehr unüblich für einen Offizier. Die Verkäuferin nimmt sein Verhalten jedoch als Leutseligkeit und schöpft keinerlei Verdacht. Auch im Vernickelungsgeschäft von Wilhelm Finke in der benachbarten Kreuzstraße **24**, heute **BENKERTSTRASSE**, taucht unser Schuster auf. Und verläßt den Laden mit silberglänzenden Sporen an den Stiefeln. Da tritt es sich gleich ganz anders auf . . . das Pflaster! Jetzt fehlen noch Mantel, Mütze und Säbel mit Koppel. In dieser Angelegenheit kehrt er zweimal vergebens zurück, kauft schließlich bei Altwaren- und Kostümhändlern in Berlin.

Was will ein Schuster in Uniform? Schon in wenigen Tagen wird man es in allen Zeitungen lesen. Als selbsternannter Hauptmann besetzt Wilhelm Voigt mit zehn dienstverpflichteten Soldaten *(„auf höheren Befehl“)* das Köpenicker Rathaus, verhaftet den Bürgermeister samt Obersekretär und beschlagnahmt die Amtskasse. Da soll sogar Se. kaiserliche Majestät Wilhelm II. geschmunzelt haben. Eine Uniform wirkt eben Wunder, auch wenn sie nur aus den Beständen eines Potsdamer Trödlers stammt.

● Die genossenschaftliche Selbsthilfe

„Der Staat in den Händen der Arbeiter, dies die alte Forderung der Sozialdemokratie; die Arbeiter in den Händen des Staates, dies das Ziel, welchem die Sozialpolitiker immer entschiedener zustreben.“ An der Ostmauer des **ALTEN FRIEDHOFS**, **Heinrich-Mann-Allee,** ruht ein Mann, dem beide Vorstellungen ein Greuel gewesen sind. Zwischen allen Stühlen hat er in seinem unbequemen Leben oft gesessen.

Hermann Schulze-Delitzsch (1808–1883), liberaler Abgeordneter der Nationalversammlung (1848), wegen Aufrufs zur Steuerverweigerung angeklagt und freigesprochen, wegen ministerieller Schikanen als Kreisrichter aus dem Amt geschieden. Arm an Geld, doch reich an Zeit und Tatkraft, widmet er sich seiner eigentlichen Passion.

„Daß ich in der sozialen Frage, der größten und wichtigsten des Jahrhunderts, nicht mit leeren Deklamationen, sondern mit recht praktischen Organisationen fortwährend wirke“, übermittelt der Gründer ungezählter Genossenschaften einem zweifelnden Freund. *„Ist es denn in Deinen Augen wirklich nichts, Hunderten von Familien Kredit und Existenz zu verschaffen, sie vor den Folgen der Krankheit und des Elends zu schützen, durch Belebung und Vermehrung des Verkehrs ihre Umsätze zu verbessern? Und das nicht durch Almosen, sondern durch Leitung und Anregung ihrer eigenen Kraft, wodurch unausbleiblich ihr menschliches Selbstgefühl und ihre bürgerliche Tüchtigkeit in jeder Weise gehoben werden.“* Die Kehrseite der jungen aufblühenden Industrie: darbende Fabrikarbeiter und ruinierte Handwerksmeister. Nun sollen Zusammenschlüsse ohnmächtig Vereinzelter in Einkaufs-, Verkaufs- und Kreditgenossenschaften Abhilfe schaffen! Am 27. März 1867 erkämpft der linksliberale Parlamentarier *(Deutsche Fortschrittspartei)* die gesetzlichen Voraussetzungen.

„Was wollen, was treiben die Genossenschaften der Handwerker und Arbeiter? Stellen sie etwa unerfüllbare Forderungen an den Staat? Nichts von alledem! Der Weg, auf den sie ihre Mitglieder verweisen, er ist . . . der Weg der Selbsthilfe, des Emporkommens durch die eigene Tüchtigkeit.“

Viel Feind, wenig Ehr! Bismarck wittert in solchen Vereinigungen *„Kriegskassen der Demokratie“*, Sozialist Lassalle bellt eine bissige Polemik: Bürgerlicher Betrug! Was das besitzlose Proletariat wirklich braucht, sind *„Produktiv-Assoziationen“*, d. h. massives staatliches Startkapital.

● Liebknecht siegt im Kaiserwahlkreis

„Wie wir aus zuverlässiger Quelle erfahren, wird die kaiserliche Familie mit den übrigen Prinzen und dem gesamten Hofstaat im Falle einer Wahl Liebknechts Potsdam verlassen und in eine andere Residenz übersiedeln. Vom Kriegsministerium ist gleichfalls eine Verlegung der Gardetruppen und weiterer Teile der Garnison im Falle einer Wahl Liebknechts geplant", schreibt unheilschwanger das *Potsdamer Intelligenz-Blatt.* Weltuntergangsstimmung!

„Sollten diese Maßnahmen durchgeführt werden, so würde das einen vollständigen Ruin der Potsdamer Geschäftswelt, des Mittelstandes und eine große Arbeitslosigkeit für die Potsdamer Arbeiterschaft bedeuten. Zusammenbruch zahlreicher glücklicher Existenzen!"

Wahlkampf 1912 im Wahlkreis Potsdam-Spandau-Osthavelland, wegen des Wohnsitzes Se. Majestät respektvoll als *„Kaiserwahlkreis"* tituliert. Und ausgerechnet hier präsentiert die Sozialdemokratische Partei den roten Rechtsanwalt Karl Liebknecht (1871–1919) (→ S. 119).

„Wer in Potsdam, fast im Angesicht unseres geliebten Kaiserpaares und der ganzen kaiserlichen Familie einem Sozen seine Stimme gibt, mag er sonst sein und denken was er will, hat das Recht verwirkt, sich noch ein guter Deutscher zu nennen", tobte das *Potsdamer Tageblatt* schon im Jahre 1903. Von Wahl zu Wahl sind die schlechten Deutschen zahlreicher geworden.

In der Kaiser-Wilhelm-Straße **38,** heute **HEGELALLEE**, befindet sich ein traditioneller Stützpunkt der Arbeiterbewegung. Schon in der Verbotszeit unter Bismarck tagte in der Gaststätte Wilhelm Glaser der sozialdemokratische Ortsverein, gut getarnt als Gesangsverein *Schneeglöckchen* oder als Rauchclub *Maiblume.* Hier haben Wahlveranstaltungen einen gesicherten Ort. In anderen Lokalen hingegen kommt es immer wieder zu *„Saalabtreibungen";* Wirte verweigern unter polizeilichem Druck die Vermietung oder ziehen bereits gegebene Zusagen zurück. So bleibt für größere Versammlungen oft nur der *Arnholdtsche Garten* unter freiem Himmel, **BEHLERTSTRASSE 16**.

Trotz aller Schikanen: Am 25. April trägt Liebknecht in der Stichwahl mit 24 299 Stimmen einen rauschenden Sieg davon, während sich der konservative Kandidat, Oberbürgermeister Voßberg, mit 20 369 Stimmen begnügen muß. Ein Trost bleibt dem bürgerlichen Lager: Majestät beläßt seinen Hofstaat vorerst in Potsdam. (Bis zur Novemberrevolution 1918).

● Ist der jetzt wieder „in"?

Wer ist schon auf eine Gegenfrage gefaßt, wenn er sich bei einer Laub harkenden Gärtnerin nach dem Grab von Bernhard Kellermann (1879–1951) erkundigt. Der NEUE FRIEDHOF an der **Heinrich-Mann-Allee** erscheint zu weitläufig, um einfach auf die Suche zu gehen. *„Am Eingang gleich rechts an der Außenmauer entlang."*

Gestern 'in', heute 'out'. Der Schriftsteller hat die Wechselbäder von Ruhm und Vergessen schon zu Lebzeiten erfahren. In der Weimarer Republik erfolgreich, im Dritten Reich verfemt (→ S. 223), von der DDR gewürdigt, von der Bundesrepublik ignoriert. Und nun?

Im wilhelminisch-deutschen Kaiserreich fühlte sich der junge Dichter nicht beheimatet. Weder im nüchternen Erwerbsleben noch im Feiertagspathos nationaler Großmannssucht. *Yester und Li* lautet 1904 sein Erstlingsroman, und eine Erzählung darin trägt den Titel *Das Herz: „Da war ein Mann, vor langer Zeit... Habuck war ein Tyrann. Habuck wollte die Menschen knechten, wahnsinnige Herrschsucht raste in seinem Gehirn ... 'Habuck kommt übers Feld', riefen die Leute und stürzten in ihre Häuser... Am Waldrand stand ein Weib, das auf ihn wartete. Es stand mitten im Weg und wich nicht. Sein Pferd blieb stehen, als er über das Weib hinwegreiten wollte. 'Ich habe dir etwas zu geben', sagte das Weib. 'Ich habe es gefunden und bringe es dir. Du hast es verloren, als du ein Knabe warst.' Und als Habuck zögerte, warf sie ihm etwas in den Schoß und verschwand. Er fand nichts in seinem Sattel und ritt weiter... Er kam an eine Schenke, stieg ab und trat ein. 'Wer bist du?', fragten die Leute. Niemand erkannte Habuck mehr."*

Mit seinem Sensationsroman *Der Tunnel* (1913) hat Kellermann Renommee errungen. Eine Prophetie von Glanz und Elend des technischen Zeitalters. Ein Eisenbahntunnel wird tief unter dem Meeresgrund Meter um Meter vorangetrieben. Von Amerika nach Europa. Die Bohrmaschine gleicht einem *„gepanzerten Tintenfisch, Kabel und Elektromotoren als Eingeweide, nackte Menschenleiber im Schädel."*

Wenn auch Tausende sterben und verderben, der Tunnel gelingt. Tag und Nacht surren Salonwagen von Kontinent zu Kontinent. Time is money, und Geld regiert die Welt. Die große Erdkugel ist kleiner geworden, aber die Menschen, sie sind sich keinen Schritt nähergekommen. In ihrer Kindheit ging etwas verloren, und das Jahr 1914 steht unmittelbar bevor.

BORNSTEDT

● Ein Weinfaß als Sarg

„Hier liegt in seiner Haut / Halb Schwein, halb Mensch / Ein Wunderding / In seiner Jugend klug / In seinem Alter toll / Des Morgens voller Witz / Des Abends toll und voll / Bereits ruft Bacchus laut / Das teure Kind ist Gundeling."
Ein ungewöhnlicher Nachruf, ebenso seltsam wie der Sarg, auf dem diese Worte geschrieben sind. Eingedenk seines ausschweifenden Trinkerlebens hat man den Toten in ein Weinfaß gebettet.
Jakob Paul Gundling (1673–1731) liegt in der Bornstedter **KIRCHE** begraben. Vom Rechtsgelehrten und Historiographen zum Zeitungsvorleser (→ S. 66), vom Universitätsprofessor zum königlichen Hofnarren ... was für eine Karriere! Im Rausch hat er sein Geschick ertränkt.

● Vom Gärtner zum Generaldirektor

„Was in Sanssouci stirbt, das wird in Bornstedt begraben", schreibt Fontane über den **FRIEDHOF** an der **Ribbeckstraße**. *„In den meisten Fällen königliche Diener aller Grade."* Heinrich Wilhelm Wagenführer, einer der längsten Kerls des *Soldatenkönigs*, Hofbaurat Ferdinand v. Arnim, der Architekt Friedrich Ludwig Persius, die Hofgärtner-Dynastie Sello. Nicht zu vergessen, der Generaldirektor der königlichen Gärten Peter Josef Lenné (1789–1866), gewiß kein Diener und Lakai. Den Rokoko-Park von Schloß Sanssouci erweitert er großräumig zu einem englischen Landschaftsgarten. Ein schwieriges Unterfangen: Friedrich Wilhelm III. knausert, Friedrich Wilhelm IV. weiß alles besser. Für Könige die Natur zu gestalten, das erfordert ein hohes Maß an Selbstvertrauen, Eigensinn, Takt und Nervenstärke. Den Berliner Tiergarten sowie manch anderen Park von Glienicke über Babelsberg bis Petzow haben wir seinem gärtnerischen Stehvermögen, kombiniert mit diplomatischem Feingefühl, zu verdanken. *„Ich möchte wohl mit einem solchen Mann das Feld durchwandern"*, wünscht sich kein Geringerer als der große Goethe.

FAHRLAND

● So formuliert kein Sandpoet

„O, wie warst du so schön, wenn die Fliegen der Stub' im September starben / Und rot die Ebereschen am Hause des Jägers sich färbten / Wenn die Reiher zur Flucht im einsam schwirrenden Seerohr, ahnend den Sturm, sich versammelten / Wenn er am Gitter der Pfarre heulend die braunen Kastanien aus platzenden Schalen zur Erde warf / Und die schüchternen Krammetsvögel vom Felde zu Busch trieb / Froher alsdann als der Sperling im Dach, dem von hinten die Federn übers Köpfchen der Sturmwind blies / Unterhielt ich so gerne in dem roten Kamine die Glut mit knisternden Spänen."

Solch heimatliche Liebeserklärung beweist: Es irrt der große Goethe, wenn er den märkischen Dichter Friedrich Wilhelm August Schmidt (1764–1838) abschätzig einen *„Sandpoeten"* nennt.

Im **PFARRHAUS, Priesterstraße 5,** erblickte der Belächelte am 23. März 1764 das Licht des Havellandes. Nicht im heutigen Gebäude, welches mit seinen altertümlichen Ziertürmchen und den Spitzbogenfenstern auch schon über hundert Jahre hat kommen und gehen sehen, sondern im erinnerungsfroh bedichteten Vorgängerbau; *„Ha! Ich kenne dich noch, als hätt' ich dich gestern verlassen / Kenne das hangende Pfarrhaus noch mit dem verwitterten Rohrdach / Kenne die Balken des Giebels, wo längst der Regen den Kalk schon / Losgewaschen, die Tür mit großen Nägeln beschlagen."* Der Pastorensohn tritt in die väterlichen Fußstapfen und übernimmt nach einem Studium der Theologie die Pfarrstelle in Werneuchen. Viel Zeit verbleibt ihm für seine märkische Poesie, unbeirrt durch Spötter und Neider. Die unvergessene Landschaft seiner Kindertage formt sich zu immer neuen Versen. *„Wenn der Herbstwind durch die Brücke saust / Wild am Rohr die dürren Büschel zaust / Und das Schilf zerknickt und tiefe Kerben / In der angeschwollenen Havel zieht . . . / O Natur, auch dann begrüß ich so / Wie im Blütenmond dich innig froh!"*

An der **Kirchenwand** lehnt ein regenverwaschener **GRABSTEIN**, seine Schriftzeichen kaum mehr zu entziffern. Eingedenk *„Sophie Schmidtin"*, des Vaters erste Ehefrau (nicht aber des Dichters Mutter).

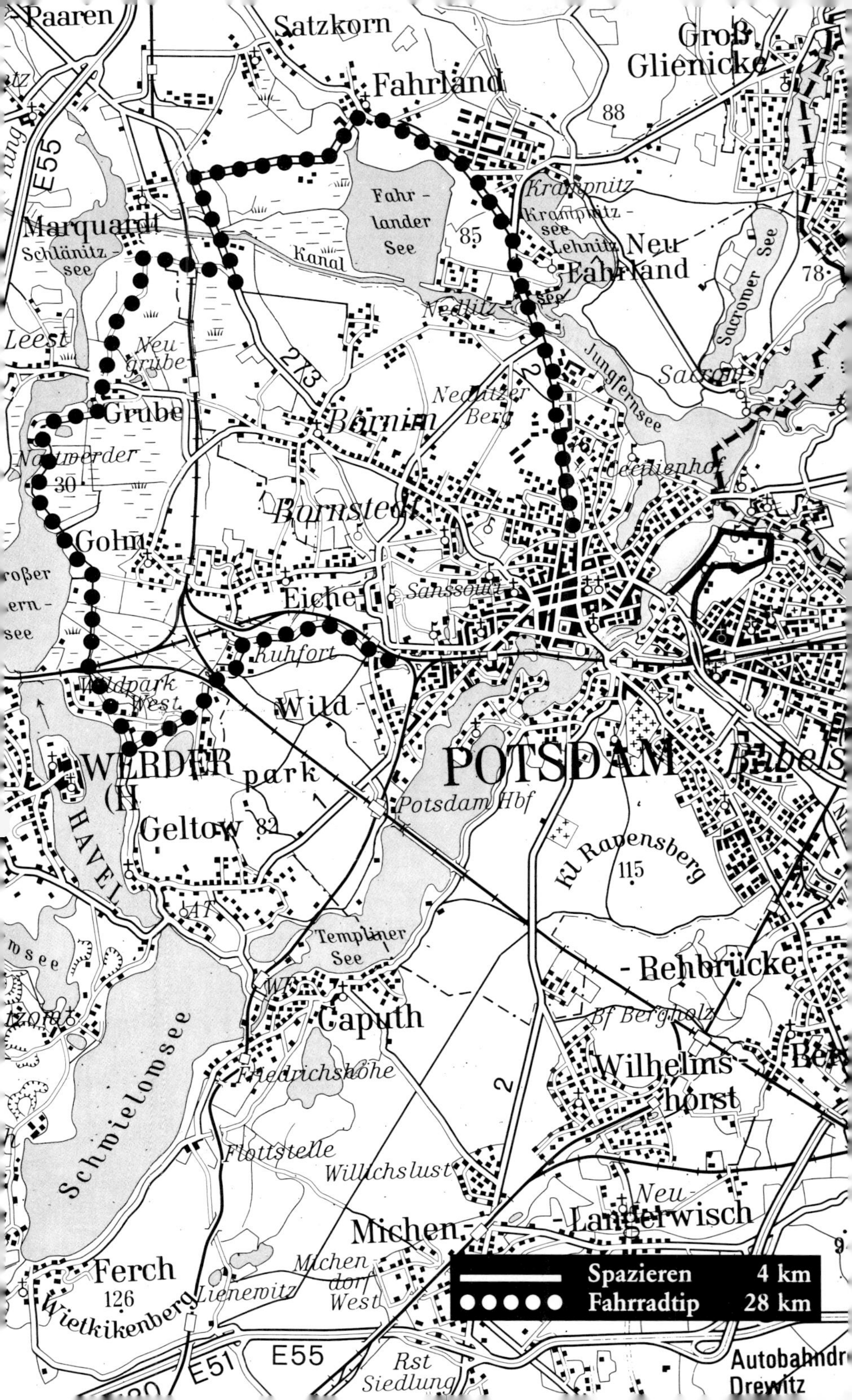
Paaren
Satzkorn
Groß Glienicke
Fahrland
88
E55
Marquardt
Schlänitz-see
Fahr-lander See
85
Kanal
Krampnitz
Krampnitz-see
Lehnitz-see
Neu Fahrland
Sacrower See
78
Nedlitz
Leest
Neu-grube
273
Jungfernsee
Sacrow
Grube
Bornim
Nedlitzer Berg
Nattwerder
30
Cecilienhof
Bornstedt
Golm
Großer Zern-see
Eiche
Sanssouci
Ruhfort
Wildpark West
Wild-park
POTSDAM
Babels
WERDER (H
HAVEL
Geltow
82
Potsdam Hbf
Kl. Ravensberg
115
Templiner See
Rehbrücke
Caputh
Bf Bergholz
Wilhelms-horst
Friedrichshöhe
Schwielowsee
Flottstelle
Willichslust
Neu-Langerwisch
Michen
Michen-dorf West
Ferch
126
Wietkikenberg
Lienewitz
E51
E55
Rst Siedlung
Autobahndr Drewitz
Spazieren 4 km
Fahrradtip 28 km

Babelsberg, Am Weberplatz

18.
Die Weber und Spinner von Nowawes

– Babelsberg –

Eine eigenartige Atmosphäre liegt über dem **Weberplatz.** Man fühlt sich plötzlich fern von Potsdam, vielleicht irgendwo in der ländlichen Mark, mit Sicherheit in einem verwehten Jahrhundert. Abseits der Verkehrsströme von Breitscheid- und Liebknechtstraße nistet verborgen im Winkel düstere Vergangenheit. Ein Stück schlechte alte Zeit. Lasse sich niemand täuschen von den idyllisch anmutenden Häuschen, einstöckig und mit heimeligen Fensterläden. In den niedrigen Stuben wohnte einst mühevolle Arbeit, und an den Tischen war der Hunger zu Gast.

Versetzen wir uns zurück in das Jahr 1750. Friedrich II., den die Geschichtsbücher gern als groß bezeichnen, braucht viele Soldaten, und jeder Soldat braucht eine Uniform. Offiziere zwei. Es ergeht die königliche Order, eine Kolonie speziell für Weber und Spinner zu gründen; nicht allzuweit vor den Toren Potsdams auf der sandigen Gemarkung Neuendorf. *Nowawes* nennen sie in tschechischer Übersetzung die angeworbenen böhmischen Siedler. Religionsfreiheit, Akzisefreiheit sowie Freiheit von militärischer Einquartierung ist ihnen zugesagt, überdies Haus und Garten mietfrei für sechs Jahre. Ein Paradies, so will es den hussitischen Asylanten aus katholisch Österreich erscheinen.
Die Ernüchterung läßt nicht lange auf sich warten, denn die versprochenen fünfzig Taler Einstand pro Familie erhalten nur die wenigsten. Zwangsläufig geraten die Weber in Abhängigkeit von finanzkräftigen Fabrikanten, die ihnen Garn und Wolle zur Verfügung stellen und das gefertigte Kattun zum Hungerlohn abnehmen. Eine dominierende Stellung in Nowawes gewinnt die Witwe

des Berliner Manufakturisten Benjamin Elias Wulff. Die Klagen an den Spinnrädern und Webstühlen wollen nicht abreißen, dringen im Jahre 1759 brieflich sogar bis an das Ohr des Königs. *„Ew. Königl. Majestät sehen wir uns aus großer Noth gedrungen, allerunterthänigst vorzustellen, daß wir bishero gezwungen worden, vor niemand anders als vor den Juden Wulff und einen Färber namens Lautensack baumwollene Waren zu verarbeiten, selbige aber uns so wenig und schlechte Baum-Wolle zu verfertigen gegeben haben, daß wir dabey nicht das trockene Brodt zu unsern Lebens-Unterhalt erwerben können, so daß Armuth und Hunger schon einige von uns armen böhmischen Colonisten aus Nowawes vertrieben.“* Ihre Bitte, auch für andere Fabrikanten arbeiten zu dürfen, unter günstiger ausgehandelten Bedingungen, wird mit dem Hinweis auf geschlossene Verträge abschlägig beschieden.

Was nun beginnt, ist ein Jahre und Jahrzehnte währender Kleinkrieg. Beharrlich gehen die Nowaweser daran, ihr Los durch erfinderische Unbotmäßigkeit zu verbessern, auch wenn sie in der Konsequenz *„bey Seiner Königlichen Majestät allerhöchsten Person bekannt und schlecht accreditiert sind.“*

Für schlechten Lohn revanchieren sich die Weber und Spinner mit schlechter Arbeit. Das Baumöl, das Witwe Wulff zur Verfügung stellt, um es der Wolle zuzusetzen, vertauschen sie mit billigem weißen Tran; der Verkauf des hochwertigen Öls erbringt ihnen einen willkommenen Extraverdienst von jeweils zweieinhalb bis drei Groschen. Auch mit dem Gewicht läßt es sich trefflich manipulieren. Wer die Spule, auf die der Faden gewickelt wird, mit einer schweren Masse füllt, erspart sich etliche Meter Spinnerei. Oder man unterschlägt einen Teil der abzuliefernden Ware und ersetzt die fehlenden Pfunde, indem Frau oder Kind die Wolle in salzgesättigte Heringslake taucht.

Immer wieder unternehmen sie Versuche, die beherrschende Position der Witwe Wulff zu umgehen und mit großzügiger kalkulierenden Fabrikanten ins Geschäft zu kommen. Und immer wieder veranlaßt die Umgangene die Kurmärkische Domänenkammer, Wolle konkurrierender Fabrikanten zu konfiszieren. Keine leichte Aufgabe, wie Steuerrat Linger bald feststellen muß: *„Als der Landreuter in Nowawes gewesen, haben sie alles Berlinische Gespinste und Garn in die Heyde getragen.“* Da kann der Landreiter lange suchen. Besser für ihn, er findet nichts, denn bei Beschlagnahme ist es schon geschehen, daß erboste Kolonisten, *„welche mit Spießen und Stangen herbey geeilet, die Polizey Bediente vertrieben.“*

Besonders hervorgetreten ist der Weber Wenzel Wessely. Als einziger hat er den Sprung geschafft, unabhängig und auf eigene Rechnung zu fabrizieren. Sein aus bescheidenem Wohlstand erwachsenes Selbstbewußtsein läßt ihn jegliche Wulffsche Arbeit strikt zurückweisen. Eine unverhohlene Herausforderung. Die düpierte Fabrikantenwitwe nimmt den Fehdehandschuh auf und statuiert mit Hilfe der Behörden ein Exempel. Sein Vorratslager an Wolle und Garnen verfällt der Konfiskation. *„Wessely wurde incarceriret, in Ketten und Banden gelegt und mit Hunger und Prügel tractiret.“* Gerichtlich ringt der zweite Kohlhaas dreiundzwanzig Jahre lang um die Rückgabe seiner Materialien. Erfolglos, aber ungebeugt.

Die Weber von Nowawes sind als *„wilde und widerwärtige Leute“*, als *„Gesellschaft von unruhigen Köpfen“*, gar als *„Aufwiegler“* und *„Königsquäler“* in die zeitgenössischen Quellen eingegangen. *„Widerspenstig“* und *„tumultarisch“* wurden sie genannt und *„zu keiner Ordnung zu bringen“*. Ihr elendes Schicksal als Angehörige eines sterbenden Handwerks war letztlich nicht zu wenden, und manche Familie retteten nur die Kartoffelfelder der umliegenden Dörfer und Güter vor dem Hungertod. Aber unüberhörbar sagten sie NEIN, boten Fabrikanten und Obrigkeit die Stirn; mit dem verzweifelten Stolz derer, die wenig zu verlieren haben. Ein Widerstandsgeist, der aus der Hussitentradition ihrer böhmischen Heimat stammen mag und sich bis in unser Jahrhundert fortgepflanzt hat. Bis in die dreißiger Jahre hinein, als hier eine rote Hochburg der Arbeiterbewegung die Potsdamer Bürger erschreckte.
Im Dritten Reich war kein Platz mehr für das slawische Nowawes. Propagandaminister Goebbels, der oft in den UFA-Studios weilte, soll die Namensänderung persönlich angeregt haben. Seit 1938 steht auf allen Landkarten *„Babelsberg“* zu lesen.
Dennoch: So mancher Bewohner der engen Gassen um den Weberplatz bezeichnet sich bis heutigen Tags als *Nowaweser.*

● Henning v. Tresckows „Walküre"

Wie kann ein militärischer Staatsstreich gegen Hitler gelingen? Eine kaum lösbare Aufgabe, wenn große Teile des Offizierskorps auf dessen Seite stehen, wenn große Teile der Bevölkerung auf ihn vertrauen und wenn bewaffnete SS-Einheiten allgegenwärtig sind.

Generalmajor v. Tresckow (1903–1944) ist von der Notwendigkeit eines gezielten Attentats überzeugt. *„Sollte es nicht gelingen, muß trotzdem in Berlin gehandelt werden. Denn es kommt nicht mehr auf den praktischen Zweck an, sondern darauf, daß die deutsche Widerstandsbewegung vor der Welt und vor der Geschichte den entscheidenden Wurf gewagt hat."*

Was in Berlin im einzelnen getan werden muß, plant der konspirierende Offizier bei einem Fronturlaub im August 1943. Vorübergehendes Domizil ist die Villa seiner Schwester Marie-Agnes in der **Straße der SA 25,** heute KARL-MARX-STRASSE. Von hier aus spinnt er seine Fäden, knüpft strategische Verbindungen. Keimzelle des Staatsstreichs soll *Walküre* sein, ein geheimes Maßnahmenbündel in den Schubladen der Wehrkreiskommandos. Da es originär für den Fall *„innerer Unruhen"* gedacht ist, will man nach Hitlers gewaltsamem Ende eben solche simulieren, um dann das uneingeweihte Militär als Ordnungsmacht in Marsch zu setzen. Aufrufe und Befehle für den Tag X werden entworfen und sicher verwahrt. Es gilt, die Nachrichtenstränge des Führerhauptquartiers zu kappen, Regierungsviertel und Rundfunkstationen zu okkupieren, führende Parteifunktionäre zu verhaften. All das geschieht am 20. Juli 1944 nur in zaghaften Ansätzen, denn das Bombenattentat Stauffenbergs ist mißlungen. Der Umsturzversuch bricht schon nach wenigen Stunden zusammen.

Henning v. Tresckow kommt seiner Festnahme zuvor und wählt am Mittag des 21. Juli an der Ostfront den Freitod. Abschiedsworte: *„Niemand von uns kann über seinen Tod Klage führen. Wer in unseren Kreis getreten ist, hat damit das Nessushemd angezogen. Der sittliche Wert eines Menschen beginnt dort, wo er bereit ist, für seine Überzeugung sein Leben hinzugeben."*

● Blick auf zu den Sternen

Vom Arbeiter zum Astronom – Der Aufstieg eines Lebenskämpfers. Eine Autobiographie, deren Titel schon alles sagt. *„So will ich den gehobenen Gesellschaftsschichten zeigen, wie die Welt von dem beurteilt wird, der gezwungen ist, sie aus dem Fenster einer dumpfen Kellerwohnung eines Hinterhauses zu betrachten."* Bruno H. Bürgel (1875–1948) stammt aus den Mietskasernen des Berliner Scheunenviertels. Seine Mutter, eine lungenkranke Näherin, ist früh verstorben; sein unehelicher Vater, ein namhafter Archäologe, hat ihn zeitlebens verleugnet. Ein armer Schuster schließlich adoptiert das zweijährige verwaiste Kind. Was für ein Fehlstart!

„Obgleich ich bestimmt in der Schule niemals ein Wort über astronomische Dinge hörte, entwickelte sich ganz plötzlich in mir eine wahre Sehnsucht nach dem gestirnten Himmel . . . Da lag ich denn an Sommerabenden oft einsam und starrte stundenlang die zarte Sichel des Mondes, die flimmernden Sterne an."

Tagsüber stehen dem Sternengukker andere Realitäten vor Augen. Eine Schuhmacherlehre, eine Steindruckerlehre, Jahre der Fabrikarbeit, Arbeitslosigkeit. Drei Stunden Fußmarsch legt er täglich zurück, um das Fahrgeld zu sparen, für Lehrbücher der Astronomie und für ein Fernrohr vom Trödler. So auch für ein zerlesenes Bändchen von Max Wilhelm Meyer, Direktor der Urania-Sternwarte. Im Jahre 1896 faßt sich der Autodidakt ein Herz . . . und erhält herzklopfend den bescheidenen Posten eines Saaldieners. Der entscheidende Schritt, um eines Tages jener populärwissenschaftliche Schriftsteller zu werden, der einem Millionenpublikum die Sterne näherbringt *(Aus fernen Welten)*. Auch das hohe Ideal eines sinnerfüllten Lebens: *„Wenn der Mensch überhaupt eine Aufgabe auf diesem Planeten hat, dann ist es die, unser ganzes Geschlecht voranzubringen, mitzukämpfen für den Fortschritt, für den Aufstieg, für ein Zeitalter des Wahren, Schönen, Guten."*

Im hintersten Winkel, **MERKURSTRASSE 10**, hat der aufklärerische Publizist, der stille Privatgelehrte, der philosophierende Seher gewohnt. Auf dem **Friedhof** an der **GOETHESTRASSE** steht sein Grabstein; eingemeißelt eine menschliche Figur, die sinnend zum Himmel emporblickt. *„Wer recht in das Wesen der unendlichen Natur eingedrungen ist, verliert sowohl den Eigendünkel wie auch die unwürdige Devotion vor anderen Menschen. Die Astronomie lehrt uns Bescheidenheit und Würde."*

CAPUTH

● Einstein privat

Ursprünglich sollte es ein Geschenk des Berliner Magistrats sein. *„Dem größten Gelehrten unseres Jahrhunderts, unserem Mitbürger Herrn Professor Einstein, zu seinem 50. Geburtstage."* Als politische, möglicherweise antisemitische Ränke in der Stadtverordnetenversammlung die *„Ehrengabe"* mehrmals hinauszögern, läßt der zu Ehrende 1929 auf eigene Kosten bauen. Drei Vorgaben muß der Architekt beachten: *„Die Anordnung der Zimmer soll zweckmäßig, das Dach dicht und die Terrasse groß sein."* Zur vollen Zufriedenheit des Bauherrn entsteht in der Waldstraße, heute **AM WALDRAND 17**, ein Holzhaus mit Fernsicht über die Havel. *„Ging man den Korridor nach links entlang, lag ganz hinten in der Ecke das Zimmer von Herrn Professor, sein Arbeitszimmer und zugleich sein Schlafraum"*, erinnert sich das Hausmädchen Herta Schiefelbein. *„Vor dem Fenster stand ein einfacher glatter Schreibtisch mit einer Schublade, an der Wand rechts ein ziemlich breites offenes Regal mit Büchern. Auch die Geige lag meistens in diesem Regal."* Ein Instrument, das in Arbeitspausen oft von der sonnigen Terrasse her erklingt.

Täglich sehen die Nachbarn den weißhaarigen Vater der Relativitätstheorie, unter der sich hier niemand so recht etwas vorstellen kann, mit abgewetzter Kordhose und schlottrigem Pullover im Wald verschwinden. Einsame Spaziergänge lassen ihn in ungestörte Gedanken versinken. Oder er macht die am Ufer liegende Jolle klar, um sich für Stunden auf die Weite von Templiner und Schwielowsee zurückzuziehen.

Albert Einstein ist nie ein weltfremder Gelehrter gewesen. Auf ungezählten Kongressen, in Resolutionen und persönlichen Erklärungen hat er seine pazifistische Überzeugung zum Ausdruck gebracht. *„Heldentum auf Kommando, sinnlose Gewalttat und leidige Vaterländerei, wie glühend hasse ich sie, wie gemein und verächtlich erscheint mir der Krieg."*

Jude sein und obendrein links – da schützt im Dritten Reich kein Nobelpreis. 1934 wird der doppelt Belastete ausgebürgert, sein Sommerhaus beschlagnahmt, das Segelboot an einen Babelsberger Zahnarzt verkauft.

● Die innere Emigration

Der *Völkische Beobachter* nennt ihn *„seelisch krank"*, die Gestapo rückt zu Haussuchungen an, seine Bilder werden als *„entartete Kunst"* aus Museen entfernt. Offenbar ein gefährlicher Mann!

Magnus Zeller (1888–1972), Maler und Graphiker, hat in seinem Leben mehrfach Position bezogen. An der Ostfront des Ersten Weltkrieges druckt er nachts den Lithographen-Zyklus *Entrückung und Aufruhr.* Mit den Pressen des deutschen Oberkommandos ... auf dem Aktenpapier des (noch) zaristischen Rußland. 1918 legt er als Mitglied des Berliner Arbeiter- und Soldatenrats revolutionäre Hand an.

Die eigentlichen Waffen aber bleiben Bleistift, Radiernadel und Pinsel; eine lange Periode leidenschaftlich expressiv. *„Man hat gesagt, jeder Künstler male eigentlich in seinen Figuren sich selbst"*, notiert ein Beobachter. *„Auch Zeller ist erstaunlich gewicht- und fettlos gewachsen, wie seine Menschen, er hat ihren schmalen Kopf, ihre sehnigen spitzen Hände, und er kann, wenn er lächelnd, wortkarg, verträumt daherkommt, recht gut wie eine E.T.A. Hoffmannsche Gestalt erscheinen, die von ungefähr ins 20. Jahrhundert geriet."* Der Künstler als närrische und zugleich tragische Figur, so zeigt er ihn in seinem Bild *Der Clown* (1924). Der unverstandene Spaßmacher im Scheinwerferlicht der Manege, auf einem Esel hockend. Todernst. Zeller spürt die kommende Katastrophe.

Reiter im Gewitter lautet seine apokalyptische Vision (1926). Jäh fährt der Blitz aus dem schwarzblauen Himmel auf drei Männer hernieder. Der erste preßt sich an sein Pferd, der zweite hofft noch auf Entkommen, der dritte sinkt getroffen zurück. Beide Arme hochreißend, in Erwartung der Urgewalt.

Als 1937 der braune Druck Berlins übermächtig wird, geht der Verfemte ins ländliche Exil. In das Haus **GESCHWISTER-SCHOLL-STRASSE 8**. Hier entsteht, in Leinentuch gehüllt und hinter dem Schrank verborgen, sein großes Gemälde vom *Hitler-Staat.* Eine grausame Götzenfigur, von Sklavenmassen durch wüste Ruinenlandschaft gezogen. Aus dem klaffenden Schädel, hirnlos, ragen Kanonenrohre!

Bis 1972 hätten wir den greisen Ehrenbürger von Caputh im Atelier unter dem spitzen Giebeldach besuchen können. Nun bleibt nur der Weg zum Dorf hinaus. Auf dem **WALDFRIEDHOF**, hinten am Zaun, liegt er zur letzten Ruhe gebettet. Der politisch Verfolgte, der Hochgeehrte.

GELTOW

● Schill überschreitet die Havel

Der Morgen des 29. April 1809 dämmert herauf. Die Soldaten des *2. Brandenburgischen Husarenregiments* reiben sich verwundert die Augen. Gestern haben sie ihre Berliner Garnison zwecks Feldübung, wie es hieß, verlassen und sind über Potsdam nach Geltow marschiert. Das nächtliche Biwack am FRANZENSBERG kurz vor der **Baumgartenbrücke** steckt ihnen noch in den Gliedern, als eine laute Stimme an ihr Ohr dringt. Adjutant Bärsch überliefert: *„Der Augenblick sei nun gekommen, der günstige, wo sie die Unterdrückung und die Schmach des Vaterlandes an dem gehaßten Feind rächen könnten. Zur Befreiung des deutschen Vaterlandes von dem schweren Joch sollten sie mit ihm ausziehen. Die Österreicher hätten bereits einen Sieg erfochten, in Westfalen wären alle zum Aufstand bereit, sobald sich nur die Befreier zeigen würden. Selbst Spanien ringe kräftig und mit Erfolg für seine Freiheit, so auch Tirol.“* So spricht, an den Stamm einer stattlichen Linde gelehnt, Ferdinand v. Schill (1776–1809). Das bei Jena und Auerstedt geschlagene Preußen soll sich nun endlich gegen die französische Fremdherrschaft erheben. Not tut nicht weniger als ein aufrüttelndes Fanal. Er will für das Volk ein Zeichen setzen und den zögernden, den ewig zaudernden König mitreißen.

Mit Überqueren der Havel ist das reguläre Regiment zum vogelfreien Freikorps geworden. Ein Zurück gibt es nicht mehr. Friedrich Wilhelm III. distanziert sich mutlos von seinem eigenmächtigen Major; Napoleon bläst Halali: *„So befehlen wir allen Militär-Kommandanten und allen Zivilbeamten, auf ihn Jagd zu machen, ihn zu verfolgen, in Haft zu nehmen.“*

Nach Anfangserfolgen in Köthen, Halle und Bernburg kommt das Ende schnell. Die Österreicher sind geschlagen, der westfälische Aufstand scheitert, nur wenige schließen sich den Freischärlern an. Im Straßenkampf um Stralsund erleidet Schill den Soldatentod.

Ein verfrühter Patriot – erst vier Jahre später wird Napoleon wanken. Solche Tragik hat die *„Schill-Linde“* am Franzensberg zu einem Ort des Gedenkens gemacht. Auch wenn es inzwischen eine neugepflanzte ist.

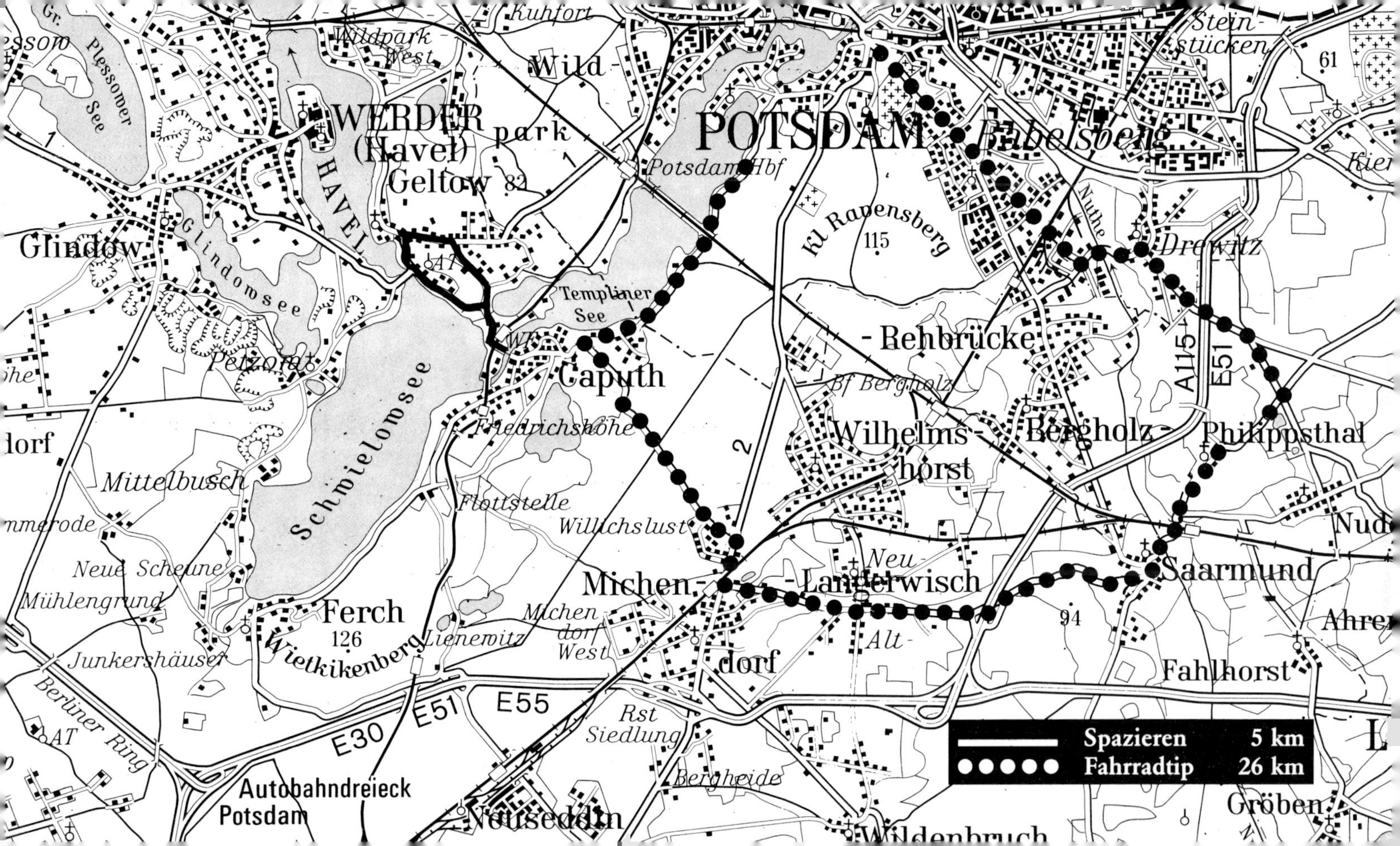
POTSDAM
Babelsberg
Stein-stücken
Drewitz
Nuthe
Kl Ravensberg
115
61
Potsdam Hbf
Kuhfort
Wildpark West
Wild-park
WERDER (Havel)
HAVEL
Geltow
82
Plessower See
Glindow
Glindowsee
Petzow
Templiner See
Caputh
Friedrichshöhe
Schwielowsee
Mittelbusch
Flottstelle
Willichslust
Neue Scheune
Mühlengrund
Ferch
126
Wietkikenberg
Lienewitz
Junkershäuser
Michendorf West
Michen-dorf
Neu-Langerwisch
Alt-Langerwisch
Rehbrücke
Bf Bergholz
Wilhelmshorst
Bergholz-Rehbrücke
Philippsthal
A115
E51
Saarmund
94
Fahlhorst
Ahrensdorf
Gröben
Rst Siedlung
Bergheide
Wildenbruch
Neuseddin
E55
E51
E30
Berliner Ring
Autobahndreieck Potsdam
Spazieren 5 km
Fahrradtip 26 km

Werder, Kirchstraße 14

19.
Der Entdecker der märkischen Landschaft

– Werder/Ferch –

Wer 1848 als Sohn eines Werderschen Obstzüchters auf die Welt kommt, der braucht sich über die Berufswahl keine Gedanken zu machen. Karl Hagemeister tut es zur Verwunderung seiner Eltern trotzdem, und über das Resultat wird in der Nachbarschaft mancher Kopf geschüttelt, so manche Stirn gerunzelt. „*Ich wollte nicht Obstzüchter werden, sondern Lehrer oder Maler.*" Wenn wenigstens das goldene Handwerk eines Anstreichers gemeint gewesen wäre, aber nein, ein Leben als Künstler...
Um das Schlimmste zu verhüten, bewilligt der besorgte Vater eine Lehrerausbildung. Ohne Erfolg. Nach nur zwei Schulmeisterjahren besinnt sich der aus der Art Geschlagene auf seinen eigentlichen Traum und geht 1871 als Schüler des Landschaftsmalers Friedrich Preller nach Weimar. Mit finanzieller Unterstützung des Künstlerkollegen Carl Schuch folgen Studienreisen nach Brüssel und Antwerpen, nach Italien, nach Paris.

1878 kehrt Hagemeister in seine märkische Heimat zurück, die ihn nun nicht mehr loslassen wird. Wohnort für die nächsten vierzehn Jahre ist das kleine Dorf Ferch am Ufer des Schwielowsees. „*Das Dorf war weltabgeschieden, unbekannt und wegen der Armut seiner Bewohner in verwahrlostem Zustand, die Häuser mit Rohr gedeckt, vielfach zerfallen und wegen des sehr hügeligen Terrains eng zusammengepfercht. Die Dorfstraße war winklig, und Backöfen, halbkugelige aus Lehm, lagen unter blühenden Obstbäumen.*" Nach anfänglichen Schwierigkeiten („*Der Dorfkrug, im Besitz von faulen Leuten, war als Wohnplatz nicht zu brauchen*") findet er Unterkunft in einem bäuerlichen Fachwerkhaus. „*Grüne Fensterläden auf weißen Wänden gaben*

ein freundliches Aussehen, und doch, so ganz auf sich zurückgezogen, war es eingezäunt mit einem Lattenzaun.“
Was meint Max Liebermann, wenn er sagt, Hagemeister habe die märkische Landschaft *„entdeckt“*? Gesehen haben sie schon viele, aber doch zumeist mit dem blinden Blick des Nutznießers. Der Bauer inspiziert sein Kartoffelfeld, der Obstzüchter seine Apfelbäume; von vollen Aalreusen träumt der Fischer, der Förster erkennt den Wald vor lauter Kiefern nicht. Ganz anders unser *„Fontane der märkischen Malerei“*. Er blickt auf die Havellandschaft mit dem Auge des absichtslos Liebenden.
„Baumstämme, wie sie aus der Erde wachsen, Laub, wie es die Form verändert. Wolken sehr schnell, wie sie fliegen, schweben oder ruhen.“
Besonders fasziniert ihn das ewig wechselnde Licht. *„Die Stimmungen zogen mich am meisten an, die immerfort modifiziert wurden durch den Dunst der Havel.“* Wie Licht und Schatten miteinander spielen, wie das Blau des Himmels sich mit dem Grau des Wassers vermählt, wie schon wenige Sonnenstrahlen das herbstliche Schilf in Gold verwandeln können.
Ebensowenig wie jemand Fontanes große Romane als märkische Heimatdichtung bezeichen wird, sind Hagemeisters Gemälde in den Geruch der Heimattümelei zu rücken. Feldsteinerne Dorfkirchlein, muntere Bockwindmühlen oder anheimelnde Stadtansichten fehlen gänzlich in seiner Motivpalette, wie überhaupt identifizierbare Sehenswürdigkeiten ausgespart bleiben. Stattdessen scheinbar Belangloses. Die Seerosen im Brackwasser, auffliegende Wildenten, das Schimmern der Birkenstämme, Gewitterschwüle, flirrende Libellen. Das Havelland in seinem stillen, schlichten Reiz, wie er sich nur dem Besinnlichen erschließt. Ziehende Morgennebel, Regenstimmung im Luch, Trauerweiden unter dem Wind, Erlengebüsch, ein verdämmernder Wintertag.
Der weiße Mohn. *„Die ganze Nacht hat er geschlafen, immer zwei Blütenblätter zusammengefaltet, ganz dicht, und die anderen darüber, und nun wacht er auf, noch verschlafen und fröstelnd in der Morgenkühle. Und das habe ich gemalt. Nicht bloß so mit einem Blick darauf, nicht bloß mit dem Auge und der Hand... Die ganze zarte Kraft der Entfaltung. Und dabei habe ich Angst gehabt, daß bei einer zu hastigen Bewegung die schon gemalten Blütenblätter herunterfallen könnten.“*

1902 kehrt Hagemeister in das Geburtshaus nach Werder heim. In der **Kirchstraße 14** lebt er mit seinem taubstummen Bruder und einer Haushälterin bis an das Ende seiner Tage. Ein lichtdurchflutetes Atelier wird man in den niedrigen Stuben vergeblich suchen. Die Natur selbst ist sein Atelier. *„Wer Landschaften malt, muß sich aufhalten, wo Landschaft ist; wer Prinzessinnen malt, muß dort sein, wo Prinzessinnen sind."* Der alternde Junggeselle, der von sich sagt, er habe keine Zeit zum Heiraten, ist bei Wind und Wetter draußen. Alice Schlee: *„Als wir in der warmen Gaststube von Baumgartenbrück saßen, kam der Maler Karl Hagemeister herein, ein großes halbfertiges Bild unter dem Arm. Ganz erfroren war er trotz dicker Joppe, Pelzmütze und hohen, warmen Stiefeln. Wortkarg, wie er immer war, bestellte er sich einen großen Grog und brummelte, daß er den ganzen Tag am Wentorf im tiefen Schnee gemalt habe."*

Die Wirtsleute sind dem naturverbundenen Sonderling wohlgesonnen, schreiben wochenlang an oder nehmen auch mal ein Bild in Zahlung. Sie wissen, daß nur wenig Geld durch seine Finger geht. Genügsam lebt er von der Jagd und, als die Augen allmählich nachlassen, vom Fischfang. Das bleibt auch so in den Jahren späten Ruhms. Um 1910 entdeckt die Kunstwelt den verborgen Schaffenden, organisiert Ausstellungen in Berlin, Hamburg, München. Professorentitel, Akademie der Künste, Nationalgalerie – stets bewahrt der Hochgeehrte die angestammte Integrität.
Fritz Creutziger: *„Wer sich in Werder nach seinem Heim durchgefragt hat und die bescheidenen Räume des kleinen Häuschens betritt, und wer dann in das ernste und doch gütige Gesicht des greisen Künstlers blickt, in dem die klaren Augen von festem Wollen und sicherem Erkennen reden, erhält einen Eindruck von dem, was wahre Größe und das Glück des Menschen ausmacht. Man wird erinnert an das Wort, das Winkelmann von der antiken Kunst geprägt hat: Einfachheit und stille Größe."*

1933 findet Karl Hagemeister am Westtor des **Alten Inselfriedhofs** hinter gußeisernem Gitter die letzte Ruhestätte. Karl Scheffler: *„Sechzig Jahre lang hat er gemalt und beim Malen ein, wenn auch sorgenvolles, Vergnügen gehabt. Das ist ein schönes Los."*

WERDER

● Christian Morgensterns Galgenberg

„Vom Abschluß meiner Gymnasialzeit an begann ein Wanderleben, an dessen Ende ich heute noch nicht angelangt bin", schreibt der Dichter kurz vor seinem Tode. Tuberkulose und Unrast treiben ihn von Ort zu Ort. *„Der ganze Wahnwitz unseres modernen Wohnens (ja Lebens) steigt mir aus dem Bild meines eigenen Umzugs auf. Wäre es nicht würdiger, sein bißchen Hab und Gut in einer Erdhöhle, die einem aber für immer gehört, zu bergen, als mit seinen Bündeln und Kisten durch prahlende Burgen zu irren, alle zwei, drei Jahre durchschnittlich den in festgemauerten Gelassen Seßhaften zu spielen ... Mein Wohnungsideal ist das Zelt. Nur so weit möchte ich es noch bringen."*
Christian Morgenstern (1871–1914) ist ein Wanderer auf dem dornigen Wege zu sich selbst. Friedrich Nietzsche, Paul de Lagarde, Rudolf Steiner – der Sucher zögert, in einer Weltanschauung seßhaft zu werden. *„Ich bin wie eine Brieftaube, die man vom Urquell der Dinge in ein fernes, fremdes Land getragen und dort freigelassen hat. Sie trachtet ihr ganzes Leben nach der einstigen Heimat, ruhelos durchmißt sie das Land."*
Im Sommer 1895 sieht man den Dichter mit einigen Freunden den siebzig Meter hohen **Galgenberg** erklimmen. Der Name ist ganz wörtlich zu nehmen, auch wenn man die alte Richtstätte später preußisch-grandios in BISMARKHÖHE und noch später in **Jugendhöhe** umgetauft hat. Um die Jahrhundertwende lockt am Gipfel, wo einst der Galgen stand, ganz freimütig das Restaurant *Galgenberg*. Besagte Ausflüglergruppe labt sich an makabren Phantasien und beschließt in angeheiterter Runde, einen *Bund der Galgenbrüder* zu gründen. *„Ein Galgenbruder ist die beneidenswerte Zwischenstufe zwischen Mensch und Universum. Nichts weiter. Man sieht vom Galgenberg die Welt anders, und man sieht andere Dinge als Andere."* Regelmäßig kommen sie in den folgenden Monaten zusammen, um Morgensterns heraussprudelnde *Galgenlieder* zu zelebrieren. *„Die Galgenpoesie ist ein Stück Weltanschauung. Es ist die skrupellose Freiheit des Ausgeschalteten."* Verse, die im Niemandsland zwischen Tiefsinn und Unsinn irrlichternd ihr Unwesen treiben.

● Bodenreformer Adolf Damaschke

„Und schreib ich jemals ein Gedicht / So soll's ein Kampflied sein / Ich mag das weiche Träumen nicht / Bei loderndem Blitzesschein / Wenn dort und hier die Losung schallt / Nur nicht die Hände in den Schoß / Sei nur nicht lau – sei warm, sei kalt / Sei ganz, so bist du groß!"

So dichtet in sein Tagebuch ein Achtzehnjähriger, der aus dem zweiten Hinterhof einer düsteren Mietskaserne stammt und lebenslang für bessere Wohnverhältnisse kämpfen wird. Im Berlin von 1910 gibt es mehr als vierzigtausend Wohnungen mit nur einem einzigen Zimmer. Darin drängen sich zur Winterszeit fünf bis dreizehn Personen. Tuberkulose, Säuglingssterblichkeit, der Alkoholismus, Geschlechtskrankheiten und familiäre Zerrüttung sind die weitestverbreitete Konsequenz. Adolf Damaschke (1865–1935) sieht die Ursache allen Übels in einem falschen Bodenrecht. Wenn mit Grund und Boden spekuliert und gehandelt werden darf wie mit jeder anderen Ware, dann steigt der Bodenpreis in schwindelnde Höhen. Dann wird nach dem Prinzip gebaut, auf geringst möglicher Fläche eine Höchstzahl an Menschen zu komprimieren. Damaschke tritt dem *Bund deutscher Bodenreformer* bei und übernimmt 1898 dessen Vorsitz. In ungezählten Versammlungen sagt er variationsreich immer das gleiche: Per Gesetz gilt es, spekulativen Wertzuwachs des Bodens wegzusteuern und jeder Familie Zugang zu einem eigenen Heim auf eigener Scholle zu verschaffen.

Am Ende eines solchen Vortragsabends muß sich der Reformer folgende Frage des Sozialdemokraten Franz Mehring gefallen lassen: *„Mit wem wollen Sie eigentlich Ihre Bodenreform durchführen? Kommt es wirklich darauf an, bleiben doch nur die Besitzlosen, die Arbeiter."*

Seine Entgegnung: *„Niemand hat das sittliche Recht, so gering von den Schichten unserer Bildung, unseres Handels und unserer Beamten zu denken ... Ich glaube nicht an die Notwendigkeit eines Klassenkampfes."*

Sozialdemokrat Wilhelm Liebknecht: *„Unsere bürgerliche Gesellschaft, in und mit der Sie Ihre Bodenreform durchsetzen wollen, ist durch und durch verfault, daß all Ihre Arbeit vergeblich bleiben muß."*

Gehen wir auf den FRIEDHOF an der **Kemnitzer Straße;** suchen wir seine Ruhestätte unter dem Blätterdach einer Birke. Aber schweigen wir über den heutigen Quadratmeterpreis in der Berliner Damaschkestraße...

● „Auf, Sozialisten . . .

schließt die Reihen, beendet den sinnlosen Bruderkampf, der nur eure Kraft aufsaugt", sagte 1947 ein Sozialdemokrat am Ende seines langen Lebens. Viel Mühsal hat es wahrlich gekostet in den Irrungen und Wirrungen der deutschen Arbeiterbewegung. Nun ruht der *„Ehrenbürger der Stadt Werder"* von den Strapazen aus, viele Jahre schon, an der Westmauer des **INSEL-FRIEDHOFS**; dichte Tujabüsche sind vor seinem Grabstein hochgewachsen, und von hinten umarmt ihn eine Efeuranke.

Schriftsetzer Eugen Ernst (1864–1954) trat der SPD im Jahre 1886 bei, als sie unter dem Bismarckschen Sozialistengesetz verboten war. Wirkte sogleich an der illegalen Verbreitung der Parteizeitung mit. *„Wir fanden immer wieder neue Wege, um die Polizei zu täuschen. An ihren Frauen fanden unsere Genossen gute Helfer. Sie zogen mit den verbotenen Schriften in Kinderwagen und Markttaschen zum Abholen und zur Verteilung los. Die Spitzel durften niemals merken, daß man die verbotenen Zeitschriften in Paketen aus dem Haus trug. Wir haben uns oft zwanzig bis dreißig Exemplare glatt um den Leib gewickelt."* Nicht nur Zeitungen und Flugblätter standen unter strenger Strafe, auch rote Kranzschleifen bei Begräbnissen, vor allem aber die Fahne der Revolution. *„Besonders beliebt war das Anbringen von roten Fahnen an die Straße überspannende Telegraphenleitungen . . . Es mußte erst die Feuerwehr geholt werden, um das gefährliche rote Tuch zu entfernen."* Zum Gaudium der Frühschicht-Arbeiter.

Ein politisches Leben: 1900–1901 Mitglied des Parteivorstandes, 1902–1903 Geschäftsführer des Zentralorgans *Vorwärts,* 1905–1917 Mitglied der Kontrollkommission, 1918 Mitglied des Berliner Arbeiter- und Soldatenrats, 1919 Abgeordneter der Nationalversammlung, 1919–1920 Berliner Polizeipräsident, 1926–1933 Stadtrat in Werder. Ein (auf)rechter Sozialdemokrat, der als Polizeipräsident gemeinsam mit Reichswehrminister Noske den Spartakusaufstand niederschlägt.

1945 wechselt der nunmehr Einundachtzigjährige unter dem Eindruck von Krieg und Verfolgung zum linken Parteiflügel. Die Einheit der Arbeiterschaft hätte den Aufstieg Hitlers verhindern können. *„Wir sind noch längst nicht im sicheren Hafen. Noch treibt unser Schiff auf schäumender See, noch ragen die Klippen der Reaktion aus den Tiefen . . . Darum rufe ich euch aus voller Brust zu: Links müßt ihr steuern, wenn das Schiff nicht zerschellen soll."*

Im ländlichen Exil

„Kaum hatten die Nazis die Macht an sich gerissen, so verboten und verbrannten sie meinen Roman 'Der 9. November' als pazifistisch. Zu gleicher Zeit teilten sie mir mit eisiger Sachlichkeit mit, daß mein Name aus der Akademie für Dichtkunst gestrichen sei. So begann es. In ungezählten Zeitungen ihrer Schmutzpresse wurde ich als Jude angeprangert. Wenn ich auch kein Jude war, so war dieses die bewährte Methode, mich zugrunde zu richten."

Von der Lindenstraße zweigt rechter Hand, noch vor der Inselbrücke, der schmale **SCHEUNHORNWEG** ab. Ortsunkundig, läuft man leicht daran vorbei. In sein dortiges Sommerhäuschen mit der Nummer **37** hat sich der boykottierte und zugleich bedrängte Berliner Schriftsteller *(Yester und Li, Ingeborg, Der Tunnel* (→ S. 202) zurückgezogen.

„Ich komme mir vor wie ein Verfemter, ein Verbrecher, ein lebendig Begrabener, der in seinem Sarge liegt." In Briefen, die sich um eventuelle Gestapo-Kontrolle wenig scheren, gibt Bernhard Kellermann (1879–1951) Einblick in sein dörfliches Refugium. *„Wir haben jetzt hier tiefen Schnee, und ich gehe stundenlang in den verschneiten Wäldern spazieren, um einigermaßen Frieden zu finden. Diese ausgebrannten Häuser, ausgebrannten Wohnungen, obdachlosen Menschen, ausgebombten Bibliotheken."* Der Krieg rückt sichtlich näher. *„Wir haben fast jede Nacht Alarm, und ohne Zweifel wird bald ein großer Angriff kommen. Dann werde ich wie gewöhnlich in den Garten gehen."* Das Ende zeigt sich ungeahnt gnädig. *„Eine Woche war Werder Front, ich grabe für Frau und Hund einen Unterstand mit allem Komfort. Als er eine Stunde fertig ist, wird Werder als Lazarettstadt kampflos übergeben."* Der Romancier geht an die literarische Abrechnung. *Totentanz.* Wie konnte eine ganze Nation in den Abgrund taumeln? Im Visier seiner Antwort: Der Mitläufer, der Duckmäuser, der ewige Opportunist.

„Als die wahren Ursachen betrachte ich die Charakterlosigkeit und die Gesinnungslumperei ihrer Bürger, die sich, seien es Staatsanwälte, Professoren, Ärzte oder Handwerker, Frauen und Mütter, unbedenklich den lügnerischen Verheißungen einer Handvoll Schwindlern hingaben ... Sie taten es aus Bequemlichkeit, aus Furcht, ihr behagliches Leben einzubüßen, aus Feigheit, Eitelkeit."

Obstbau-Museum: Karl-Marx-Platz 9

Das Dorf der Kaffeeschmuggler

An der Südspitze des Schwielowsees, am Fuße einer Anhöhe, haben die Herren v. Rochow im 18. Jahrhundert ein Kornmagazin errichtet. Von hier transportieren sie das Getreide ihrer Güter auf Lastkähnen nach Berlin. Doch das ist nur die halbe Wahrheit.
Die sächsische Grenze ist nah (→ S. 153) und das hügelige Gelände unübersichtlich. „*Kaffeegrund*" heißt ein Waldstück im benachbarten Kanin nicht ohne Grund. Wenn Kaffee in Sachsen billig, in Preußen aber teuer ist – der höheren Verbrauchssteuer wegen – dann finden Schmuggler ein reiches Betätigungsfeld. Nicht nur etliche Fercher, die mit den braunen Bohnen durchs Unterholz schleichen, auch Potsdamer Kaufleute sowie die vornehmen Rochows sind in den heimlichen Handel verstrickt. Ihr Kornmagazin ist ein günstiges Zwischenlager, können doch die Boote beim Weitertransport direkt an den Speicher heranfahren.
Als 1815 der Wiener Kongreß große Teile Sachsens an Preußen fallen läßt, verschwindet mit der Grenze auch das einträgliche Geschäft. Die Schmuggler werden zu Fischern, Bauern, Handwerkern, Holzfällern; manchen zieht es nach Feierabend auch weiterhin in den Wald ...

Bei Nacht die Wilderer

„*Sie treiben's arg. In den kleinen Ortschaften, da, südlich über Ferch hinaus, da sitzen sie; jeder kennt sie, aber keiner kann es beweisen. In Kittel oder Joppe geht es zum Tore hinaus. Tausend Schritt weiter hin, unter einem dichten Wachholderbusch, hat er seine Büchse vergraben; nun holt er sie aus Moos und Erde hervor und – der Wilderer ist fertig.*"
Warum soll vorzugsweise der Adel das Jagdrecht genießen?
Fontane läßt sich bei einer Bootsfahrt auf dem Schwielowsee die nächtlichen Gesetzlosigkeiten genau erklären, womöglich hat er selbst schon davon profitiert. Unwissentlich, versteht sich! Ein Sohn des Fährmanns nimmt kein Blatt vor den Mund.
„*Ja, ihr Herren Berliner, und dabei hob er scherzhaft den Finger gegen mich, um euren Festbraten säh' es schlecht aus, wenn die Wilderer nicht wären und ihren Hals dran setzten. Wenn der Rehrücken erst auf der Tafel steht, schmeckt's keiner mehr, wessen Blei ihn getroffen. Manch einem mundet's auch wohl um so besser, je mehr er weiß, es ist so was wie verbotene Frucht.*"
Das Risiko freilich tragen die Schützen. „*Der Förster da unten ist ihnen zu hart auf der Spur, der versteht keinen Spaß, du oder ich; zwei haben's schon bezahlen müssen, und beide Male haben ihn die Gerichte freigesprochen. Es ist ein eigen Ding um Menschenblut. Ich hätt's nicht gern an meinen Händen.*"

PETZOW

● Kurt Tucholsky gegen Karl v. Kaehne

„Du dämlicher Hund liegst blutend im Wald / Ein preußischer Adliger machte dich kalt / Zitternd stand dein Junge dabei / Mensch, du warst Nummer 103 / Wälz dich im Dreck – aber mach keine Szene / Auf dich schoß nicht schlecht / Waidgerecht / Kähne.“ Halali, halali!

Am 9. März 1922 dichtet Kurt Tucholsky in der *Weltbühne* eine traurige, schaurige Anklage. Inspiriert durch jenes alte Bauerngeschlecht, seit dem Dreißigjährigen Krieg in Petzow ansässig, welches sich durch Ziegeleibesitz und zähen Geschäftsgeist in den Adelsstand emporgeschuftet hat. Baumeister Schinkel stellte ein standesgemäßes **SCHLÖSSCHEN** hin, Gartenarchitekt Lenné lieferte den dazugehörigen **Park.** Ach, gäbe es doch auch eine Prise Noblesse zu erwerben!

Gutsherr Karl v. Kaehne feuert gezielt, wenn Unbefugte seine Ländereien betreten. Wittert in jedem Wanderer einen Holzdieb. *„Das treibt er seit fünfzehn Jahren so / Die braven Sonntagsausflügler sind froh / Wenn sie an seinem Anstand vorbei / Einen Schritt zu weit – Schuß, Fall, Geschrei / Der schießt aus Notwehr Frauen in die Beene / Weil er bedroht wär / Immer in Notwehr / Kähne.“*

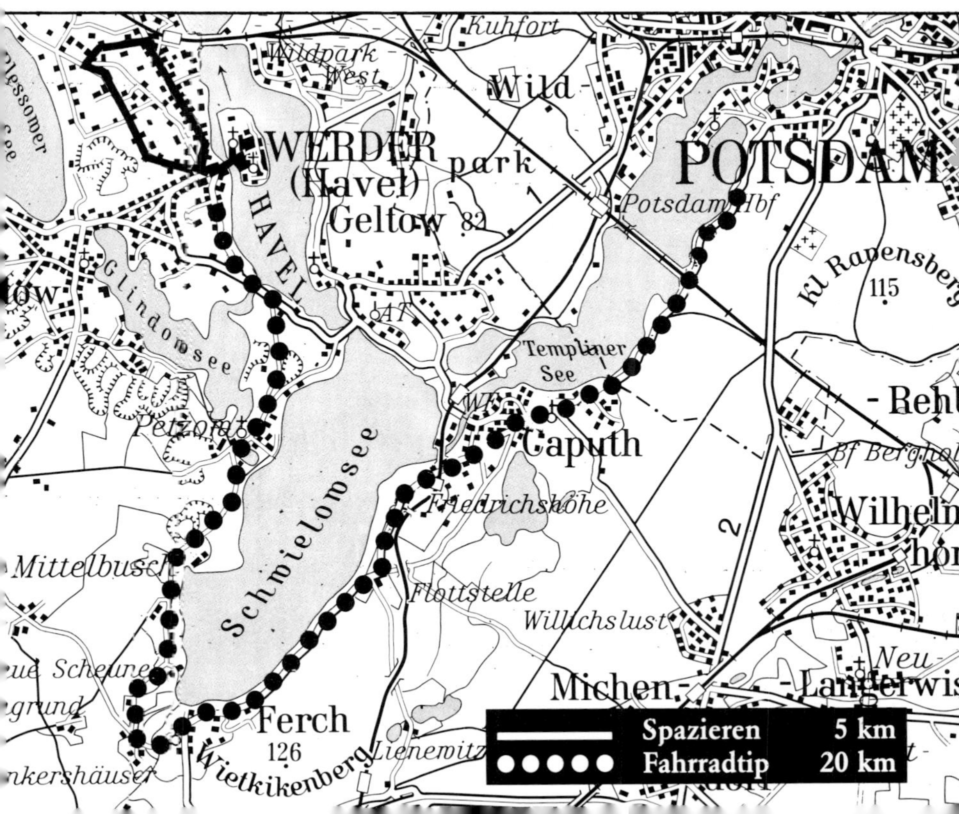

20.

Gertrud Kolmar „Ich bin fremd"

– *Finkenkrug* –

„Nur Nacht hört zu: Ich liebe dich, mein Volk im Plunderkleid / Wie der heidnischen Erde, Gäas Sohn entkräftet zur Mutter glitt / So wirf dich du dem Niederen hin, sei schwach, umarme das Leid / Bis einst dein müder Wanderschuh auf den Nacken der Starken tritt."

Über Else Lasker-Schüler hinaus die größte jüdische Lyrikerin deutscher Sprache, so hat man sie genannt. Gertrud Käthe Chodziesner (1894–1943), (un)bekannt unter dem Künstlernamen Gertrud Kolmar. Tochter eines angesehenen Berliner Rechtsanwalts, zeitweilige Dolmetscherin, Pädagogin.

1923 zieht Familie Chodziesner hinaus ins ländliche Finkenkrug. Die stille **Feuerbachstraße** mit ihrem Kopfsteinpflaster, rechts ein Bürgersteig, links ein Sandstreifen, liegt zeitlos in der Mittagssonne. Ein Ort für Metaphern im Niemandsland zwischen Ewigkeit und Vergänglichkeit. *„Nichts als Sand in den Schuhen Kommender zu sein"*, so formulierte die Dichterin das Menschengeschick, und so ging sie ihren Weg.

Die Villa **(Nr. 13)** mit dem heruntergezogenen Dach strahlt noch immer bürgerliche Gediegenheit aus. Eine Geborgenheit, die Gertrud Kolmar genoß und der sie gleichzeitig mißtraute. *„Schon als Kind wäre ich gern eine Spartanerin gewesen ... Ich drängte Mutti, die spartanische schwarze Suppe zu kochen, und aß unsere Linsensuppe deshalb so gern, weil Vati gemeint hat, das sei sie."*

Die junge Frau verweigert sich der weiblichen Etikette luxuriöser Eleganz. Hängt zionistischen Pionierträumen nach, Palästina! Unerfüllte Liebe baut unsichtbare Mauern um sie herum. Schutz- und Trutzburg ist die Welt der Tiere und Pflanzen *(„hat sie Rosen begossen und mit Kröten geredet"),* die Welt der Phantasie und Poesie. *„Ich ziehe meine Einsamkeit um mich / Sie ist so wie ein wärmendes Gewand / An mir geworden ohne Kniff noch Stich / Wenn auch der Ärmel fällt tief über meine Hand."*

1930 wird es im Haus noch stiller. Die Mutter stirbt, die Tochter pflegt den alternden Vater. Und pflegt, fernab der hauptstädtischen Literaturklüngel, ihr dichterisches Werk. *„Ich bin der Ostwind: hört ihr mich mit Wipfeln schlagen / Ich bin das Finstre: fühlt ihr mich aus Mooren ziehn / Ich bin der Himmel: mit dem großen Wagen / Die Erde: mit Chalcedon und Rubin."* 1933. Hat die Einzelgängerin, die Eremitin, die braune Machtergreifung überhaupt bemerkt? Für Juden werden im Hitlerreich die Schatten länger. Im Januar 1939 müssen Vater und Tochter das geliebte Landhaus für immer verlassen. *„Arisierung",* d. h. Zwangsverkauf! Die Berliner Ersatzwohnung läßt sie Finkenkrug *„wie ein verlorenes Paradies sehen."* Zeilen an die nach Zürich geflohene Schwester Hilde: *„Ach, ich möchte zuweilen meinen Mantel anziehen, meinen Hut aufsetzen und fortwandern, weit, weit fort."*

Repressalie folgt auf Repressalie. Juden ist verboten: Der Besuch von Theatern, Konzerten, Tanz-Cafés, Kinos, Vorträgen, Ausstellungen, Museen, Sportplätzen, Schwimmbädern, Parkanlagen. Die öffentlichen Verkehrsmittel stehen nur noch für den Weg zur Arbeit zur Verfügung. Juden müssen sich öffentlich brandmarken; durch den gelben Stern an der Kleidung und durch die Änderung des Namens. Gertrud *Sara* Chodziesner.

„Nur Nacht hört zu: Ich liebe dich, ich liebe dich, mein Volk / Und will dich ganz mit Armen umschlingen heiß und fest / So wie ein Weib den Gatten, der am Pranger steht, am Kolk / Die Mutter den geschmähten Sohn nicht sinken läßt."

Sie beginnt, Hebräisch zu lernen. In der Stunde der Not bekennt sich die poetische Individualistin zur großen Gemeinschaft ihrer Vorfahren. *„Und wenn ein Knebel dir im Mund den blutenden Schrei* *verhält / Wenn deine zitternden Arme grausam eingeschnürt / So laß mich Ruf, der in den Schacht der Ewigkeiten fällt / Die Hand mich sein, die aufgereckt an Gottes hohen Himmel rührt."*

Für eine Emigration ist es nun zu spät. Als noch Zeit war, blieb sie um ihres Vaters willen. Gemeinsam harrten die beiden aus in ihrer durch Zwangseinweisungen klein gewordenen Unterkunft. Vergebens. Im September 1942 muß der Einundachtzigjährige sein schmales Bündel schnüren, vorgeblich zur Einweisung in ein Altersheim. Standort Theresienstadt!
Gertrud Kolmar gewinnt unantastbare Stärke aus der Identifikation mit dem geschichtlichen Leidensweg ihres Volkes. *„So viele von uns sind ihn, die Jahrhunderte hindurch gewandert, warum sollte ich ihn anders gehen wollen als sie!"*
Selbstbeschwörung. *„Wir haben Rom überstanden, Byzanz in Trümmern gesehen; auch dieser Feind hier wird uns nur töten, wenn wir uns selbst verderben. Wir müssen nur stark und tapfer sein, wieder zu sinken, zu tragen ... Wir müssen nur wieder in uns hineingehen; dahin kann uns keiner folgen."*
Die Dichterin ist Zwangsarbeiterin in einer Munitionsfabrik geworden. *„Ich saß in unserem Schankraum während der Frühstückspause ganz allein auf der Bank mit einer jungen Zigeunerin zusammen, die nichts tat, nichts sprach, nur unbeweglich hinaus in den öden Fabrikhof blickte ... Auf ihrem Gesicht lag nicht nur dies Dumpfe, Ergebene wie bei Tieren, gewiß, das auch, aber mehr: eine undurchdringliche Abgeschlossenheit, eine Stille, eine Ferne, die durch kein Wort, keinen Blick der Außenwelt mehr zu erreichen war ... Und ich erkannte: Dies war's, was ich immer besitzen wollte."*
Sechzehn Monate noch liegen zwischen diesen Worten und ihrem spurlosen Verschwinden. Der letzte Brief an die Schwester trägt das Datum 21. Februar 1943. Dann kein Lebenszeichen mehr. Wohl ist sie den Verhaftungen vom 27. Februar zum Opfer gefallen; schlagartig wurden an jenem Tag die verbliebenen jüdischen Rüstungsarbeiter nach Auschwitz deportiert, aus den Fabriken heraus. Und irgendwo in den zusammengetriebenen Kolonnen ...

„Wenn ich tot bin, wird mein Name schweben / Eine kleine Weile ob der Welt / Wenn ich tot bin, mag es mich noch geben / Irgendwo an Zäunen hinterm Feld / Doch ich werde bald verlorengehn / Wie das Wasser fließt aus narbigem Krug / Wie geheim verwirkte Gabe der Feen / Und ein Wölkchen Rauch am rasenden Zug."

FALKENSEE

● Ein Denkmal als Schandmal

Die meisten fahren ahnungslos vorbei! Also aufgepaßt, liebe Berliner Ausflügler, wenn ihr auf der Falkenseer Chaussee die Stadtgrenze von Spandau passiert habt: Links, gleich hinter der Kiesgrube, führt die kleine **HAMBURGER STRASSE** in ein lichtes Wäldchen.
„A la mémoire des déportés francais . . . Victimes de la barbarie nazie."
Die Gedenktafel ist mit Farbe und Kot beschmiert!
Eines wird man der vielgeschmähten DDR zugute halten müssen: sie hat das ehrenvolle Andenken der Hitler-Opfer streng geschützt. Und jährlich trafen sich hier am Ehrenmal die Delegationen.
Was würden einstige Häftlinge heute empfinden beim Anblick dieser verwahrlosten und geschändeten Stätte? Ein düsteres, ein böses Zwielicht fällt auf das vereinigte Deutschland.
Das KZ Falkensee war ein Außenlager von Sachsenhausen. Ein kleines Abbild desselben mit Barackenunterkünften, Appellplatz, Krankenrevier, Wäschekammer, Küchentrakt, Schreibstube. An den vier Eckpunkten je ein befestigter Sicherungsbunker. In Block 11 und 14 mußten französische, polnische, russische, norwegische, deutsche Zwangsarbeiter für die Kriegsindustrie produzieren. Bis zu vierzehn Stunden täglich: Panzerketten, Panzerfäuste, Granaten. Roland Picart: *„Wir, die Überlebenden, haben in den letzten Monaten pro Tag von wenigen Gramm Trockenrüben und weniger als 200 Gramm Brot gelebt . . . Es waren nur noch Skelette, Runzeln erschienen, die Augen fielen ein, die Backenknochen traten hervor, die Schultern neigten sich nach vorn, die Hosen flatterten um die unsicheren Knie, die Füße schleiften und stolperten, es waren nur noch Spindeln."*

Diesen Menschen, die in Bedrängnis zusammenstanden, sollten wir ein würdiges Gedenken bewahren. Noch haben Gräser und Gebüsch die verbliebenen Zementfußböden der Baracken nicht überwuchert.

● Heimatmuseum: Falkenhagener Str.

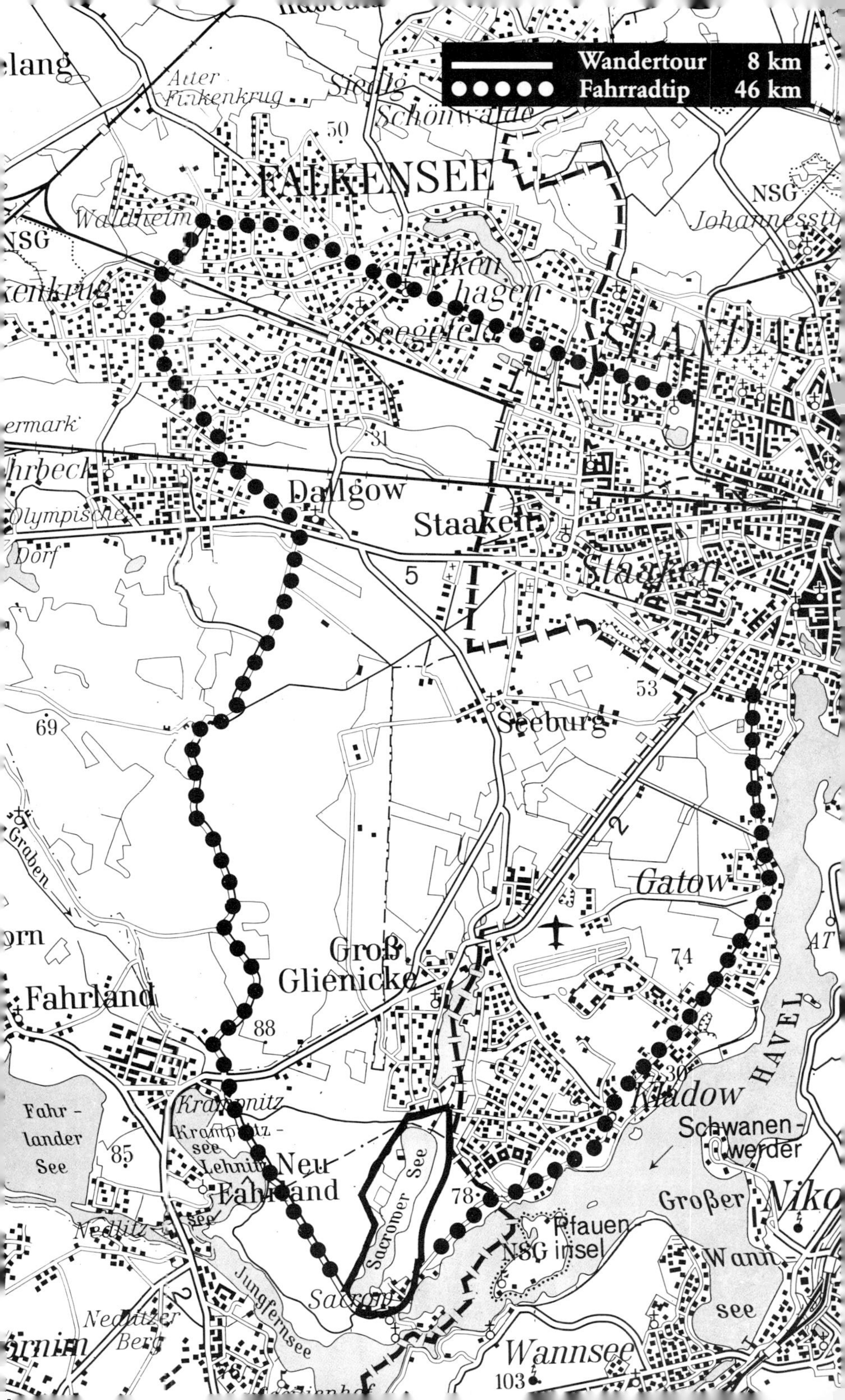
Wandertour 8 km
Fahrradtip 46 km
FALKENSEE
Schönwalde
Alter Finkenkrug
Waldheim
NSG
Falkenhagen
Seegefeld
SPANDAU
Johannesstift
Dallgow
Staaken
Staaken
Olympisches Dorf
Seeburg
Gatow
Groß Glienicke
Fahrland
Krampnitz
Krampnitzsee
Lehnitzsee
Neu Fahrland
Fahrlander See
Sacrower See
Sacrow
Jungfernsee
Nedlitz
Nedlitzer Berg
Kladow
HAVEL
Schwanenwerder
Großer Wannsee
Pfaueninsel
NSG
Wannsee
50
31
5
53
69
2
74
30
88
85
78
103

▲ *Schloß Groß Behnitz (um 1930)*
▼ *. . . geblieben ist das Tor*

21.

Ernst v. Borsig im Kreisauer Kreis

– Groß Behnitz –

Selbst eilige Autofahrer, auf dem Weg nach Nirgendwo, wenden kurz den Kopf. Da war doch etwas! Schon vorbei. Von Zeit zu Zeit tritt einer auf die Bremse. Doch Vorsicht, wer jetzt anhält, den umfängt eine fesselnde Famliensaga; vier Generationen setzten ihr ganzes Leben daran. Eine Geschichte von Aufstieg und Erfolg, von Niedergang, Tod und Verfall.
Da war tatsächlich etwas, und nun stehe ich vis-à-vis. Zwei Portalpfeiler ragen an der Dorfstraße auf, gekrönt durch imposante Kriegerskulpturen. Von einem Gutstor zu sprechen, käme einer Beleidigung gleich; um nicht weniger als ein **Schloßtor** handelt es sich. Wo aber ist das Schloß?
Die schmiedeeisernen Gitter stehen offen. Hineinspaziert! Zum See hinunter zieht uns ein verwilderter Park, der **Schloßpark?** Zwei majestätische Platanen, dreihundert Jahre schon blicken sie gleichmütig in die Runde, könnten dem Eindringling Auskunft geben. Könnten erzählen vom wechselhaften Geschick jener Borsigs, die dort drüben an der **Kirche,** abgesondert vom Rest der sterblichen Menschheit, begraben liegen.

Albert Borsig (1829–1878), Sohn des großen Maschinenbau-Pioniers August Borsig, hat das Gut im Jahre 1866 erworben. Als sommerlichen Landsitz. Hohe Repräsentationsansprüche stellte der neureiche Geldadel, höhere noch als der verdrängte Geburtsadel. Park und See: schön und gut; das barocke Itzenplitz-Schloß jedoch schien reichlich überaltert. 1869 mußte es einem prunkvollen italienischen Renaissancebau weichen. Nur Keller und Außenmauern blieben erhalten. Alle Fenster erhielten neue Gesimse, neue Stuckornamente, belgisches Spiegelglas. Im Innern großzügige Treppenaufgänge, glänzendes Parkett, Seidentapeten. Und unten am Ufer das stilgerechte Gondelhaus, wo zwei venezianische Gondeln auf Gäste warteten. Sicherlich samt Gondoliere.

Zeitsprung ins 20. Jahrhundert. Hin zu einem Mann, den wir in der friedhöflichen Ahnenreihe nicht auffinden können. Ernst v. Borsig (Mammon ward zu Adel), Gutsherr mit agrarwissenschaftlichem Doktorhut. Der gläubige Christ verabscheut die Gewaltherrschaft der Nationalsozialisten. Als Patronatsherr weist er den Zugriff der sog. *Deutschen Christen* zurück und besetzt die Pfarrstelle mit einem Pastoren der *Bekennenden Kirche.* Fördert obendrein die *Evangelische Frauenhilfe,* in Konkurrenz zur parteifrommen *NS-Frauenschaft.* Judenverfolgung und Krieg formen den Hitler-Gegner zum aktiven Widerstandskämpfer. Bald finden Angehörige des *Kreisauer Kreises* auf Gut Behnitz offene Türen und Ohren. Am 11. und 12. Oktober 1941 sind die führenden Köpfe Peter Graf Yorck v. Wartenburg und Helmuth James Graf v. Moltke auf ein Wochenende zu Gast.

Frühmorgendliche Impression: *„Als ich erwachte, war ein nächtlicher Sternenhimmel ... Nach wenigen Minuten hörte ich im See die Schwäne aufsteigen. .. Das erste, was ich von der Sonne sah, war ihr Widerschein auf den Blättern der Platane."*
Auf das Frühstück folgt ein Spaziergang über die ausgedehnten Ländereien: intensiver Kartoffel- und Gemüseanbau, sorgsame Holzwirtschaft. Beim Fachsimpeln ein erstes Kennenlernen. *„Drei Stunden bin ich mit Borsig gegangen und wenn ich nicht nach dem Wald und seinen Versuchen fragte, so haben wir uns über Agrarpolitik unterhalten. Er vertrat dabei ganz liberale Thesen: 'Bewegung zum besseren Wirt über den Konkurs, freies Spiel der Kräfte'... B.(orsig) war rasend zäh, ich wohl auch nicht in bester Form, und so ging die Unterhaltung aus wie das Hornberger Schießen. Ich berichtete Y.(orck) davon, der sich amüsierte,*

aber behauptete, er hätte sich das so gedacht. B. sei hartgesotten altliberal und es würde mehrerer Anstürme bedürfen.“
Der Kreisauer Kreis, benannt nach Moltkes schlesischem Gut Kreisau, umfaßt Persönlichkeiten aus Adel und Bürgertum, aus Kirche und Militär. Konservative, Liberale, Sozialdemokraten. Ein klandestines Diskussionsgeflecht, ein informeller Planungsstab für die Zeit nach Hitlers Beseitigung.
Zu drei Treffen kommen die Verschwörer 1942 und 1943 in Groß Behnitz zusammen. Außer Moltke und Yorck der Agrarwissenschaftler Fritz Christiansen-Weniger, Jesuitenpater Hans v. Galli, Constantin v. Dietze, Staatssekretär a. D. Hans Krüger, Friedrich v. Zitzewitz-Muttrin, August v. Joest. Die Zusammenkünfte fallen nicht sonderlich auf, entspricht es doch dem Stil märkischer Landsitze, Geselligkeit zu pflegen.
Das Thema ist immer das gleiche: Agrarpolitik! Wie kann die Ernährungsgrundlage gesichert werden? Welche Organisationsformen kommen zukünftig in Betracht? Dem ostelbischen Großgrundbesitz stehen schmerzliche Eingriffe bevor, auch wenn man äußerst vorsichtig formuliert *(„... muß gegebenenfalls für die Landwirtschaft ein eigenes Eigentumsrecht eingeführt werden ... eine der hauptsächlichen Voraussetzungen für die Gesundung des Landlebens.“)*

Sie werden das demokratische Deutschland nicht erleben. Graf Moltke, Yorck v. Wartenburg und viele andere Kreisauer sterben 1944 von Henkershand. Ernst v. Borsigs Name bleibt der Gestapo verborgen. Beim Einmarsch der Roten Armee glaubt er sich durch seine Vergangenheit geschützt. Ein tragischer Irrtum! Russische Zwangsarbeiter haben während des Krieges auf Gut Behnitz fronen müssen, bei kargen Rationen. Ähnlichen Strapazen zeigt sich der Gutsherr nicht gewachsen. Am 30. September 1945 ist er in einem sowjetischen Internierungslager verstorben ... ohne daß seine Gesinnung bekannt geworden wäre.
Die Ländereien fallen unter die Bodenreform, das Schloß beziehen Flüchtlingsfamilien. Als im Frühsommer 1947 der Dachstuhl ausbrennt, gerät das Gebäude unter die Spitzhacke.

Was bleibt den Augen des nostalgischen Besuchers? Die backsteinrote Gutsverwaltung mit Turm und Wetterfahne, die alte Schnapsbrennerei samt Schornstein, ein paar Ställe und Scheunen.
Zuvörderst aber das Schloßtor. Zwei polnische Restauratoren kamen des Wegs und zauberten seine abbröckelnde Pracht zurück.

RIBBECK

● „Herr von Ribbeck auf Ribbeck ...

im Havelland / Ein Birnbaum in seinem Garten stand / Und kam die goldene Herbsteszeit / Und die Birnen leuchteten weit und breit / Da stopfte, wenn's Mittag vom Turme scholl / Der von Ribbeck sich beide Taschen voll / Und kam in Pantinen ein Junge daher / So rief er: Junge, wiste 'ne Beer / Und kam ein Mädel, so rief er: Lütt Dirn / Kumm man röwer, ick hebb 'ne Birn.“

Als Wanderer Fontane in dem Dörflein eine Rast einlegte und, wie es seine Gewohnheit war, die Kirche inspizieren wollte, machte er eine eigenartige Entdeckung. Blühte doch auf dem **Friedhof** gleich neben dem Kirchturm ein fruchtvoller **BIRNBAUM**. Mit diesem mußte es eine besondere Bewandtnis haben, und Einheimische erzählten ihm die altüberlieferte Mär vom gutherzigen Gutsherrn. Noch auf dem Sterbebett soll jener rührende Kinderfreund die lieben Kleinen bedacht und einen Birne ins Grab erbeten haben. Den Rest reimte der Dichter zusammen: *„Im dritten Jahr aus dem stillen Haus / Ein Birnbaumsprößling sproßt heraus / Und die Jahre gehen wohl auf und ab / Längst wölbt sich ein Birnbaum über dem Grab / Und in der goldenen Herbsteszeit / Leuchtet's wieder weit und breit / Und kommt ein Jung' über den Kirchhof her / So flüstert's im Baume: Wiste 'ne Beer / Und kommt ein Mädel, so flüstert's: Lütt Dirn / Kumm man röwer, ick geb' di 'ne Birn / So spendet Segen noch immer die Hand / Des von Ribbeck auf Ribbeck im Havelland.“*

Als ich ein ganzes Jahrhundert später den Friedhof betrete, steht da noch immer der Birnbaum (wenn auch in dritter Generation). Doch was für eine Enttäuschung! Das Wispern in den Blättern ist verstummt, und die Zweige, sie tragen keine Früchte mehr. Unwillkürlich kommen mir Fontanes letzte Lebensjahre in den Sinn, als er von seinem hochgeschätzten Adel ernüchtert Abschied nahm. *„Eine abgelebte Kaste mit entzückenden Einzelexemplaren! Man kann sich viertelstundenlang an diesen merkwürdigen Gewächsen erfreuen, aber das naive Überzeugtsein von ihrer Herrscherfähigkeit und ihrer Herrscherberechtigung ... macht ein herzliches Zusammengehen auf die Dauer unmöglich. Sie wollen nur sich selbst und das, was ihnen dient.“*

Ohne den „deutschen Gruß“

Hans Georg Karl Anton v. Ribbeck (1880-1945), ein Werdegang aus dem Adelsbilderbuch. Abitur nach Gutsherrenart an der Brandenburger Ritterakademie, ein gutswirtschaftliches Lehrjahr, Husarenleutnant in der Garnison Stendal. Nach den militärischen, die ehelichen Pflichten: Standesheirat mit Marie Agnes Freiin v. Schele. Im Ersten Weltkrieg Reaktivierung als Rittmeister der Reserve, wenngleich die auf Sieg gezeichnete Kriegsanleihe unwiederbringlich verlorengeht.

Der Kaiser ist ins Exil geflohen, die ungeliebte Republik bringt Inflation und Mißernten. Die Viehzucht leidet unter verregneten Sommern, der Holzeinschlag deckt kaum noch die Kosten. In der alten Zeit ist alles besser gewesen, so denkt er, und so spricht er.

Von den braunen Kolonnen des Dritten Reiches erwartet der Monarchist keine Rettung und hält mit seiner Ablehnung auch jetzt nicht hinter dem Berg. Freimütige Äußerungen füllen bei der Gestapo ein dickes Aktenbündel. Der NSDAP-Ortsgruppenleiter spürt die gewollte Distanz, wenn er stets ohne Händedruck schon in der Vorhalle des **SCHLOSSES** abgefertigt wird. Wie ein lästiger Bittsteller. *„Heil Hitler“* kommt dem mittlerweile gealterten Herrn niemals über die Lippen, eine solche Ehrbezeugung stehe Lebenden nicht zu. Beim Fahnenappell am **KRIEGERDENKMAL** heben alle den rechten Arm . . . bis auf einen! Als dann im April 1944 ein englischer Bomber auf den Feldern notlandet und dahergelaufene Flaksoldaten die junge Weizensaat niedertrampeln, soll er die Reitpeitsche gezogen haben. Sein letztes Lebenszeichen, aus dem Konzentrationslager Sachsenhausen, stammt vom 15. Januar 1945.

Bei Kriegsende werden die Ribbeckschen Ländereien im Zuge der Bodenreform enteignet. 955 Hektar wechseln in die Hände von Landarbeitern und Kleinbauern. Eingedenk des kantigen Gutsherrn, nun als Opfer des Faschismus gewürdigt, erhält die Familie 100 Morgen zur Bewirtschaftung zurück. Nur für kurze Zeit! Im Herbst 1947 erteilt die Sowjetische Militäradministration den endgültigen Befehl zur Ausweisung aller ehemaligen Gutsbesitzer. Bevor der Befehl vollzogen werden kann, schlachtet Ribbeck junior noch schnell ein Schwein. Verbotenerweise. Der Verhaftung fährt er mit dem Fahrrad in Richtung Berlin (West) davon.

NAUEN

● Schließt die Tore

Im Städtchen Nauen liegen die Sympathien einhellig auf seiten des verfolgten Hans Kohlhase (→ S. 81). Am 19. Juni 1539 ist vor dem **RATHAUS** eine erregte Menge zusammengelaufen. Falls Gerechtigkeitssinn den Leser verleiten sollte, sich dem Aufruhr anzuschließen, so randaliere er nicht vor dem falschen Gebäude! Das heutige Rathaus mit seinem prächtigen Treppengiebel reicht nur hundert Jahre zurück, der ursprüngliche Ratssitz befand sich im alten Stadtkern an der **Marktstraße.** Dort haben Handwerker und Tagelöhner drohend ihre Fäuste erhoben, in vorderster Reihe Wortführer Andreas Schöppening. Im Namen aller Versammelten fordert der Tuchscherer die sofortige Schließung der Stadttore. Gemeinsam zieht man zur **Stadtmauer** *(Mauerstraße, Wallgasse)* und schlägt der heranrückenden sächsischen Gesandtschaft das Tor vor der Nase zu. Nichts, aber auch gar nichts, wollen die Bürger mit jenen auswärtigen Häschern gemein haben, die sich da auf dem Wege nach Berlin befinden.

Auf Umwegen erreichen die Abgewiesenen ihr Ziel, in doppeltem Sinne: Sowohl die kurfürstliche Residenz als auch des Landesherren offenes Ohr. Den Kohlhasen wollen sie zur Strecke bringen, und Joachim II. sagt bei künftigen Hetzjagden brandenburgische Amtshilfe zu.

Während der kommenden Monate werden etliche Freischärler, die doch nur für das Recht des einfachen Mannes stehen, in die Netze gehen. Jakob Tylicke, Stallknecht aus Groß Machnow, Hans Borkwitz *(„Schwarzhans")* aus Golßen, die Handwerksgesellen Simon Lemmichen und Simon Klein, Jakob Borchard, Joseph Schmied, Gregor Jahn. Nicht erst auf dem Schafott, schon auf der Folterbank sterben Tönius Rink, Hans Rogenpfuhl, Jakob Groß, Hans Holstein *(„Langhans")*.

Die Nauener Ratsherren, sie kommen mit einer Ermahnung davon.

● Heimatmuseum: Rathausplatz 2

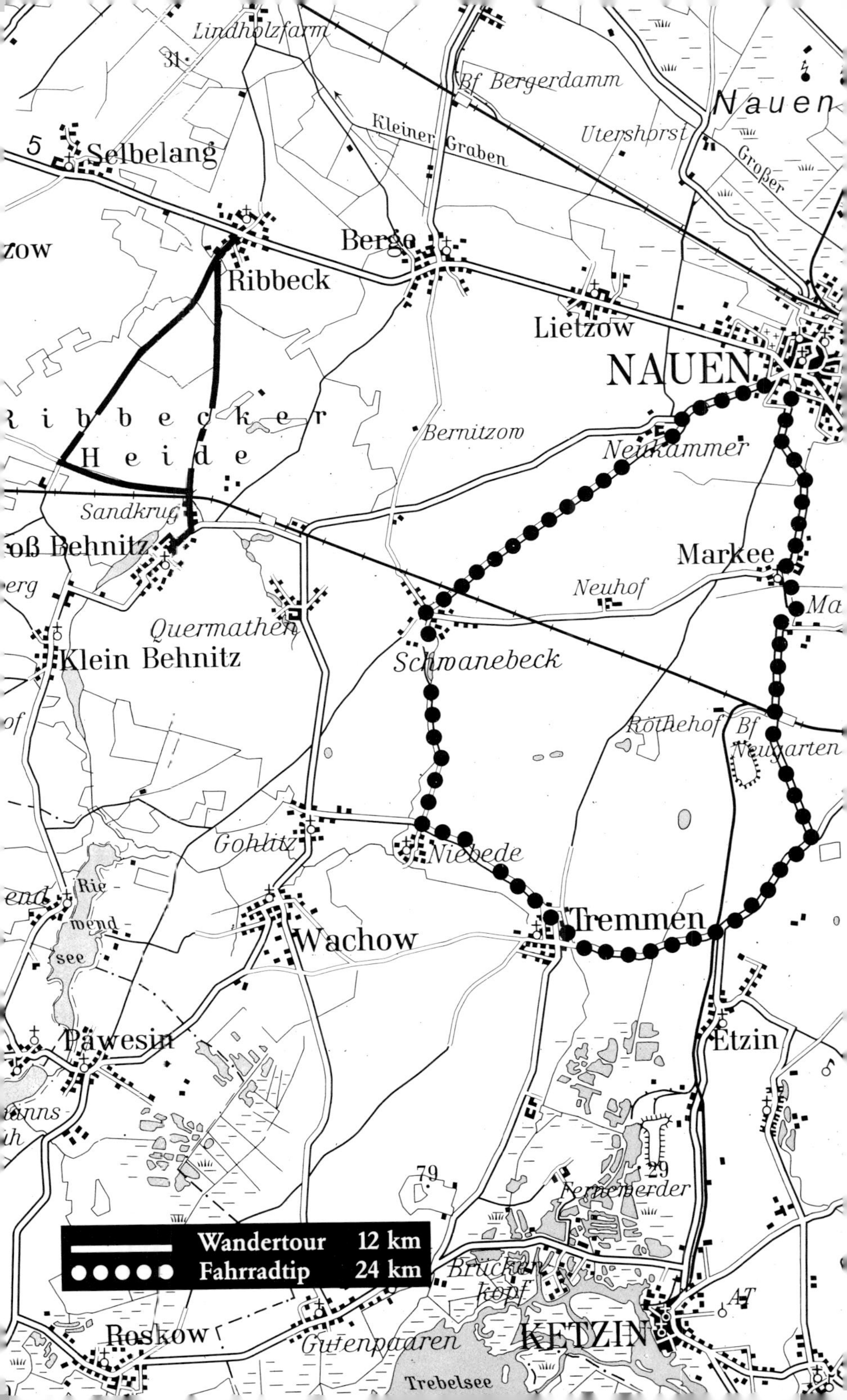
Lindholzfarm
Bf Bergerdamm
Nauen
Kleiner Graben
Utershorst
Großer
Selbelang
Ribbeck
Bergo
Lietzow
NAUEN
Ribbecker Heide
Bernitzow
Neukammer
Sandkrug
Groß Behnitz
Markee
Neuhof
Quermathen
Klein Behnitz
Schwanebeck
Röthehof
Bf Neugarten
Gohlitz
Niebede
Riewendsee
Tremmen
Wachow
Päwesin
Etzin
Fernewerder
Brückenkopf
Roskow
Gutenpaaren
KETZIN
Trebelsee
Wandertour 12 km
Fahrradtip 24 km

Dorfschule Reckahn

22.
Der märkische Pestalozzi

– Reckahn –

„Daß ein Domherr für Bauernkinder Lehrbücher schreibt, ist selbst in unserem aufgeklärten Jahrhundert eine Seltenheit", stellt Minister v. Zedlitz verwundert fest. Und der Dessauer Philantrop Basedow reiht Fragezeichen an Fragezeichen: *„Ein Edelmann, ein Besitzer ansehnlicher Güter schreibt ein solches Buch? Ein Kinderbuch? Und für Landleute? Welcher Sonderling ist das unter Personen seines Standes?"* Zweifellos ein Verrückter, mag manch vornehmer Standesgenosse im stillen gedacht haben. Vielleicht ein gefährliches Subjekt! Hat man so etwas schon gehört: ein Adelsherr, in die fixe Idee vernarrt, den Kindern seiner Bauern, Büdner und Tagelöhner lesen und schreiben beizubringen (womöglich denken)!

Friedrich Eberhard v. Rochow (1734–1805), Sproß aus altem Rittergeschlecht, einer Duell-Verwundung wegen vom Heeresdienst verabschiedet. Domherr zu Halberstadt, Gutsherr über die Ländereien von Reckahn, Göttin und Krahne.
„Ich lebe unter Landleuten. Mich jammert des Volkes." Der Siebenjährige Krieg hat tiefe Wunden geschlagen. Die verregneten Sommer 1771 und 1772 lassen das Heu auf den Wiesen, das Korn auf dem Halm verfaulen. Teuerung treibt Scharen von Bettlern durch die Mark. Seuchen wüten unter Mensch und Tier. *„Ich nahm einen ordentlichen Arzt für die Einwohner auf meinen Gütern."* Unentgeltlich. Doch die Bauern ignorieren dessen Anweisungen, verweigern die ungewohnte Medizin. Lieber laufen die Abergläubischen zu Wunderdoktoren, Quacksalbern, Gesundbetern.
„In bitteren Gram versenkt über diese schrecklichen Folgen der Dummheit und Unwissenheit saß ich einstmals (es war am 14ten Februar 1772)

an meinem Schreibtisch und zeichnete einen Löwen, der in einem Netze verwickelt daliegt. So, dacht ich, liegt auch die edle, kräftige Gottesgabe Vernunft, die doch jeder Mensch hat, in ein Gewebe von Vorurteilen und Unsinn dermaßen verstrickt, daß sie ihre Kraft so wenig, wie hier der Löwe die seinige, gebrauchen kann. Ach wenn doch eine Maus wäre, die einige dieser Maschen zernagte . . . Wie ein Blitzstrahl fuhr mir der Gedanke durch die Seele: Wie, wenn du diese Maus würdest?"

Aus Frankreich dringen die erregenden Ideen der Aufklärung nach Preußen herein. Den Menschen kraft seines Verstandes aus der selbstverschuldeten Unmündigkeit herausführen, das propagieren die Großen der Philosophie und Dichtkunst nun auch in Berlin und Königsberg. Und zu Kant, Lessing, Nicolai, Gellert, Gleim gesellt sich ein wohlmeinender Gutsherr.

Im winzigen Dörflein Reckahn sitzt er in seinem 1742 errichteten **Barockschlößchen** und sinnt über der Menschen Fortschritt. Täglich führt ihn die Freitreppe in den weitläufigen **Landschaftsgarten** hinunter. Gedankengänge! Die Bewegung der Glieder bringt die Ideen in Fluß. Und die humanistische Springflut tritt über die preußischen Ufer. Ausuferungen?
„Da alle Menschenseelen aus einem Stoff sind, so haben auch alle Stände gleichen Anteil an verhältnismäßiger Vervollkommnung." Wie bitte? Alle Menschen sollen in ihrem Wesenskern gleich sein und folglich auch gleiche Rechte beanspruchen? Da können feudale Gemüter nur die Köpfe schütteln. Daß er sich bloß nicht täuscht:
„Ich denke doch nicht, daß man den Verstand eines Bauernkindes und seine Seele für Dinge einer andern Gattung hält, als den Verstand und die Seelen der Kinder höherer Stände!"
Wer im Gehölz des Schloßparks die Fährte verloren hat, an der kleinen **Gedenksäule** finden wir sie wieder. *„Er war ein Lehrer".* Gemeint ist Heinrich Julius Bruns (1746–1794), Schreiber und Kantor, Helfer und Wegbegleiter. Unermüdlich hat die gemeinsam

erarbeiteten Lehrmethoden in die Tat umgesetzt. In der 1773 errichteten **Dorfschule.** *„Lasset die Kindlein zu mir kommen und wehret ihnen nicht"*, mahnt ein Bibelwort am Giebel. Das sollten die gottesfürchtigen Bauern ganz und gar wörtlich nehmen, sahen sie doch ihre Kinder lieber auf den Feldern.

Heute ist das alte Schulhaus zum **Museum** geworden. Da stehen sie noch in Reih und Glied, die hölzernen Bänke mit Schiefertafel und Griffel, mit Tintenfaß und Federkiel. *„In meiner Schule ist noch keine Strafe als das Stehen an der Thüre."* Das will viel heißen in einer Epoche, als Rute und Rohrstock regieren, der Ochsenziemer und die Eselskappe. Ein Experiment: Erziehung weniger durch Strafe und Tadel als durch Freundlichkeit und Lob!

„Ach, ich ward irregeleitet. Man führte mich nach den Gebräuchen meiner Zeit zum toten Buchstaben zuerst. Mein lebhafter Geist verseufzte die lernfähigsten Lebensjahre hinter lateinischen Autoren in dumpfen Zimmern. Sie handelten von Dingen, die mich nichts angingen. Ausswendig gelernte Zeitrechnungen, welche die Natur widerlegte, und Geschlechtsfolgen alter Tyrannen kosteten mich Schmerzen und Tränen."

So klagt der Pädagoge über seinen eigenen Bildungsgang und will es besser machen. *„O Papageientum! Wie lange wird dein Regiment auf Erden dauern?"*

Lehren, das darf nicht Eintrichtern bedeuten, und Lernen muß etwas anderes sein als Nachbeten. Da außer ABC-Fibel, Bibel und Katechismus kein Schulbuch zur Verfügung steht, macht sich der Reformer selber daran, ein geeignetes zu schreiben. *Der Kinderfreund* heißt es mit vollem Recht. Nicht nur lebenspraktische Kenntnisse wollen die Lesestücke vermitteln *(Der Magnet, Das Brennglas, Die Bienenzucht);* auch die inneren Kräfte des Schülers sollen wachsen, blühen und gedeihen. Neugier und Beobachtungsgabe, Wissensdrang und Selbstvertrauen. Tatendurst!

„Mutig wollen wir bei dem, was wirklich wichtig ist, das Joch des Trägen (die Autorität genannt) abschütteln, welches durch eine fehlerhafte Erziehungsart schon in der Jugend uns aufgebürdet wurde, um es bis an den Tod zu schleppen. Wenn wir Augen haben zum Sehen und Füße zum Gehen, so haben wir auch die Seelenkraft, um sie zu gebrauchen. Sowenig andere für uns sehen und gehen und essen dürfen, so wenig bedarf es, daß sie statt unser denken."

Liebe Besucher des **Rochowschen Grabes,** ein Souvenir gefällig? So nehmt doch diese Maxime! Mögen auch zweihundert Jahre vergangen sein, sie hat an Aktualität nichts eingebüßt.

BRANDENBURG

● In das Turmgemäuer geritzt

Obwohl der Dreißigjährige Krieg erst ins vierte Jahr geht, herrscht im Stadtsäckel gähnende Leere. Die Ratsherren wissen simple Abhilfe: Sie machen vom städtischen Münzrecht Gebrauch und prägen neue Taler, Groschen. Da nicht genügend Silber zur Verfügung steht, wählt man das billige Kupfer und begnügt sich mit einer dünnen Silberhaut. Durch sein geringes Gewicht jedoch fällt das schlechte Geld schnell auf. Bauern und Landadel weisen die Kupfermünzen zurück und liefern kein Getreide; die Bäcker können nicht mehr backen.

Am 17. März 1622 kommt es auf dem Markt zum offenen Aufruhr. Handwerksgesellen, Tagelöhner, Hungerleider, die Ärmsten der Armen nehmen mit Gewalt, was sie nicht kaufen können. Händler und wohlgekleidete Patrizier, angepöbelt im ureigentlichen Sinne des Wortes, müssen die Beine in die Hand nehmen. Der Zorn der Straße wittert in jedem Wohlhabenden einen Betrüger, einen Falschmünzer. Mehr als hundert Wachsoldaten mühen sich einen lieben langen Tag, den Plünderungen und Brandschatzungen Einhalt zu gebieten. Grobschmied Merten Schmidt wird als verdächtiger Anstifter gefangengenommen und in kurzem Prozeß zum Tode verurteilt, kann jedoch vor der Vollstreckung durch Freundeshilfe entweichen. Peter Wanemacher, achtzehnjähriger Sprößling einer alten Ratsfamilie, büßt im

STEINTORTURM. Diebesgut soll er vergraben haben sowie auf seine Verfolger geschossen. In das backsteinerne Gemäuer führt der Häftling Tagebuch. *„Dis ist mein Himelbete gewest ... Die Zeit woet mir so lang ... Gelük und Unglük ist alle Morgen mein Frühstük.“*

Was dreihundertfünfzig Jahre überdauerte, haben reinliche Anstreicher mit ein paar Pinselstrichen übertüncht. Ob das historisch einmalige Dokument mittlerweile restauriert worden ist? *Denk mal, pflege ...*

● Heimatmuseum: Hauptstraße 96

● Steuerverweigerer Franz Ziegler

„Pastors Kinder, Lehrers Vieh / geraten selten oder nie.“ Machen wir uns an der Mauer des **NEUSTÄDTISCHEN FRIEDHOFS** auf die Suche nach einem schwarzen Obelisk. Unter ihm ruht die Ausnahme von der Regel: das dreizehnte Kind eines Dorfpastoren, in den unruhigen vierziger Jahren Oberbürgermeister Brandenburgs.

1848 finden wir Franz Ziegler (1803–1876) an der Seite des aufbegehrenden Volkes. Nicht nur in den Monaten revolutionären Triumphs, auch in der Stunde der Niederlage.

Als Abgeordneter der Preußischen *Verfassungsgebenden Versammlung* stimmt er am 15. November, nachdem Berlin schon unter militärischem Belagerungszustand steht, für das Kampfmittel der Steuerverweigerung. Die Bürger sollen keine Steuern entrichten, solange Soldaten die Freiheit des Parlaments behindern. Vergebens, es obsiegt die Macht der königlichen Bajonette, und Justitia stürzt sich auf die Unterlegenen. Die Anklage wirft Bürgermeister Ziegler vor, den Steuerverweigerungsbeschluß nicht nur herbeigeführt sondern auch in seinem Wahlkreis publiziert zu haben. Das ist Anstiftung zum *„Aufruhr“* und vollendeter *„Hochverrat“!* Mit einem würdigen Schlußplädoyer stemmt sich der Angeklagte dem drohenden Freiheitsentzug entgegen. Seine politischen Ziele weiß er (vorerst) verloren, nicht aber seinen Stolz als Bürger und Demokrat.

„Ich bin es der Preußischen Geschichte, der Ehre der hohen Versammlung schuldig, der ich angehörte, daß sie vor der Schmach bewahrt werden, ein Preußischer Volksvertreter habe um seine Freiheit gebeten. Ich verlange nichts als Ihre unparteiische, klare Einsicht und Erwägung.

Das Verdikt der rachsüchtigen Richter: Amtsenthebung, sechs Monate Festungshaft, ein Jahr Polizeiaufsicht. Die Antwort des Verurteilten: *„Mögen meine Feinde mich verfolgen und meine Existenz vernichten, das Volk hat mich schon vor dem Urtheilsspruch freigesprochen!“*

Gewißlich wahr, und der gereimte Freispruch steht im *Brandenburger Anzeiger* für jedermann zu lesen. *„Verstummt, ihr Lieder! Schweigt, ihr Freudenklänge / Verhallet wie in fernem Glockentone / Jetzt hallen Jubellieder nur zum Hohne / Und mahnen an der Freiheit Grabgesänge / Doch ob's der Bosheit, ob's dem Haß gelänge / Zu freveln an der Freiheit echtem Sohne / Viel leichter als die Eitelkeit zum Throne / Dringt Liebe durch des Kerkers finstre Gänge.“*

● Ein bürgerliches Trauerspiel

Konstitutionelle Monarchie oder demokratische Republik: Die Revolution von 1848 scheitert an der Uneinigkeit ihrer Kombattanten. So stoßen die im März vertriebenen Truppen General Wrangels bei der Rückkehr nach Berlin auf keinen bewaffneten Widerstand mehr.

Des Dramas letzter Akt vollzieht sich unter den erhabenen Gewölben von Brandenburgs DOM **St. Peter und Paul.** Warum gerade hier? In die Windstille der Provinz hat Friedrich Wilhelm IV. die Abgeordneten der *Verfassungsgebenden Versammlung* verbannen wollen. Formuliertüchtige Ministerialbeamte liefern eine honorige Begründung: „*Durch diese Anordnung, welche lediglich den Zweck hatte, die Freiheit der Beratungen der Volksvertreter vor den anarchischen Bewegungen in der Hauptstadt und ihren terroristischen Einflüssen sicher zu stellen, glaubten Ew. Königliche Majestät nicht nur ein unzweifelhaftes Recht der Krone, sondern auch eine durch die Rücksicht auf das Wohl des Landes dringend gebotene Pflicht auszuüben.*“

Der demokratische Parlamentsflügel ignoriert die Umzugsverordnung und verbleibt im liberalen Berlin. Soldaten bedrängen die Beratungen, Hofschreiber schmähen die wehrhafte Versammlung. „*Sie hat sich nicht gescheut, durch die an das Volk gerichtete Aufforderung zur Verweigerung der gesetzlichen Steuern die Brandfackel der Anarchie in das Land zu schleudern und den ganzen Staatsverband dem Umsturz preiszugeben.*“

Die königstreuen Volksvertreter (wen eigentlich vertreten sie?) lassen sich untertänigst nach Brandenburg dirigieren. Als das Dom-Parlament am 27. November seine Sitzung eröffnet, kann es nur die zahlenmäßige Beschlußunfähigkeit zu Protokoll geben. Doch von Sitzung zu Sitzung wird die Zahl der zureisenden Berliner Abgeordneten größer. Unter ihnen auch Parrisius: „*Meine Herren, ich bin hierher gekommen, um, soviel an mir liegt, diese Versammlung zur beschlußfähigen Nationalversammlung zu machen und um hier Terrain und Macht zu gewinnen, gegen ein volks- und freiheitsfeindliches Ministerium weiterzukämpfen, welches das Land in Unheil gestürzt hat.*“ Majestät geraten in Unruhe, wird doch nun auch in Brandenburg eine demokratisch gesinnte Parlamentsmehrheit absehbar. Souffleure drängen auf schnelles Handeln *(„sofortige Auflösung“).* Schon am 5. Dezember ist es soweit: Der König entledigt sich der Gewählten und oktroyiert eine eigene Verfassung. Letzter Vorhang!

● Die Stunde des Arbeiterrats

Was dem verzagten deutschen Bürgertum des 19. Jahrhunderts versagt blieb, verwirklicht im 20. Jahrhundert die Arbeiterbewegung: die parlamentarische, demokratische Republik.

9. November 1918: *„Berlin unblutig in die Hände der Revolution übergegangen.“* Als die Nachricht von der Abdankung des Kaisers am späten Nachmittag Brandenburg erreicht, wählen Aufständische im sozialdemokratischen **Volkshaus, STEINSTRASSE 42**, einen Arbeiter- und Soldatenrat. Dieser proklamiert sich zur obersten kommunalen Befehlsgewalt, und Tausende unterstreichen seinen Machtanspruch auf der Straße! An der Spitze des Demonstrationszuges bewaffnete Uniformierte ohne Achselklappen und Kokarden, stattdessen rote Schleifen ins Knopfloch gebunden. Das Stadttheater bricht seine Vorstellung ab, Schauspieler und Publikum schließen sich den Demonstranten an; die Musiker des Theaterorchesters marschieren mitsamt ihren Instrumenten. Die Offiziere in den Kasernen legen ihre Achselstücke ab, übergeben ihre Ehrendegen. Bedingungslose Kapitulation! Für arretierte Meuterer öffnen sich die Gittertüren. Das Rathaus, der Bahnhof, das Telegraphenamt werden unter Aufsicht gestellt.

Die sozialdemokratische *Brandenburger Zeitung* druckt eine Sonderausgabe: *„Mit leuchtender Sonne bricht ein neuer Tag an . . . Die letzten Trümmer eines morschen, blut- und schandbefleckten Obrigkeitsstaates krachten in sich zusammen. Hell leuchtet das Fanal der Freiheit unserem Volke! Die neue deutsche Republik konstituiert sich. Das freie Volk regiert sich selbst. Throne sind zerschmettert, jahrhundertealte Vorrechte hinweggefegt . . . Es ist heute nicht Zeit, den Königen Nachrufe zu schreiben. Mögen die Toten ihre Toten begraben. Wir jubeln aus bewegter Brust dem freien Volksstaat zu.“*

Verfasser dieses Freudenausbruchs und Vorsitzender des Arbeiter- und Soldatenrats ist Erich Baron (1881–1933). Eine rote Karriere in Deutschland: Bürgerliches Elternhaus, Jurastudium, Eintritt in die SPD, Schriftleiter der *Brandenburger Zeitung* (1907), Mitglied der Stadtverordnetenversammlung (1909), Agitator gegen das preußische Dreiklassenwahlrecht (1910), gegen Kriegstaumel und *„Burgfriedenspolitik“* (1914), Beitritt zur USPD (1917), Novemberrevolution (1918), KPD (1920), *Gesellschaft der Freunde des neuen Rußland* (1924), Verhaftung, Mißhandlung, Tod (1933).

● Linksanwalt Hans Litten

Dem Verwaltungsgebäude am **Puschkinplatz** könnte man seine finstere Vergangenheit ansehen. Viele kleine Fenster in Reih und Glied, eine Mauer rund herum: das verheißt nichts Gutes. Der Behördenbesucher betritt das alte Brandenburger **ZUCHTHAUS**.

Die preußische Strafanstalt des 19. Jahrhunderts wurde 1931 aus sanitären Gründen geschlossen. Schon zwei Jahre später folgte die Wiedereröffnung. Das anbrechende Hitler-Reich zeigte einen hohen Bedarf an Gefängniszellen, und die hygienisch unhaltbaren Baulichkeiten schienen für ein Konzentrationslager gerade schlecht genug.

„Unter Schlägen und Fußtritten, begleitet von wüsten Schimpfworten, schleppte sich der bis zur Unkenntlichkeit beschmutzte und zerschundene Hans Litten über den Hof. In Kniebeuge und auf dem Bauche rutschend, durchquerte er immer wieder den Hof. Das Kommando führten abwechselnd zwei SS-Männer. Der Zusammenbruch war absehbar. Da erhielt er den Befehl, in die linke Hofecke zu hüpfen. Hier befand sich, wie jeder uns wußte, ein kleiner Jauchetümpel. Die kurzen Exerzier- und Austretepausen der SS-Männer ließen diese Urinpfützen entstehen. Den Kopf über die Pfütze haltend, wurde Litten gezwungen, Liegestütze zu üben. Um das Durchhängen des Leibes zu verhindern, griff der SS-Mann nach seinem Seitengewehr und hielt es, mit der Spitze nach oben gerichtet, unter den Bauch seines Opfers. Abwechselnd schlugen beide Posten dem sich mit der Übung Abquälenden auf den Rücken. Mit dem flachen Bajonett. Das währte so lange, bis Litten zusammenbrach und mit dem Gesicht in die Latrine fiel. Fußtritte vermochten nichts mehr gegen seinen Apathie.“

Hans Litten (1903–1938), brillianter Strafverteidiger der Weimarer Republik, hat sein ganzes Können in die Waagschale politischer Prozesse geworfen. Aus großbürgerlichem Elternhause stammend, ließ ihn Gerechtigkeitssinn auf die Seite der Benachteiligten treten. Seine Mandanten: Arbeiter, Demonstranten, Kommunisten.

Der Leidensweg endet in Dachau. Physisch werden ihn die Haftbedingungen zerbrechen, nicht aber moralisch. Der Gefangene entflieht in die Welt der Kunst. Gespräche über gotische Kathedralen, über Shakespeare und Rilke, über die Oratorien Johann Sebastian Bachs. Als die Lagerleitung anläßlich einer NS-Feierlichkeit kulturelle Darbietungen befiehlt, rezitiert er ein altes deutsches Volkslied: *Die Gedanken sind frei …*

● Wenn jeder so gehandelt hätte

Das ummauerte Gelände am PUSCHKINPLATZ, ein böser Ort: 1790 Zuchthaus, 1933 Konzentrationslager, 1940 Mordstätte. *„Vernichtung lebensunwerten Lebens"* oder *„Reinhaltung der Rasse"* hieß es im Nazi-Jargon, wenn Geisteskranke vergast und verbrannt wurden. Achttausend Menschen starben hier in umgebauten Garagen. Von Anstalts„ärzten" aussortiert und zur Ausmerzung freigegeben.

„Recht ist, was dem Volke nützt. Im Namen dieser furchtbaren, von allen Hütern des Rechtes in Deutschland noch immer unwidersprochenen Lehre sind ganze Gebiete des Gemeinschaftslebens vom Rechte ausgenommen, vollkommen z. B. die Konzentrationslager, vollkommen nun auch die Heil- und Pflegeanstalten." So formuliert ein kleiner Amtsrichter am 8. Juli 1940 an seinen vorgesetzten Kammergerichtspräsidenten. Weigert sich auch auf mehrmalige Vorhaltung beharrlich, das *„ungehörige"* Schreiben zurückzuziehen. Läßt es den Dienstweg hinaufklettern bis auf den Schreibtisch des Reichsjustizministers. Als der Protest keine Wirkung zeigt, folgt die Tat. Der Richter hat die Stirn, Strafanzeige gegen Reichsleiter Bouhler zu stellen. Strafanzeige wegen Mordes! Damit nicht genug: In einer Verfügung untersagt er Heilanstalten die Verlegung jener Patienten, die unter Vormundschaft des Amtsgerichts Brandenburg stehen. Ein beispielloser (-hafter) Vorgang! Ein Rädchen will das Räderwerk blockieren.

Lothar Kreyßig (1898–1957), Jurist mit Prädikatsexamen, Mitglied der *Bekennenden Kirche,* wird am 13. November 1940 vor den Minister zitiert. Er müsse seine Verfügung unverzüglich zurückziehen!

Er muß ... aber er tut es nicht! Schwarz auf weiß: *„Die mir in der Unterredung vom 13.11. von Herrn Minister eröffneten Tatsachen können mich nicht davon überzeugen, daß die an den Insassen von Heil- und Pflegeanstalten vollzogenen Maßnahmen rechtmäßig seien. Ich vermag daher meine Anweisung an die Leiter der Anstalten, ohne meine Zustimmung keine meiner vormundschaftsrichterlichen Obhut unterstehenden Insassen zum Abtransport auszuliefern, nicht zu widerrufen."* Um Aufsehen zu vermeiden, verfahren die Behörden glimpflich: Versetzung in den Ruhestand.

„Ich bin der Meinung, daß ich aus meiner Pflicht als Christ gehandelt habe. Eine Kollision mit meinen Pflichten als Beamter ist denkbar. Gleichwohl habe ich es für meine übergeordnete Pflicht gehalten, gewissensmäßig zu handeln."

● Havemanns gerettetes Leben

Das Zuchthaus **GÖRDEN**, **Anton-Saefkow-Allee,** ist im Dritten Reich eine Hinrichtungsstätte. Mehr als 1700 Hitler-Gegner sterben unter dem Fallbeil. An manchen Tagen im Abstand von zwei Minuten. Die Totenliste vom 18. September 1944: Anton Saefkow 12.48 Uhr, Bernhard Bästlein 12.50 Uhr, Franz Jacob 12.52 Uhr etc.

Der Chemiker Robert Havemann (1910–1982), als Mitglied der Widerstandsgruppe *Europäische Union* im Jahre 1943 zum Tode verurteilt, überlebt mit einem Trick. *„Von Anfang an war mir klar, daß es nur eine Möglichkeit der Rettung für mich gab. Es mußte den Nazis auf irgendeine Weise eingeredet werden, daß ich ihnen durch wissenschaftliche Arbeiten noch beim Krieg helfen könnte."* Tatsächlich gelingt es Universitätskollegen vom Physikalisch-chemischen und vom Pharmakologischen Institut, diesen Eindruck zu erwecken. Im Mai 1944 richtet man dem Forscher aus Mitteln des Heereswaffenamtes ein kleines Laboratorium ein; in einem freigeräumten Abstellraum. Die Vollstreckung des Todesurteils wird aufgeschoben, zunächst für ein halbes Jahr, später für jeweils zwei Monate. Eine Galgenfrist! Dank seiner privilegierten Gefängnisposition entwickelt sich Havemann zur Schlüsselfigur der internen Widerstandsorganisation. Es gilt, den bei Kriegsende drohenden Massenhinrichtungen mit einer Meuterei zuvorzukommen.

„In den Werkstätten des Zuchthauses, hauptsächlich in der Schlosserei, wurden die verschiedenartigsten Waffen geschmiedet, Brechstangen, Eisenknüppel, Totschläger, Messer und Dolche ... Ich ließ mir, als angeblich benötigte Chemikalie, Sprengstoff besorgen und stellte außerdem dreißig Schwelkerzen her, die den äußerst wirksamen Reizkampfstoff Adamsit enthielten."

Auf den Bestellschein für erforderliche Forschungsgeräte schmuggelt er auch die Zubehörteile zum Bau eines leistungsfähigen Kurzwellenempfängers. *„Endlich konnte ich wieder direkte Nachrichten aus der Außenwelt empfangen, erfuhr täglich das Neueste von den Kriegsschauplätzen ... Da ich in meinem Laboratorium für die Abfassung meiner wissenschaftlichen Berichte eine Schreibmaschine besaß, wurde beschlossen, daß ich eine regelmäßige Tageszeitung herausgeben sollte. Die Zeitung, die den Tarnnamen 'Der Draht' erhielt, erschien ununterbrochen täglich bis zum Tage unserer Befreiung durch die Rote Armee."* Auflage: zwei Exemplare, von Ohr zu Ohr weitergeflüstert.

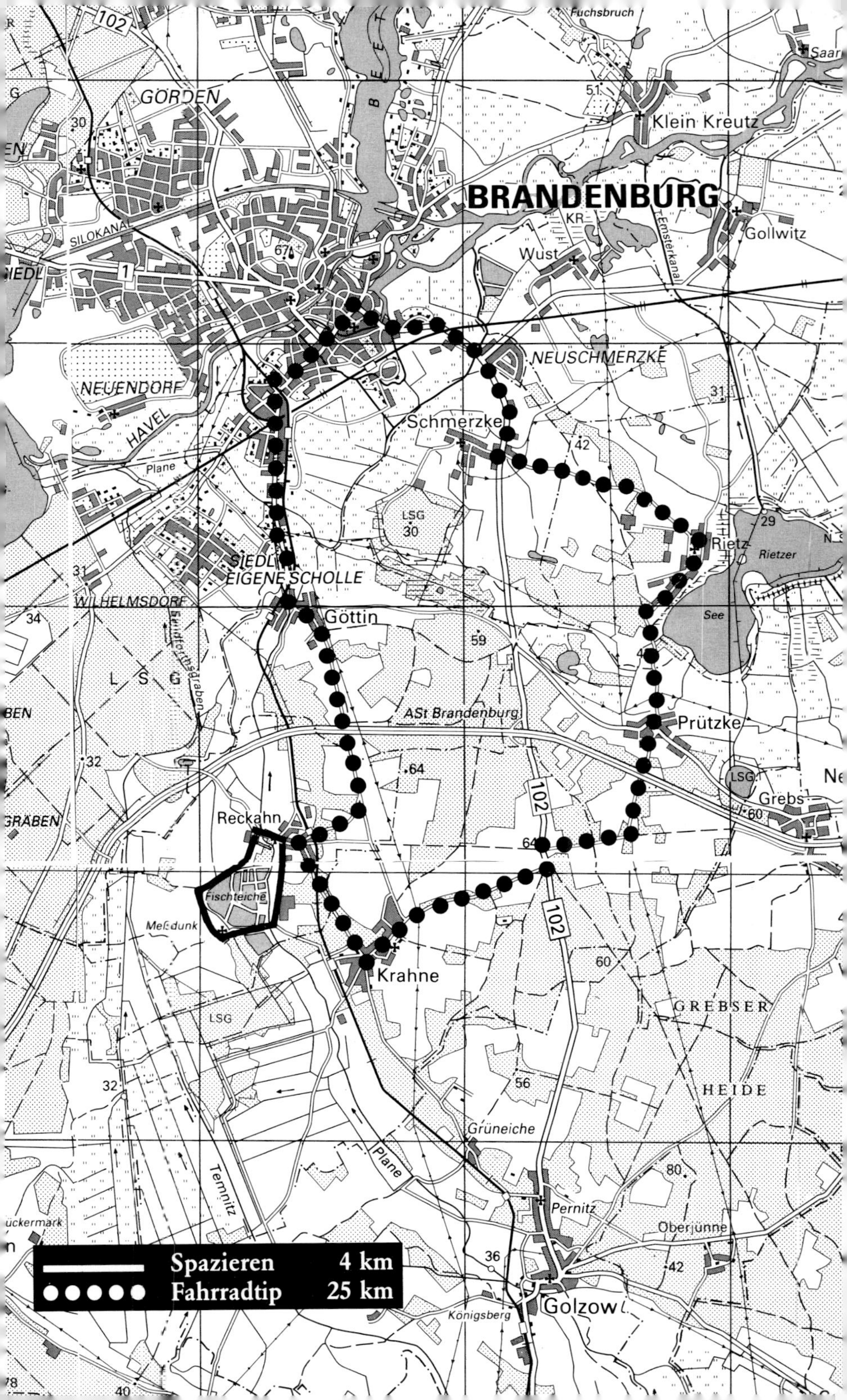
BRANDENBURG
GÖRDEN
Fuchsbruch
Klein Kreutz
Saar
Gollwitz
Wust
KR
Emsterkanal
SILOKANAL
BEETZ
NEUENDORF
HAVEL
Plane
NEUSCHMERZKE
Schmerzke
LSG
SIEDL. EIGENE SCHOLLE
WILHELMSDORF
Göttin
Rietz
Rietzer See
Prützke
Grebs
ASt Brandenburg
L S G
Reckahn
Fischteiche
Meßdunk
Krahne
GREBSER HEIDE
Grüneiche
Temnitz
Pernitz
Oberjünne
Golzow
Königsberg
Spazieren 4 km
Fahrradtip 25 km

Spatziergänge.

Erster Theil.

Berlin 1774.

Bey Christian Friedrich Himburg.

23.

Müßiggang ist aller Lyrik Anfang

– Rathenow –

„*Mein Leben war, von der Zeit an, da ich den Händen der Kindermuhme entronnen, auf meinen beyden Füßen einhertrat, ein langer, und wenn ich ihn nach seinem größeren Theile benennen soll, ein vergnüglicher Spaziergang. Das ist die reine Wahrheit.*“
Wer so etwas mit Fug und Recht von sich behaupten kann, der ist wenig beliebt bei seinen arbeitsamen Mitmenschen. Ohne Fleiß und Schweiß kein Lob und Preis!
„*Es ist mir nicht unbekannt, daß ich bey meinen lieben Landsleuten in den unverschuldeten Ruf eines großen Müßiggängers gekommen bin.*“
Unverschuldet? Sobald die Frühlingssonne lachte, haben es doch alle Rathenower mit ansehen müssen, wie er tagtäglich durch die Gassen strich oder den Weg in die hügeligen Weingärten wählte. Leichtfüßig und leichten Sinnes.
„*Das Land schmückt sich mit jungem Grün / Dem alten Walde kehrt sein dunkles Haupthaar wieder / Der Boden schwillet auf / Nun ist es Zeit mit Myrtenlaub / Und Silberblüten Schläf' und Becher zu beschatten / Und spotte, dem Gewäsche trüber Weisheit taub / Die rauhen Sorgen weg, die Dich belagert hatten.*“
Keinesfalls möchte der Gescholtene werden wie sie, die Geschäftigen und von sich selbst Getriebenen, die Gehetzten und Geschätzten, die ach so Tüchtigen und Gescheiten. Um nichts in der Welt würde er tauschen mit den vornehmen Schlemmern und Schwelgern, den primitiven Prunkern und Prassern.
„*Wie sehr verkennen sich die Menschen, die von den feineren Wollüsten nichts wissen wollen, die ihnen der gütige Schöpfer so ohne alle Kosten vorgesetzt hat! Täglich kann ich sie ohne den bitteren Ekel genießen, der der gewisse Gefährte eurer geschmacklosen Überladungen ist.*“

„Was ist der flüchtige Kitzel, womit jene gekünstelten Gerichte die Zunge reitzen; was ist die wollüstige Fieberhitze, die jene köstlichen Weine in meine Adern einflößen, gegen den reinen Atem der Luft, die ich hier eintrinke; gegen die innige Wärme, die diese mäßige Bewegung in gleichen Theilen durch meinen Körper verbreitet?"
Sage niemand, der Solitär sei einsam und verlassen. Die freie Flur des Feldes, sie verwöhnt das Ohr des Lauschenden mit lieblichen, verheißungsvollen Tönen. *„Ich höre das sanfte Murmeln eines nahen Baches, der über entblößte Wurzeln dahinfließt, ich höre den lispelnden West, der sich auf schlanken Zweigen wiegt. Und ist es nicht ein ungemeiner Gewinn, so vieles nicht zu hören ... das ungeräumte Gewäsch so vieler schamloser Zungen, die ohne Leben und Bewegung sind, wenn sie nicht der mächtige Weingott regiert?"*

Joachim Christian Blum (1739–1790), Sohn eines begüterten Handelsherrn, hat die familiären Fußstapfen verlassen. Der Apfel fiel sehr weit vom Stamm! Wo ist bloß der väterliche Kaufmannsgeist geblieben, fragt sich entgeistert die Verwandtschaft. Ob ein früher Unfall bleibenden Schaden hinterließ? Im zarten Alter von fünf Jahren war der Knabe von einem betrunkenen Dragoner überritten worden, so daß Blut aus Mund und Nase quoll. Und dann die Bücher, immer schon vergrub sich das eigenartige Bürschchen gern in einem Berg von Büchern.
Saldernsche Schule in Brandenburg, Joachimsthalsches Gymnasium in Berlin, Philosophie- und Literaturstudium an der Universität Frankfurt: Die Poesie hat ihn gepackt! Gellert, Klopstock, Ramler, der preußische Horaz. Verse in römisch-antiker Formenstrenge. Eine Professur bleibt dem akademisch Strebenden versagt, mit scheinbar leeren Händen kehrt er heim.
„Die dreiste Bosheit war im Anfang ohne List / Itzt ist sie grimmiger, je freundlicher sie ist / Den offenbaren Krieg hat falsche Ruh' verdrungen / Mit Blicken schlagen wir und tödten mit den Zungen."
Der gelehrte Spaziergänger leidet unter der üblen Nachrede seiner Nachbarn. Leistet mit gereimten Waffen milde Gegenwehr. *„Ihr prahlt mit meinen kleinen Fehlern / Und wollt mir Ruf und Tugend schmälern / Das hör' ich ohne Zorn und fühle still dabei / Daß boshaft Euer Herz und Mein's geduldig sei."*
Ach wüßten doch die fleißigen Schandmäuler, welch wohltätige Gedanken bei jedem Schritt durch den Kopf des vermeintlichen Tagediebes wandern. Wie weit sein Sinnen und Trachten davon entfernt ist, dem lieben Gott die Zeit zu stehlen. Einen aufkläre-

rischen Lesekreis wird er gründen, eine literarische Lesegesellschaft. Wo Diakonus Voitus, Physikus Meier, Organist Frantz, Pastor Wagner, Pastor Jenchen und andere Geisteshonoratioren über große und kleine Fragen des Lebens räsonieren können. Über den grassierenden Gespenster- und Hexenglauben, über sprichwörtliche Volksweisheiten, über die Pflicht als treuer Untertan. *„Sterbt für das Vaterland! Dies war ehemals die Stimme eines guten Bürgers ... Eine viel bessere Ermahnung aber für alle Zeiten, Länder und Stände ist es: Lebt für das Vaterland! Lebt für euer Haus, lebt für die Eurigen; lebt für die Stadt, die ihr bewohnt, für den Boden, der euch nährt ... Und so ihr könnt: Lebt für die Welt!"*

„O, ihr Völkerbeherrscher! Die ihr mich mit dem Staube eures Aufzugs bedeckt; o, ihr Mächtigen ... beneidet mich! So weit ich von euch entfernt ein unbekanntes Leben vollführe, ich bin glücklicher als ihr! Gesteht es: Ihr seyd nicht an dem Ziele eures Glücks! Habt ihr alles erreicht, was ihr lebend erreichen wolltet? Alles? Bey weitem nicht das Wichtigere! Wenig, sehr wenig; nichts beinahe! Nun, so rennt euren Weg und laßt mich hier ausruhen!" Mit sich und seinem Leben im reinen ist der Stromer und Sinnierer am 28. August 1790 verschieden. Auf dem **Evangelischen Friedhof** unweit der steinernen Treppenstufen finden wir das verfallene Totenhaus. Die geschnitzten Flügeltüren, vermauert; Birken und Ebereschen wachsen durch das eingestürzte Dach aus dem Inneren hervor. So schwindet aller dichterischer Ruhm, möchte man melancholisch seufzen.

O höret, ihr ehrbaren Bürger von Rathenow, ihr Ratsherren und hart arbeitenden Steuerzahler! Ziehet einen Schlußstrich unter die Fehde eurer Väter und Vorväter. Gewährt dem menschenfreundlichen Müßiggänger, dem großen und genügsamen Sohn eurer Heimatstadt, einen würdigen letzten Ort! *„Ich war, ob zwar ein unendlich kleiner, so doch ein wirklicher Theil dieses Weltalls."*

RATHENOW

● Auf groben Klotz einen groben Keil

Auf dem SCHLEUSENPLATZ steht sandsteinern Kurfürst Friedrich Wilhelm. In der Pose eines römischen Triumphators. *Der Große Kurfürst* sagen die Geschichtsbücher, und die Rathenower Bürger des Jahres 1675, sie hätten diesem Urteil zugestimmt.
Die Schrecken des Dreißigjährigen Krieges waren noch nicht vergessen, da fielen erneut schwedische Truppen ein. Zogen plündernd und mordend, wie unter Soldaten alter Brauch, durchs Havelland. Vergewaltigend und zu quälenden Scherzen aufgelegt. Weh dem armen Teufel, der ihren *„Schwedentrunk“* (Jauche) eingetrichtert bekam!
In den Mauern von Rathenow hatten sich die Besatzer häuslich eingerichtet. Zweihundert Tonnen Bier und vierzigtausend Pfund Brot mußte das Städtchen zur Verfügung stellen, dazu sämtliche Pferde.
Der kurfürstliche Landesvater, mit seinem Heer gerade am Niederrhein, naht in Eilmärschen heran. In der Nacht zum 15. Juni ist es so weit.

Gegen 1 Uhr erscheint vor der ZUGBRÜCKE des westlichen Havelarms eine Dragonergruppe in schwedischen Uniformen. Der kommandierende Offizier fordert dringend Einlaß, brandenburgische Bauern seien ihnen auf den Fersen. Kaum haben sich die Brükkenbohlen herabgesenkt, da reiten die verkappten Brandenburger auch schon die Wache nieder. Allen voran der neunundsechzigjährige Feldmarschall Georg v. Derfflinger. Zeitgleich dringen an der südlichen Stadtmauer 300 Musketiere durch die WASSERPFORTE. (Eine gleichnamige Gasse markiert noch heute den Ort). Was dann im Handstreich geschieht, auf einem Seitenrelief des Denkmals steht es dem schaudernden Betrachter vor Augen. *„Massacre in Rathenow“*, Straßengemetzel, Mann gegen Mann. Die fremden Landsknechte, sie bekommen die begangenen Greueltaten heimgezahlt. Mit neuen Greueltaten!

● Heimatmuseum: Rhinower Str. 19

● Landwehr und Landsturm

St. Marien-Andreas-Kirche. Bis zu den Zerstörungen des Zweiten Weltkriegs erinnerten Gedenktafeln an jene dreiundfünfzig Bürger, die im Freiheitskampf gegen Napoleon (1813–1815) ihr Leben ließen.
Die Stadt kann es sich zur Ehre anrechnen, wenn sie der französische Oberpräfekt in Magdeburg als einen *„Herd unruhiger Köpfe"* bezeichnete. Gut und Blut boten die patriotisch Gesinnten auf zur Befreiung vom napoleonischen Joch. Hunderte gestifteter Taler und Hunderte von Freiwilligen. Das *Landwehrregiment* bewährte sich in der Schlacht von Dennewitz, später beim glorreichen Sturm auf die Festung Reims.
Dem *Landsturm,* zur Verteidigung der heimatlichen Umgebung aufgestellt, blieb der Einsatz glücklich erspart. Bereit sein, war alles: *„Jeder Staatsbürger ist verpflichtet, sich den Eindringenden mit Waffen aller Art zu widersetzen, ihren Befehlen nicht zu gehorchen und, wenn der Feind solche mit Gewalt betreiben will, ihm durch alle nur aufzubietenden Mittel zu schaden."*

● Maler Egeling, Knopfmacher Mertens

Geometer Kissing, Sattler Stuhde, Schneider Müller, Arbeiter Trischler, Arbeiter Paetsch, Aufkäufer Döblin, Ökonom Titschkau, Tuchmacher Taubenspeck, Tuchscherer Thomas, Zimmerpolier Schneider, Böttcher Meier haben eines gemeinsam: Im März 1850 werden sie zu je drei Jahren Zuchthaus verurteilt. Zwei Jahre Festungshaft erhalten Kaufmann Keisler, Schreiber Behrens, Maurer Wisch, Zimmermann Biese. Maurer Müller, Maurer Garz, Arbeiter Kempf, Arbeiter Erdmann, Arbeiter Holzhauer, Arbeiter Gutjahr, Maler Barmann kommen mit vergleichsweise glimpflichen sechs bzw. acht Monaten Gefängnis davon.
Was legt das hohe Gericht diesem Querschnitt durch die Rathenower Bevölkerung zur Last? Am 14. November 1848 sollen die Angeklagten das **BERLINER TOR, Berliner Straße / Ecke Goethestraße,** verbarrikadiert haben. Mittels einer quergestellten Straßenwalze. Nicht gegen äußere Belagerer, nein, nach innen. Gegen die eigenen Garnisonssoldaten! Am Abrücken wollte man die Kürassiere hindern, damit sie in Berlin nicht die Streitmacht des Königs verstärken; gegen die demokratisch gewählte *Verfassungsgebende Versammlung.*
Durch das **BRANDENBURGER TOR, Brandenburger Straße / Milower Straße,** kämpfen sich die bedrängten Truppen zum Städtchen hinaus. Was für eine unrühmliche Verabschiedung: unter dem dichten Hagel von Pflastersteinen, Flüchen und Verwünschungen!
Auf der Chaussee streckt ein Schuß aus dem Hinterhalt urplötzlich das Pferd des Rittmeisters nieder. Ausschwärmende Soldaten, die eine Scheune durchsuchen, finden nur wortkarge Landleute vor. Beim Dreschen. Ihre Drohung, alles in Brand zu stecken, machen sie zum Glück nicht wahr; zum Glück für den im Stroh verborgenen Schützen!

● Die Brille der Selbsterkenntnis

Am **Kirchplatz 11** sollten Brillenträger eine Gedenkminute einlegen. Hier im **PFARRHAUS** hat der Linsenschleifer Johann Heinrich August Duncker (1767–1843) das Licht von Rathenow erblickt. Brav ist er in die väterlichen Berufsstapfen getreten, aber auch einen Riesenschritt daneben. Anfänglich auf dem Dachboden betrieb der Tüftler seine vielbestaunte Schleifmaschine. Eine Pioniertat, wurden doch Brillengläser bis dato gewöhnlich gegossen; die erzielte Sehstärke: Glücksache.

Als *„Schöpfer der optischen Industrie“* würdigt ihn die Gedenktafel mit vollem Recht und verschweigt das Wichtigste. Der Blick des Menschen in Gottes schöne Welt, so pflegte er zu predigen, bedarf der Vervollständigung. Klare Sicht ins eigene Innere! Wie Blinde, wie Fremdlinge tappen wir durch die Seelenlandschaft unserer Leidenschaften und Begierden! Nacht um Nacht soll der Grübler bei Kerzenschein gesessen haben ... und geschliffen, an Gläsern ganz besonderer Art.

„Da tat er einen Blick in das riesige Gehäuse seines Gehirns, das sich ihm als eine gewaltige Tropfsteinhöhle mit Stalagmiten und Stalaktiten darbot. In tausend und abertausend Seitenhöhlen und Gänge zerfallend, schien ihre Ausdehnung ins Unendliche zu gehen ... Er sah, wie ganze Scharen von Gedanken in Gestalt von flüchtigen Schwalben allenthalben an Wänden und Deckengewölben nisteten und sich in lustigem Spiele neckend haschten ... Auch wenig ergötzliche Tiere waren da zu schauen. Die schleimige Schnecke der säumigen Trägheit und die hastige Spinne des friedlosen Ehrgeizes, die schleichende Schlange der schmeichelnden Lüge und die glotzende Kröte der fetten Herrschsucht. Weiter fand sich da in Menge wertloses Zeug und Gerümpel. Lange Moderplatten von einst in der Schule auswendig gelernten Gedichten und Sprichwörtern sah er in Muff und Müll zu hohen Haufen liegen, und ganze Berge von faulem Formelkram aus Algebra und Geometrie wechselten ab mit wirrem Wust von griechischen und lateinischen Vokabeln.“

Eine gewaltige Arbeit des Sichtens und Vernichtens, des Reinigens und Ordnens stand bevor: dreiundzwanzig Jahre der inneren Einkehr und Versenkung. Geistige Umnachtung diagnostizierten die Ärzte. Phantasterei sagten Verwandte und Bekannte, als sie ihn am 14. Juni 1843 ins **FAMILIENGRAB** senkten. Nicht, daß jemand danach gesucht hätte, aber außergewöhnliche Linsen wurden im Nachlaß keine gefunden...

● „Niemand hat größere Liebe …

als wer sein Leben hingibt für seine Freunde.“ Zufällig begegnen mir diese Worte, als ich durch die FRIESACKER STRASSE spaziere. Auf einer Bronzetafel am **Pfarrhaus der St. Georgskirche.**

Pfarrer August Froehlich (1891–1942) trat den ideologischen Anmaßungen des NS-Staates von Anbeginn kompromißlos entgegen, verweigerte mündlich wie brieflich den Hitler-Gruß. Mit der entwaffnenden Begründung: *„Grüß Gott ist bei Christen und 'Gelobt sei Jesus Christus' bei Katholiken ein alter deutscher Gruß.*“ Amtlich lancierten Verleumdungen von Ordensleuten *(„Sittlichkeitsprozesse“)* durch die gleichgeschaltete Presse tritt der Priester in sonntäglichen Predigten öffentlich entgegen. Als seine Stimme undiplomatisch laut und vernehmlich, sowohl in schriftlichen Eingaben als auch in persönlicher Rücksprache, zehn Zwangsarbeiterinnen der Optik-Industrie Beistand leistet, eröffnen die Behörden ein Strafverfahren. *„Die Untersuchungen haben ergeben, daß Sie unberechtigte Kritik an der Behandlung der polnischen Zivilarbeiter geübt, den Bestand und die Sicherheit des Staates dadurch gefährdet, daß Sie unberechtigte Beschwerden entgegengenommen und durch Rat und Tat unterstützt und dadurch das Volksempfinden auf das gröblichste verletzt und in weite Kreise Unruhe getragen haben sowie nicht die notwendige Zurückhaltung Angehörigen der Feindmächte gegenüber gezeigt haben.*“

Mit Festigkeit eines reinen Gewissens antwortet der Beschuldigte: *„Es geht um meine Ehre und um meine Freiheit. Als Christ werde ich allen Gesetzen des Staates, gerechten wie ungerechten, meinen Gehorsam nicht versagen … Nur unmoralischen Gesetzen werde ich mit passivem Widerstand begegnen. Denn ich will lieber sterben als sündigen.*“

Die NS-Justiz verhaftet und verschleppt ohne Gerichtsurteil. Der weitere Leidensweg führt August Froehlich durch die Konzentrationslager Buchenwald und Ravensbrück nach Dachau, wo sein Lebenslicht am 22. Juni 1942 erlischt. Mithäftling Rudolf Mössmer: *„Ruhig und stumm lief jene Gestalt, bald dem Zusammenbrechen geweiht, die Lagerstraße auf und ab, wie ein gehetztes Wild stand er vor dem mit Starkstrom geladenen Stacheldraht … Jener Mann, der den Tod vor Augen sieht, aus seinen vor Hunger abgezehrten Gesichtszügen … war durch Mißhandlungen der SS körperlich so weit heruntergekommen, daß er nur noch als Knochengerippe mit dünner Haut darüber umherlief.*“

NENNHAUSEN

● Der märkische Don Quijote

„Dieses Schwert hat Friedrich Baron de la Motte Fouqué im Jahre 1813 zur Verteidigung des Vaterlandes ehrlich geführt und es zu Gottes Lob und Preis für den Sieg der gerechten Sache hierher geweiht." Die beweihräuchernde Inschrift, sie stammt vom Schwertführer selber! Und der gepriesene Degen hängt in der **DORFKIRCHE** an seinem Platz, bis heutigen Tags. Mit einer kurzen Unterbrechung im Mai 1945, als russische Soldaten das Mordwerkzeug ausliehen, um es Stich neben Stich in den Erdboden zu stoßen. Auf der Suche nach vergrabenen Nibelungenschätzen.

Friedrich de la Motte Fouqué (1777–1843) ist siebzehnjährig als Kornett in ein Kürassierregiment eingetreten. Vorwärts zu großen Taten! Auf den Frankreichfeldzug jedoch folgt das wenig erhebende Einerlei des Garnisonlebens. Da zieht es der junge Leutnant vor, seinen Abschied zu nehmen und fortan in literarischem Heldenruhm zu schwelgen. *„Und fragt dann eine wohl nach mir / So sprich: Er ist ein treuer Ritter / Und dient den Frau'n mit Schwert und Zither / Bei Tanz und Mahl, Schlacht und Turnier."*

So will er sich sehen und von der (Damen)Welt gesehen werden. Ein edelmüthiger Recke, ein aufrechter Streiter, ein tugendhafter Beschützer. Nordische Sagenhelden ohne Fehl und Tadel sind die Bewohner seiner Phantasie. Sigurd, der Schlangentöter; Thiodolf, der Isländer; Dietrich v. Bern. An ihrer Seite reitet der verspätete Ritter ruhmreiche Attacken, schlägt gegen erfundene Feinde furiose Schlachten. Was schert den Romantiker die nüchtern werdende Zeit, der Träumer schafft sich mühelos seine eigene!

In einer realitätstüchtigen Stunde des Jahres 1803 heiratet er Caroline v. Rochow, geb. Briest, samt **SCHLOSS** und inspirierendem **PARK**. Unter dem Eichenblätterdach rauschen die Dichterworte *(Undine)*. Chamisso, Schlegel, E.T.A. Hoffmann sind gern zu Gast. Varnhagen inspiziert das Eheleben: *„Der gute Fouqué erschien hierbei als ein argloses Kind, welches in den Spielen der Einbildungskraft sich mit aller Freiheit vergnügen dürfe ... aber in allen Beziehungen der Wirklichkeit nicht mitzusprechen habe."*

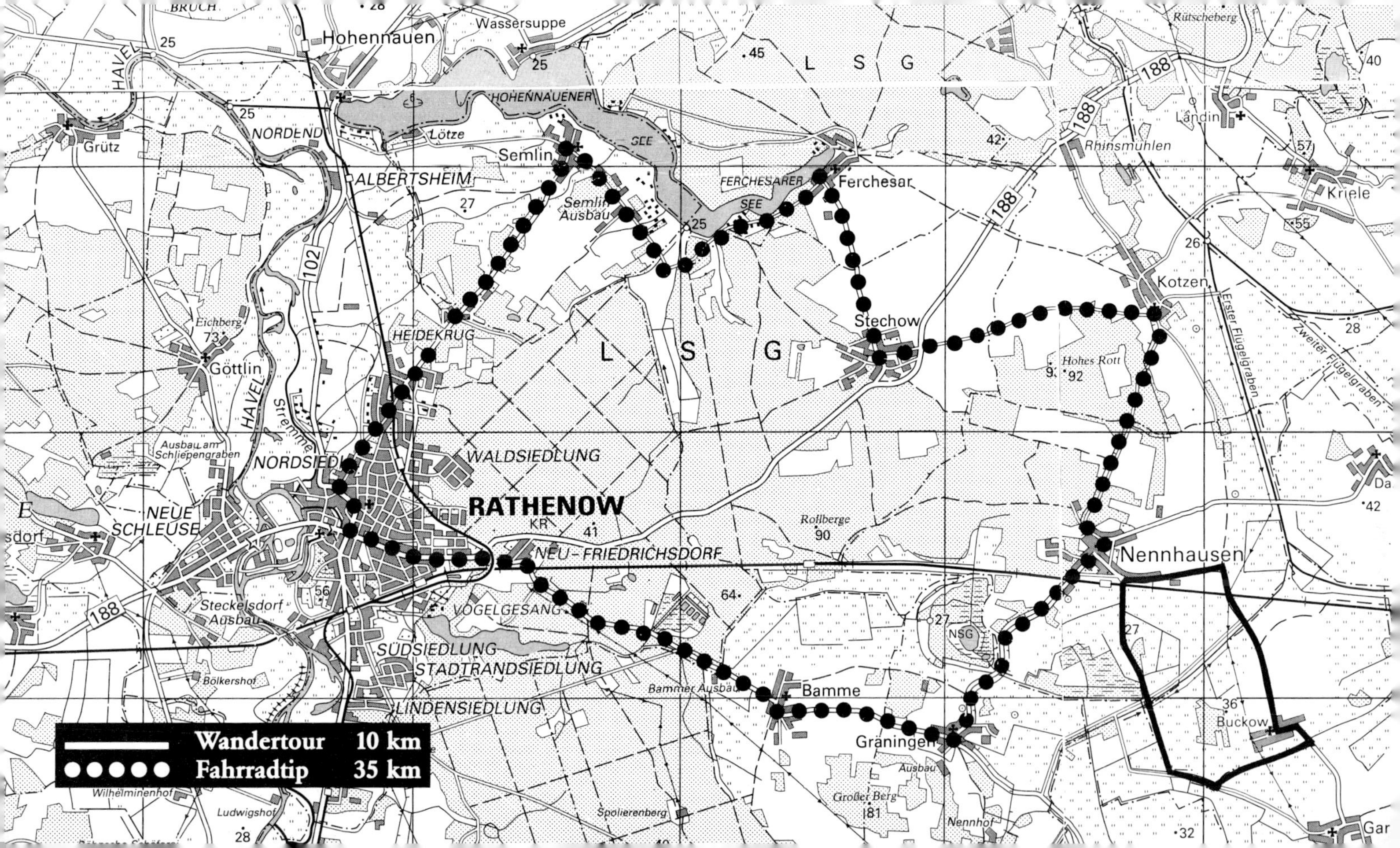

Wandertour 10 km
Fahrradtip 35 km
RATHENOW
Hohennauen
Wassersuppe
Grütz
NORDEND
Lötze
Semlin
Semlin Ausbau
ALBERTSHEIM
HOHENNAUENER SEE
FERCHESARER SEE
Ferchesar
Stechow
Kotzen
Rhinsmühlen
Landin
Kriele
Rütscheberg
Erster Flügelgraben
Zweiter Flügelgraben
Hohes Rott
Eichberg
Göttlin
HAVEL
Stremme
HEIDEKRUG
WALDSIEDLUNG
NORDSIEDL
NEUE SCHLEUSE
Ausbau am Schliepengraben
NEU-FRIEDRICHSDORF
VOGELGESANG
Steckelsdorf Ausbau
SÜDSIEDLUNG
STADTRANDSIEDLUNG
LINDENSIEDLUNG
Bölkershof
Rollberge
Nennhausen
NSG
Bammer Ausbau
Bamme
Gräningen
Ausbau
Großer Berg
Nennhof
Buckow
Spolierenberg
Wilhelminenhof
Ludwigshof
L S G

Es kann Deines Schöpfers
Wille nicht sein
Dich Ersten der Schöpfung
dem Staube zu weih'n
Dir ewig den Flug zu versagen
ERSTER DEUTSCHER
FLUGPIONIER
OTTO
LILIENTHAL
abgestürzt am 9.8.1896
Ehre und Ruhm

24.
Der märkische Ikarus

– Stölln / Rhinow –

Das Herz schlägt mir bis zum Halse, als ich die letzten Meter des **Gollenbergs** erklimme. Nur gut, daß kein Fluggestell auf meinen Schultern lastet! Am Gipfel wartet eine startbereite Bronzefigur, die ihre stilisierten Arme (oder sind es Flügel?) sichelförmig in den Himmel reckt.
Weit geht der Blick über Kornfelder, Wiesen und Weiden. Wolkenschatten wandern durch das sonnige Luch. So muß auch der Flugpionier hier oben gestanden haben, an jenem schicksalsschweren 9. August 1896, die Augen bis zum fernen Waldland aussendend. Sich wie ein Vogel ins Blaue schwingen ... er spürt den warmen Aufwind des Sommertages. Schnell ein paar Schritte Anlauf nehmen, ein kleiner Sprung, der selbstgebaute Gleiter schwebt.

Im mecklenburgischen Anklam hatte Otto Lilienthal (1848–1896) eine ganze Kindheit lang Gelegenheit, den Gleitflug der Störche zu studieren. Nicht glauben wollte der Junge, was die Lehrer und Pastoren lehrten: daß der Mensch ein Erdenwurm sei! Und der Himmel ein Hort der Vögel und der Engel!
Der Vogelflug als Grundlage der Fliegekunst, so lautet im Jahre 1889 das bahnbrechende Werk des Maschinenbauers und Fabrikanten. Papier ist geduldig, winken die Spötter und Skeptiker ab. Bis sie den Beweis mehr als buchstäblich vor Augen haben: Der Konstrukteur schwebt durch die Lüfte!
In Berlin-Lichterfelde sind es zunächst nur bescheidene Hüpfer, am 110 Meter hohen Gollenberg dann schon beachtliche Distanzen. Unverändert steht in Rhinow, **Ernst-Thälmann-Straße 36,** die historische Scheune, wo seine Gleiter für den Start montiert

wurden. Weltfremd, das ist der Tüftler gewiß nicht gewesen! Technischer und gesellschaftlicher Fortschritt gehen für ihn Hand in Hand. Offen für die soziale Jahrhundertfrage, räumt er seinen Fabrikarbeitern eine 25prozentige Gewinnbeteiligung ein. Offen für Kunst finanziert er das volksverbundene Ostendtheater. Schreibt ein zeitkritisches Bühnenstück *(Moderne Raubritter)*, tritt sogar selber als Schauspieler auf.

Der alte Menschheitstraum vom Fliegen, das ist für den Ingenieur zugleich Arbeit an der Völkerverständigung. Die kleiner werdende Erde soll aus Fremden Freunde machen!

„Die Grenzen der Länder werden ihre Bedeutung verlieren, weil sie sich nicht mehr absperren lassen; die Unterschiede der Sprachen werden mit zunehmender Beweglichkeit der Menschen sich vermischen. Die Landesverteidigung, weil zur Unmöglichkeit geworden, wird aufhören, die besten Kräfte der Staaten zu verschlingen, und das zwingende Bedürfnis, die Streitigkeiten der Nationen auf andere Weise zu schlichten als dem blutigen Kämpfen um die imaginär gewordenen Grenzen, wird uns den ewigen Frieden verschaffen".

9. August 1896. Drei grandiose Gleitflüge, 300–350 Meter weit, sind an diesem Vormittag gelungen. Ein viertes Mal hat sich der Berauschte, der Höhentrunkene soeben in den sanften Wind geworfen. Die Luft unter seinen Flügeln, sie trägt: ein göttliches Gefühl. Sich so über alle Kleinlichkeit und Mühsal des Menschenlebens erheben können! Aus freier Himmelswarte, schwerelos leicht und erhaben, auf unsere schöne Welt hinunterzublicken! Wer wollte in diesem Augenblick erahnen, daß schon Sekunden später eine Sonnenböe, ein aufsteigender Wärmewirbel, das Gleichgewicht zerstören würde. Freund und Mechaniker Paul Beylich, der zuvor das Fluggestänge bergan getragen hat, registriert jegliche Bewegung. *„Es ging wieder ganz ausgezeichnet. Da, plötzlich, blieb der Vogel in der Luft stehen, scheinbar eine Wind-*

flaute, Lilienthal schlenkerte ein wenig mit den Füßen, damit er vorwärts kam, aber dann schlug der Apparat auf einmal vornüber und sauste direkt mit der Schnauze in die Erde rein.“
Fünfzehn Meter freier Fall. Zweimal federt das Fluggestell beim Aufprall zurück, bis es ramponiert zur Ruhe kommt. Auf halber Berghöhe, präzis an jener Stelle, wo heute Feldsteine und der trauernd schwarze **Gedenkstein** ragen.
„Ich rannte hin, zog den Mann unter den Trümmern vor, besinnungslos. Schnell holte ich meine Flasche Selters, die ich dabei hatte, und rieb ihm die Stirn ab. Dann schickte ich einen der umherstehenden Jungen zum Arzt und nach einem Fuhrwerk.
Plötzlich schlug Lilienthal die Augen auf. 'Was war denn eigentlich, Beylich?', sagte er zu mir. 'Abgestürzt!' 'Na, ist nicht so schlimm, kann immer mal vorkommen. Jetzt ruhe ich mich ein wenig aus, und dann machen wir weiter.“
Ein Pferdewagen transportiert den Verunglückten zum Stöllner **Gasthaus Herms,** wo ihn Wirtin Minna sogleich in die gute Stube bettet. Sanitätsrat Dr. Niendorf eilt aus Rhinow herbei, um zu retten, was zu retten ist. *„Ich sehe ihn noch heute dort auf dem Rücken mit seinem blonden, schönen Vollbart liegen, ohne daß er nennenswerte Schmerzen äußerte. Überhaupt nahm er seine Verletzungen nicht sehr ernst, er konnte noch beide Arme gut bewegen, doch war der ganze Unterkörper total gelähmt. Ein strikter Beweis, daß die Wirbelsäule gebrochen sein mußte.“*
Am Morgen des 10. August wird Lilienthal samt Feldbett auf einen Leiterwagen gehoben und zum 16 Kilometer entfernten Bahnhof Neustadt gefahren. Wiederum samt Feldbett schiebt man ihn dort in einen Güterwaggon, *„der bei der Fahrt ein ungeheures Klappern hervorrief.“* Lilienthal hört es nicht mehr. Ohne das Bewußtsein wiederzuerlangen, ist er abends in einer Berliner Klinik gestorben.

Wanderer, kommst du nach Stölln, so lenke deine müden Schritte in die Gaststätte **Zum ersten Flieger.** Eine Wirtschaft mit vier Generationen Familientradition.
Hier sind wir dem Toten ganz nah. Vergilbte Fotos blicken von den Wänden, sein Flugmodell schwebt über unseren Köpfen, und die gute Stube, in der er die schlimmste Nacht seines Lebens verbrachte, es gibt sie noch! Gastwirt Claus Krumrey weiß manch unbekanntes Detail zu erzählen und zieht zum Beweis den Krankenbericht des Dr. Niendorf unter der Theke hervor.
Die alte Minna Herms, sie wäre mit ihrem Urenkel zufrieden.

DER GOLLENBERG

● Wie widerspricht man einem König

Der Gollenberg ist für märkische Verhältnisse eine stattliche Erscheinung. 110 Meter über dem Meeresspiegel! Da müssen Pferde mächtig keuchen, wenn eine Kutsche hinaufgezogen werden soll. Am 23. Juli 1779 beißen sie die Zähne zusammen, denn in den Polstern sitzt der *„Alte Fritz"*. Siebenundsechzig Jahre und dazu die Gicht stecken ihm in den Knochen. Gleichwohl hat er auf dieser Inspektionstour bestanden.

Oberamtmann Fromme, ortskundiger Führer, bringt die Geschehnisse und Dialoge dieses denkwürdigen Tages zu Papier. Der König ist ausgestiegen und blickt durch einen Tubus ins Blaue und Grüne. *„Das ist schön! Ich muß Euch sagen, alle, die Ihr daran gearbeitet habt!"* Ein unhörbares Aufatmen geht durch die Runde. Majestät zeigen sich mit der geleisteten Trockenlegung des Dossebruchs zufrieden. *„Hört einmal, der Fleck Bruch hier links soll auch noch urbar gemacht werden ... Wenn's urbar ist, dann rechne ich so dreihundert Familien und fünfhundert Stück Kühe; nicht wahr?"* Betretenes Schweigen. Dreihundert, fünfhundert, der Durchreisende hat gut reden; im Morast werden sie versinken. Fromme durchbricht die peinliche Stille mit einem zögernden *„Ja, Ihro Majestät, vielleicht."* Majestät haben den versteckten Zweifel herausgehört. *„Das weiß ich wohl, daß man das so ganz genau sogleich nicht sagen kann. Ich bin nicht dagewesen, kenne das Terrain nicht."* Schnell kehrt der Herrscherton zurück: *„Sonst versteh ich's so gut wie Ihr!"*

Schon bei der vorangegangenen Inspektion des Rhinluchs ist es zu Wortscharmützeln gekommen. Der Oberamtmann hatte das Gespräch auf die grassierende Rinderseuche gelenkt, in der Hoffnung auf Entschädigungszahlungen. *„Ich selber habe vor zwei Jahren das Viehsterben gehabt und keine Remission erhalten; ich kann auch nicht wieder vorwärtskommen."*

Der König reagiert psychosomatisch: *„Mein Sohn, heut hab' ich Schaden am linken Ohr, ich kann nicht gut hören!"*

Fromme vielsagend: *„Das ist schon ein Unglück..."*

Friedrich: *„Amtmann ... nehmt Euch in acht, daß Ihr nicht unglücklich seid!"*

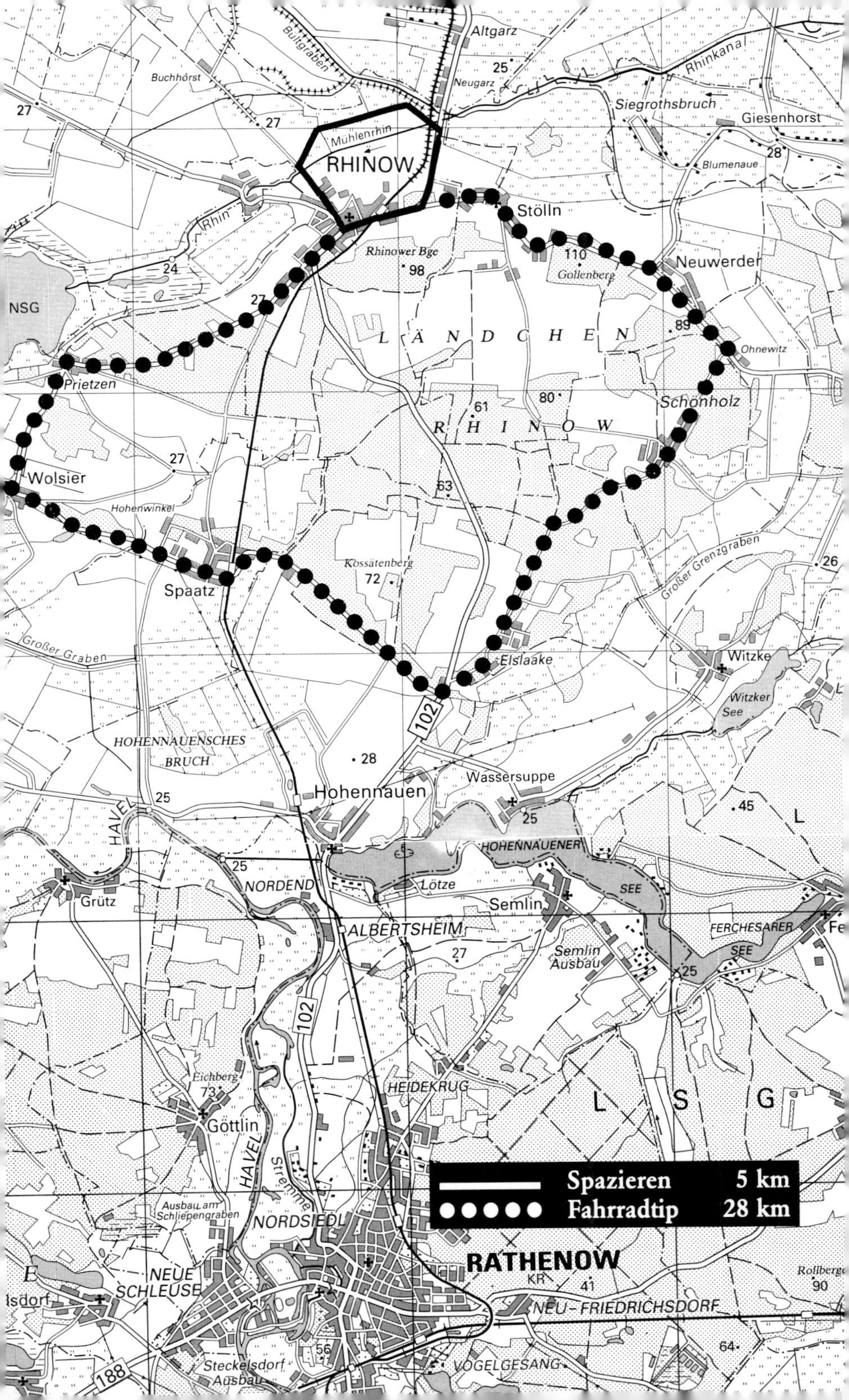
Altgarz
Buchhorst
Bültgraben
Neugarz
Rhinkanal
Siegrothsbruch
Giesenhorst
Mühlenrhin
RHINOW
Blumenaue
Stölln
Rhin
Rhinower Bge
98
110
Gollenberg
Neuwerder
NSG
LÄNDCHEN
89
Ohnewitz
Prietzen
61
80
Schönholz
RHINOW
Wolsier
Hohenwinkel
63
Kossätenberg
72
Spaatz
Großer Grenzgraben
Großer Graben
Elslaake
Witzke
Witzker See
102
HOHENNAUENSCHES BRUCH
28
Hohennauen
Wassersuppe
HAVEL
45
HOHENNAUENER SEE
NORDEND
Lötze
Grütz
Semlin
ALBERTSHEIM
FERCHESARER SEE
Semlin Ausbau
27
25
HEIDEKRUG
Eichberg
73
Göttlin
L S G
Spazieren 5 km
Fahrradtip 28 km
HAVEL
Stremme
Ausbau am Schliepengraben
NORDSIEDL
RATHENOW
KR
41
NEUE SCHLEUSE
Rollberge
90
NEU-FRIEDRICHSDORF
64
56
Steckelsdorf Ausbau
VOGELGESANG
188

Wust . . . das letzte Kapitel

25.
Leutnant v. Katte verliert den Kopf

– Wust –

„Sarg bei Sarg, der Raum gefüllt bis auf den letzten Platz. Dazu ein völliges Dunkel", stellte Theodor Fontane fest, als er einen ersten Blick in die **Gruft** warf. *„Wir öffneten beide Torflügel, um etwas Helle zu schaffen, und der eindringende Luftzug setzte die Spinnweben am Portal in Bewegung. Aber dies Licht von außen war zu schwach, es drang nur zwei Schritt weit in die dunkle Behausung ein, und dahinter blieb alles Nacht."*

Nun stehe ich selbst vor besagter Familiengruft, und wieder öffnen sich die beiden Torflügel. Ach, wie traf es doch Fontane besser! Kein Spinnennetz streift beim Eintreten mein Gesicht, keine pechschwarze Finsternis umhüllt mehr das Innere. Die frische Tünche des Deckengewölbes schimmert weiß, und kleine kreuzförmige Fensteröffnungen spenden Dämmerlicht.

Schnell haben sich die Augen an das Halbdunkel gewöhnt. Da liegen sie nun seit Jahr und Tag, Sarkophag an Sarkophag, die verblichenen Generationen des Grafengeschlechts. Generalfeldmarschall Hans Heinrich v. Katte, Gouverneur der Festung Kolberg; August Ludolf v. Katte, kunstsinniger und genußfreudiger Bonvivant; der leichtfüßige (Ver)Spieler Hermann v. Katte; sein geistesgestörter Bruder Ferdinand, einer abstrusen Sammelleidenschaft zufolge auch als *„Stiefel-Katte"* bekannt.

An schwarzen Schafen hat es in diesem Totenhaus weiß Gott keinen Mangel. Das allerschwärzeste erkennt der Besucher gleich am unstandesgemäß schlichten Holzsarg, der da ganz links in die Ecke verbannt worden ist. Eigentlich sind es zwei Särge, die den Enthaupteten ummänteln. Der äußere steht aufgeklappt und gibt den Blick frei auf einen inneren; noch aus Küstrin mag dieser

stammen, wo die Hinrichtung ihren unabänderlichen Verlauf genommen hat. Wie ungerecht: Was Fontane ohne Bedenken gestattet wurde, bleibt unsereinem strikt verwehrt. *„Ein hellblauer Seidenmantel umhüllt den Körper. Da, wo dieser Mantel nach oben hin aufhört, liegt ein Schädel und neben dem Schädel eine blaue, kunstvoll zurechtgemachte, mit Spitzenüberresten geschmückte Schleife, die früher das schöne Haar des Toten zusammenhielt.“*
Ein Halswirbel allerdings befindet sich nicht mehr an seinem natürlichen Platz und zwar just jener, den die Wucht des Richtschwerts durchschlagen hat. Selbigen griff ein englischer Souvenirjäger des vergangenen Jahrhunderts kennerisch heraus.

Hans Hermann v. Katte (1704–1730). *„Wer Augenbrauen hat wie der Ritter Katt, kommt an den Galgen oder aufs Rad“*, sollen ihm schon die Dorfkinder nachgerufen haben. Und auch Prinzessin Wilhelmine weiß über das Aussehen des jungen Offiziers wenig Schmeichelhaftes zu berichten: *„Sein Gesicht war mehr abstoßend als einnehmend; ein paar schwarze Augenbrauen hingen ihm fast über die Augen. Sein Blick hatte etwas Unheimliches, etwas, was ihm sein Schicksal prophezeite.“* Überlieferte Portraits dürften geschönt sein, zeigen sie doch eher sanfte, liebliche Züge. Kronprinz Friedrich (später *„der Große“*) findet Gefallen an dem adeligen Schöngeist. Die Jurisprudenz hat jener studiert, das klassische Italien bereist, die Offizierslaufbahn eingeschlagen. Zeichnen kann er und malen, kennt die Literatur, versteht auf zauberhafte Weise die Traversflöte zu spielen.

Dieser freisinnige *„Esprit fort“* ermuntert den acht Jahre jüngeren Kronprinzen zur Renitenz gegen die strenge Zucht des Vaters!
Friedrich Wilhelm I., nicht ohne Grund *„Soldatenkönig“* genannt, drangsaliert seinen musischen Sohn, der Uniformen für *„Sterbekittel“* hält und weder reiten noch schießen will. Als die Schläge und Beschimpfungen kein Ende nehmen, sinnt der

Mißhandelte auf Flucht zur Verwandtschaft ins ferne England. Und sein bester Freund, Hans Hermann v. Katte, fungiert als Kurier, vermittelt die Zusammenkunft mit einem englischen Gesandten, bessert durch Ordensverkauf die Reisekasse auf.

Am 5. August 1730 ist es so weit. Der Kronprinz nutzt eine diplomatische Mission an süddeutsche Fürstenhöfe zum Handeln. In diskret beschaffter Zivilkleidung schleicht er aus seinem Nachtlager, sieht sich aber schon nach wenigen Schritten von Offizieren zurückgehalten. Der König tobt und wütet, und in unbändigem Zorn kommt ein fatales Wort über seine Lippen: „*Desertion*" – das wird ein Fall für das Kriegsgericht!
Nach scharfen Verhören und ermüdenden Verhandlungstagen fällen die Militärrichter folgendes Urteil: „*Seiner Königlichen Majestät Gnade*" vertrauen sie den Kronprinzen an, während Katte lebenslängliche Haft erhält. Diese Rechnung freilich ist ohne den König gemacht. Zwar schont er den eigenen Sohn, will jedoch an dessen Komplizen ein Exempel statuieren. Todesstrafe ... lautet sein revidierter Urteilsspruch.
Katte setzt alle Hoffnung in ein Gnadengesuch: „*Meiner Jugend Irrthum, Schwachheit, Unbedachtsamkeit, mein nichts Böses meynender Sinn, mein durch Liebe und Mitleid eingenommenes Herz, mein eitler Wahn der Jugend sind es, mein König, die demüthigst um Gnade, Erbarmen, Mitleiden, Barmherzigkeit und Erhörung bitten und flehen!*"

Festung Küstrin, 6. November 1730. Im Morgengrauen wird der sechsundzwanzigjährige Leutnant an den Wall hinausgeführt, wo man ihn auf einem Sandhaufen niederknien heißt. Von seinem Zellenfenster aus muß der achtzehnjährige Kronprinz dem tödlichen Zeremoniell zuschauen. Ruft verzweifelt durch die Gitterstäbe: „*Mein lieber Katte, ich bitte Sie tausendmal um Verzeihung!*"

Auf dem Rückweg nach Berlin habe ich noch im **Brandenburger Stadtmuseum** Station gemacht. Mein Blick ruht auf dem großmächtigen Richtschwert, dessen 26 cm langer, kunstvoll gearbeiteter Griff nur mit zwei überaus kräftigen Händen zu fassen ist. Wie Schaulustige übereinstimmend berichten, versah Scharfrichter Coblentz seine Pflicht mit einem einzigen gelungenen Streich; den eingravierten frommen Trost auf der Klinge wird Kattes fallender Kopf wohl in der Eile nicht mehr entziffert haben: „*Wann ich das Schwert thue aufheben, wünsch' ich dem Sünder das ewige Leben.*"

TANGERMÜNDE

● Feuer und Flamme für Grete Minde

„Vor den Rat will ich es bringen; der soll mich aufrichten ... Nein, nicht aufrichten. Richten soll er. Ich will nicht Trost und Gnade von Menschenmund, aber mein Recht will ich, mein Recht gegen ihn, der sich und seiner Seelen Seligkeit dem Teufel verschrieben hat. Denn der Geiz ist der Teufel." So läßt Fontane seine Novellenfigur sprechen. Haßerfüllt klagt die Notleidende gegen den Halbbruder, der ihr und ihrem unehelichen Kind das Erbe verweigert. Im **RATHAUS**, wo Giebelgotik Kaufmannswohlstand repräsentiert, findet die Verhandlung statt. Als gegen den (einfluß)reichen Handelsherrn kein Recht zu bekommen ist, da durchzuckt die Abgewiesene eine Vision! *„Grete war die Treppe langsam hinabgestiegen. Das Markttreiben unten dauerte noch fort, aber sie sah es nicht mehr; und als sie den Platz hinter sich hatte, richtete sie sich auf, wie von einem wirr-phantastischen Hoheitsgefühl ergriffen. Sie war keine Bettlerin mehr, auch keine Bittende, nein; ihr gehörte diese Stadt, ihr. Und so schritt sie die Straße hinunter."*

Mehr Dichtung als Wahrheit? Historisch zweifelsfrei verbürgt ist die Feuersbrunst vom 13. September 1617. Vierhundertsechsundachtzig Häuser und zweiundfünfzig Scheunen fielen an jenem Schicksalstag den züngelnden Flammen zum Opfer.

Ebenso gewiß wurde zwei Jahre später Margarethe v. Minden, verleugnete Tochter aus vornehmem Patrizierhause, auf dem Scheiterhaufen *„lebendig geschmochtet"*. Als Brandstifterin.

Bis zum letzten Atemzug hatte die Unglückliche ihre Unschuld beteuert. Auch ein Alibi konnte sie für die Tatzeit vorweisen. Vergeblich. Eine Schuldige mußte her, und Margarethe schien prädestiniert!

War die Klägerin doch mit ihrem Erbanspruch kläglich gescheitert. Eine schmutzige Landstreicherin, die sich mit mancherlei Männern herumtrieb. Eine Handleserin, eine Kurpfuscherin, eine Kräuterhexe.

● Heimatmuseum: Im Rathaus

SCHÖNHAUSEN

● Der große Gegner

„Ich werde entweder der größte Lump oder der größte Mann Preußens," hat er schon in seiner Studentenzeit vorausgesagt. Wenige werden widersprechen: Die Prophezeiung ist in Erfüllung gegangen!

Das stehe ich nun mißvergnügt vor dem kläglichen Rest seines Schlosses. Wind und Wetter haben mit der DDR Hand in Hand gearbeitet. Sicherlich kein Zufall im Arbeiter- und Bauernstaat, nur der **„ZOFENFLÜGEL"** fand vor dem Abrißkommando Gnade. Es herrscht Unfriede unter den einheimischen Bismarck-Forschern. Just in jenem stehengebliebenen Anbau, Ironie der Geschichte, liegt das Geburtszimmer des Fürsten. So behaupten die einen. Touristische Zwecklegende, widersprechen die anderen; undenkbar, daß der Hochwohlgeborene im Flügel der Bediensteten die Augen aufgeschlagen hat! Wer dennoch auf seinen Spuren wandeln möchte, in der **KIRCHE** besteht Gelegenheit. Im sandsteinernen Becken erhielt das Knäblein die Taufe, und eine vaterländische Wandtafel dankt *„Dem Schöpfer des Deutschen Reiches"*. Otto v. Bismarck (1815–1898), Krautjunker, preußischer Ministerpräsident, Verfassungsbrecher aus Königstreue, erster deutscher Reichskanzler, papstfeindlicher *„Kulturkämpfer"*, Sozialistenfresser.

Wie kommt ein solcher Mann, so mag mancher Leser fragen, in ein Buch der freiheitlich gesinnten Brandenburger? Die Antwort ist einfach: in seiner Eigenschaft als der Hauptwidersacher aller freiheitlichen und rebellischen Bestrebungen! Als großer konservativer Gegner, an dem sich die neuzeitlichen Ideen von Liberalität und Rechtsstaat, von Demokratie und sozialer Gerechtigkeit bewähren mußten.

„Man mag Bismarck lieben oder hassen, so muß doch immer zugestanden werden, daß intellektuell dasselbe von ihm gilt, was in physischer Beziehung von ihm gesagt worden ist: ein gewaltiger Mann." Fontane hat den Eisernen Kanzler ureigenst gewürdigt. *„Diese Mischung von Übermensch und Schlauberger, von Staatengründer und Pferdestall-Steuerverweigerer, von Heros und Heulhuber…"* Solch Diagnose in Bronze geprägt, die wäre eine Gedenktafel wert!

Literaturverzeichnis

1. Friedhöfe Stahnsdorf

Theodor Fontane: Effi Briest, *Erläuterungen, Stuttgart 1972*
Lovis Corinth: *Selbstbiographie, Leipzig 1926*
Lothar Fischer: Heinrich Zille, *Reinbek 1979*
Hugo Conwentz: *Die Gefährdung der Naturdenkmäler, Berlin 1905*
Carl Ludwig Schleich: *Besonnte Vergangenheit, München 1952*
Richard Calwer: *Das sozialdemokratische Programm, Jena 1914*
Rolf Michaelis: Siegfried Jacobsohn *und die Weltbühne, Königstein 1980*
Georg v. Arco: *Mein Lebensweg. In: Die Umschau, 1931, Heft 10*
Lotte H. Eisner: Murnau, *Frankfurt/Main 1979*
Friedrich Weißler → *Werner Oehme: Evangelische Märtyrer, Berlin 1980*
Dieter Lange (Hg.): Rudolf Breitscheid, *Frankfurt/Main 1970*
Hanno Günther → *Deutsche Widerstandskämpfer, Berlin 1970*
Curt Trepte: Hans Otto - *Schauspieler und Revolutionär, Berlin 1970*
Rosemarie Widerra: Hans Baluschek, *Berlin 1974*

2. Kleinmachnow - Teltow - Großbeeren

Lily Braun: *Memoiren einer Sozialistin, Bonn 1985*
Julie Braun-Vogelstein: Heinrich Braun, *Stuttgart 1967*
Jürgen Schebera: Kurt Weill, *Königstein 1983*
Maxie Wander: *Tagebücher und Briefe, Verlag Der Morgen, Berlin 1979*
Heinz Koch: Chronik von Kleinmachnow, Berlin 1984
Die Teltower Einigung. In: Jahrbuch für Brandenbg. Kirchengeschichte, 1904
Peter Edel: *Wenn es ans Leben geht, Frankfurt/Main 1979*
Schlacht bei Großbeeren → Theodor Fontane: Wanderungen, Bd. 4

3. Mittenwalde - Königs Wusterhausen

Johann Gustav Droysen: Graf Yorck v. Wartenburg, *Leipzig 1897*
Kurt Neheimer: Der Mann der Michael Kohlhaas *wurde, Berlin 1979*
Paul Gerhardt → *Theodor Fontane: Wanderungen, Bd. 4*

Henry A. Smith: Paul Zech, *München 1963*
Martin Stade: Der König und sein Narr, Berlin 1976
Heinrich Goertz: Gustav Gründgens, *Reinbek 1982*

4. Niemegk - Treuenbrietzen

Gisela Wall: Martin Anton Niendorf. *In: Brandenbg. Kulturspiegel, 1978*
Winfried Trusen: Leben und Werk Georg Witzels, *Münster 1957*
Wolfgang Genschorek: Robert Koch, *Leipzig 1985*
Theodor Pressel: Martin Chemnitz, *Elberfeld 1862*

5. Jüterbog - Holbeck - Zinna

Kurt Neheimer: Der Mann der Michael Kohlhaas *wurde, Berlin 1979*
Walter Delius: Luther und die Franziskaner in Jüterbog. In: Jahrbuch für Berlin-Brandenburgische Kirchengeschichte, 1979
Ludwig Rommel: Reisen zu Müntzer, *Berlin 1989*
Wolfgang Foerster: Generaloberst Ludwig Beck, *München 1953*

6. Belzig - Wiesenburg - Raben

Fritz Reuter: *Ut mine Festungstid, München 1976*
Günter Krolzig: Kirchen- und Schulvisitationen Luthers. *In: Jahrbuch für Berlin-Brandenburgische Kirchengeschichte, 1968*
Klaus-Michael Bogdal: Kleists Michael Kohlhaas, *München 1981*
Frank Bauer: Hagelberg im Jahr 1813, Hagelberg 1988
Christa und Johannes Jankowiak: Im Fläming, Leipzig 1988
Albrecht Janssen: Hermann Boßdorf, *Hamburg 1927*
Eichelstreit zu Raben. In: Der Heimatfreund, 1958

7. Wiepersdorf - Bärwalde - Dahme

Ingeborg Drewitz: Bettine v. Arnim, *Düsseldorf 1969*
Max Wald: Luthers Freund Georg Buchholzer, *Dahme 1939*
Max Wald: Dahme und das Jahr 1848, Dahme 1929
Max Wald: Otto Unverdorben, *Dahme 1927*
Julius Mader: Friedrich Wilhelm Kullrich. *Luckauer Heimatkalender, 1985*
Max Wald: *Vorschläge zu Vereinfachungen und Verbesserungen, Dahme 1924*

8. Luckau - Uckro

Plaschnick: DerBauernaufstand zu Uckro. Luckauer Heimatkal., 1974/75
Frido Metsk: Der Uckroer Aufstand. Luckauer Heimatkalender 1976/77
Otto Erich Hartleben: *Tagebuch, München 1906*
Annelies Laschitza: Karl Liebknecht, *Berlin 1987*
Günther Weisenborn: *Memorial, Berlin 1948*

9. Lübbenau - Calau

Lehmann: Lübbenau 1848, In: Jahrbuch für brandbg. Landesgesch., 1954
Ehm Welk: *Die Heiden von Kummerow, Berlin 1965*
Frido Metsk: Zur Sorabität von Calau. In: Letopis, Reihe B, 1965
Heinz Haufe: Kampfesmutiger Bürgermeister Carl Anwandter. *In: Geschichte und Gegenwart des Bezirks Cottbus, 1976*
Fritz Täubner: Der Kalauer. In: Calauer Heimatkalender, 1991

10. Straupitz - Burg

Heinz Dieter Krausch: Albin Moller. *In: Letopis, Reihe A, 1978*
Die letzten Wenden-„Könige“. In: Der Heimatwanderer Luckau, 1933
Die Weber von Burg. In: Unsere Heimat, 1928/29, Nr. 27, 34, 39
Kito Lorenc: Mina Witkojc. *Eine sorbische Dichterin, Cottbus 1976*

11. Branitz - Cottbus - Dissen

Heinz Ohff: Der grüne Fürst, München 1991
Heinz Endermann: Johannes Briesmann, *ein Reformator aus Cottbus. In: Geschichte und Gegenwart des Bezirks Cottbus, 1988*
Gertrud Heider: Carl Blechen, *Leipzig 1970*
Heinrich Leonard: Heinrich Bolze. *In: Cottbuser Heimatkalender, 1957*
Bruno Ernst Buchrucker: Der Aufruhr bei Cottbus, Cottbus 1921
Frido Metsk: Bogomil Swjela. *In: Letopis, Reihe C, 1973*

12. Kanin - Beelitz

Joachim Schobeß: Die sächsischen Dörfer. In: Potsdamer Land, 1958
Carl Schneider: Chronik der Stadt Beelitz, Beelitz 1888

13. Lehnin - Nahmitz

Theodor Fontane: Wanderungen, Bd. 3
Willibald Alexis: *Die Hosen des Herrn von Bredow, Berlin 1920*

14. Trebbin - Blankensee

Johannes Bobrowski: Hans Clauert, Berlin 1956
Siegfried Wietstruk: Novemberrevolution in Trebbin. In: Heimatkalender Kreis Zossen, 1962
Angelika und Bernd Erhard Fischer: Blankensee, Berlin 1991
Der Leidensweg – Joseph Weißenberg, *Berlin 1966*

15. Scharfenbrück - Luckenwalde

Gerhard Steiner: Der Traum vom Menschenglück. Leben und literarische Wirksamkeit von Carl Wilhelm und Henriette Frölich, *Berlin 1959*
Rudi Dutschke: *Aufrecht gehen, Berlin 1981*

16. Friesack - Brädikow - Wagenitz

Hartmut Harnisch: Gutsherrlich-bäuerliche Klassenkämpfe im Ländchen Friesack. In: Rathenower Heimatkalender, 1976
Karl Friedrich v. Kloeden: Die Quitzows und ihre Zeit, Berlin 1913

17. Potsdam - Bornstedt - Fahrland

Julius Haeckel: Revolutionär Max Dortu. *In: Potsdamer Jahresschau, 1932*
Hans-Peter Jaeck: Kammerherr und König. Voltaire *in Preußen, Berlin 1989*
Hans-Joachim Giersberg: Kleist *in Potsdam. In: Potsdam-Information, 1978*
Friedrich Hartmann: Die Heldenjungfrau Eleonore Prochaska. *In: Die Provinz Brandenburg in Wort und Bild, Bd. 2, Berlin 1912*
Heinz Knobloch: Heine *in Potsdam. In: Wochenpost, Nr. 42-46, 1972*
Johannes Hemleben: Ernst Haeckel, *Reinbek 1964*
Wolfgang Berger: Hier wohnt Mozart. *In: Potsdamer Kulturspiegel, 1956*
Karl Wilhelm Stier: Storm *in Potsdam. In: Potsdamer Kulturspiegel, 1956*
Winfried Löschburg: Der Hauptmann von Köpenick, Berlin 1978
Rita Aldenhoff: Schultze-Delitzsch, *Baden-Baden 1864*

Heinz Wohlgemuth: Karl Liebknecht, *Berlin 1973*
Werner Ilberg: Bernhard Kellermann, *Berlin 1959*
Martin Stade: Der König und sein Narr, Berlin 1976
Heinz Ohff: Peter Josef Lenné, *Berlin 1989*
Günter de Bruyn (Hg.): Einfalt und Natur. Die Gedichte von Friedrich Wilhelm August Schmidt, *Frankfurt/Main 1982*

18. Babelsberg - Caputh - Geltow

Vogler: Geschichte der Weber und Spinner von Nowawes, Potsdam 1965
Bodo Scheurig: Henning v. Tresckow, *Berlin 1987*
Bruno H. Bürgel: *Vom Arbeiter zum Astronom, Berlin 1921*
Michael Grüning: Ein Haus für Albert Einstein, *Berlin 1990*
Lothar Lang: Magnus Zeller, *Dresden 1960*
Walther Eckermann: Ferdinand v. Schill, *Berlin 1963*

19. Werder - Ferch - Petzow

Frank Schmieder: Hagemeister, *Dresden 1987*
Adolf Damaschke: *Aus meinem Leben, Berlin 1928*
Eugen Ernst: *Ein Leben für die Arbeiterbewegung, Berlin 1948*
Bernhard Kellermann. *Eine Nachlese, Berlin 1979*
Theodor Fontane: Wanderungen, Bd. 3
Angelika und Bernd Erhard Fischer: Petzow, Berlin 1991

20. Finkenkrug - Falkensee

Gertrud Kolmar: *Das lyrische Werk, Kösel Verlag, München 1960*
Gertrud Kolmar: Briefe an die Schwester Hilde, Kösel Verlag, München 1970
Gerhard Zimmermann: Konzentrationslager Sachsenhausen. Außenlager Staaken/Falkensee, In: Wanderungen durch den Kreis Nauen, 1984

21. Groß Behnitz - Ribbeck - Nauen

Roman Bleistein (Hg.): Dossier Kreisauer Kreis, Frankfurt/Main 1987
Gerd Gnewuch, Hasso Lancelle: Gesch. der Familie v. Ribbeck, Bonn 1984
Friedrich Christian Delius: Die Birnen von Ribbeck, Reinbek 1991
Kurt Neheimer: Der Mann der Michael Kohlhaas *wurde, Düsseldorf 1979*

22. Reckahn - Brandenburg

Gerhard Sprenger: Friedrich Eberhard v. Rochow. *In: Jahrbuch für brandenburgische Landesgeschichte, 1984*
Ernst Hohenstein: Einmaliges Zeugnis des Wipper- und Kipperaufstandes übertüncht. In: Brandenburgische Neueste Nachrichten, 8. 9. 1986
Inge Jahn: Franz Ziegler. *In: Brandenburger Kulturspiegel, 1973*
Heinz Beutel: Die Novemberrevolution in Brandenburg, Brandenburg 1958
Irmgard Litten: Eine Mutter kämpft gegen Hitler, Frankfurt/Main 1984
Lothar Gruchmann: Lothar Kreyßig. *Ein unbequemer Amtsrichter im Dritten Reich. In: Vierteljahreshefte für Zeitgeschichte, 1984*
Robert Havemann: *Ein deutscher Kommunist, Reinbek 1978*

23. Rathenow - Nennhausen

Joachim Christian Blum: *Spatziergänge, Berlin 1974*
Hermann Fricke: Blum. In: Jahrbuch für Brandenbg. Landesgeschichte, 1957
Joachim Freimuth: Überfall auf Rathenow. Rathenower Heimatkal., 1958
Freiheitskrieg gegen Napoleon. In: Neues Havelland, 1962, Nr. 7-10
Joachim Freimuth: Revolution 1848. In: Rathenower Heimatkalender, 1965
Karl Georg Hoffmann: Prediger Duncker *und seine Wunderbrille. In: Kalender für den Kreis Westhavelland, 1919*
Benedicta Maria Kemper: Priester vor Hitlers Tribunalen, München 1966
Günter de Bruyn (Hg.): Friedrich de la Motte Fouqué, *Frankfurt/M. 1981*

24. Gollenberg - Stölln - Rhinow

Michael Wassermann: Otto Lilienthal, *Leipzig 1985*
Theodor Fontane: Wanderungen, Bd.1

25. Wust - Tangermünde - Schönhausen

Rainer Ahnert: Friedrich und Katte, *Friedberg 1982*
Theodor Fontane: Grete Minde, *Berlin 1880*
Wilhelm Mommsen: Bismarck, *Reinbek 1966*

Besonderen Dank den Mitarbeiterinnen der Wissenschaftlichen Allgemeinbibliothek Potsdam und ihrer vorzüglichen Brandenburgica-Sammlung.

Illustrationen / Karten

Fotos und Reproduktionen: Christoph Lang

Zeichnungen, Radierungen, Gemälde
S. 22: Tilla Lang / S. 31: Heinrich Zille / S. 54: Max Brückner / S. 87: Daniel Chodowiecki / S. 93: Fritz Reuter / S. 102: Wilhelm Hensel / S. 117: Adolph Menzel / S. 129: Sturm-Lindner / S. 138: Georg Heine / S. 142: Franz Krüger / S. 145: Carl Blechen / S. 180: Jeanett Chladek / S. 192: Adolph Menzel / S. 193: Adolph Menzel / S. 196: Franz Kugler / S. 213: Magnus Zeller / S. 219: Werner Trübner / S. 248: Gustav Hammermann / S. 260: Philipp Veit / S. 266: Adolph Menzel / S. 270: Georg Lisiewsky

Karten S. 89, 99, 109, 121, 131, 139, 149, 185, 251, 261, 267
vervielfältigt mit Genehmigung des Landesvermessungsamtes Brandenburg vom 5. 5. 1992, Nummer GB 49/92
Kartengrundlage: Topographische Karte 1 : 100 000 (AV)
Blatt-Nr. 0706, 0707, 0906, 0907, 0908, 1008, 1009, 1010

Karten S. 57, 69, 79, 157, 163, 171, 177, 205, 215, 225, 231, 239
vervielfältigt mit Genehmigung der Senatsverwaltung für Bau- und Wohnungswesen – V – vom 30. 4. 1992
Umgebungskarte Berlin 1 : 100 000; Vergrößerung der Topographischen Übersichtskarte 1 : 200 000, Blatt CC 3942 Berlin
Herausgeber: Institut für angewandte Geodäsie, Frankfurt a. M.

Übersichtskarten S. 24, 44/45, 70, 110, 150, 178, 186: Thomas Loebell

Personenregister

Joachim Berger

KREUZBERGER WANDERBUCH

Wege ins widerborstige Berlin

Was macht ein Stadtviertel zum Kiez?
Vielleicht zuerst die Lebendigkeit seiner Straßen. Ein Straßenleben, wo es wieselt und wimmelt, kocht und brodelt. Mietskasernen sind kein bürgerlich trautes Heim zum Einigeln. Da geht man öfter hinaus, trifft sich an Ecken und Plätzen; die Kneipen stellen Tische vor die Tür.
Kreuzberger Wanderbuch. Leichtfüßig über Trampelpfade, Schleich- und Holzwege. Es führt zum Picknick auf einen mittelalterlichen Pestfriedhof, folgt den verwehten Spuren der Arbeiterbewegung, nähert sich den Folterkellern der Gestapo, verweilt ein wenig in Riehmers Hofgarten.
Wer sich auf den Weg macht, der wird noch vieles entdecken. Den Türkenmarkt am Maybachufer, das Tischlerkollektiv „Wilder Hammer", Lachmöven und Kanalratten und nicht zuletzt Artur Märchen mit seinen Bänkelliedern.

Mit Kreuzbergtips von A–Z

- *Alternativprojekte*
- *Bürgerinitiativen*
- *Eß-Kneipen*
- *Frauen-Selbsthilfe*
- *Galerien & Ateliers*
- *Gay & Happy*
- *Kinos*
- *Klein-Istanbul*
- *Kreuzberg-Literatur*
- *Kunsthandwerk*
- *Live Musik*
- *Märkte*
- *Museen*
- *Naturkost*
- *Schiffsfahrten*
- *Theater*
- *Trödel & Antik*
- *Zoo*

GOEBEL VERLAG · BERLIN

Joachim Berger

BERLIN

freiheitlich & rebellisch

Stadt-Lese-Wander-Buch

Eine aufrechte, freisinnige Tradition zieht sich durch die Berliner Geschichte. Von Hans Kohlhase bis Kurt Tucholsky, von Moses Mendelssohn bis Minna Cauer, von Rudolf Virchow bis Claire Waldoff, von August Bebel bis Rudi Dutschke. Wie viele kennen sie wohl noch, die Frauenrechtlerin Hedwig Dohm? Wo hat der Köpenicker Hauptmann seine Truppe rekrutiert? Auf welcher Parkbank nächtigte Peter Hille?
Wer mit offenen Augen durch die Straßen wandert, der wird manches neu entdecken. Den historischen Schloßbalkon, von dem Karl Liebknecht einst die Republik ausrief. Die streitbare Künstlerkolonie am Ludwig-Barnay-Platz. Die verwilderten Gräber von Max Stirner und Karl Friedrich Friesen.

Köpfe & Querköpfe von A – Z

- *Aufklärer*
- *Aufrührer*
- *Bohemiens*
- *Bürger*
- *Christen*
- *Demokraten*
- *Freidenker*
- *Humanisten*
- *Hungerleider*
- *Lebenskünstler*
- *Liberale*
- *Literaten*
- *Maler*
- *Originale*
- *Patrioten*
- *Pazifisten*
- *Poeten*
- *Propheten*
- *Protestanten*
- *Sozialisten*
- *Utopisten*
- *Weltverbesserer*
- *Widerständler*
- *Zweifler*

GOEBEL VERLAG · BERLIN

Joachim Berger

MARK BRANDENBURG

freiheitlich & rebellisch

Lese-Wander-Buch

NORD + OST

- *Die Prignitz*
- *Ländchen Glin*
- *Ländchen Bellin*
- *Grafschaft Ruppin*
- *Die Uckermark*
- *Der Barnim*
- *Das Spreetal*
- *Das Oderbruch*

Verwehten Spuren nachspüren. Hoch zu (Stahl)-Roß oder auf Schusters Rappen, mit der Nase im Wind, mit dem Finger auf der Landkarte.
Überwachsene Fährten finden. Im Wiesengras der Prignitz, im Waldboden der Schorfheide, an den Gestaden der Ruppiner Seen, im Hügelland der Märkischen Schweiz, an den Ufern von Havel und Spree, im himmelweiten Oderbruch.
Welche Wege gingen die heimlichen Wanderprediger der Waldenser? Wo erholte sich Bertolt Brecht von den Strapazen des Exils? Wie konnte es der